# 민족주의와 역사교육

_ 서중석 · 정현백 _

이 책은 동아시아 역사연구소 총서 1권입니다.

先人

## 민족주의와 역사교육

초판 1쇄 발행  2007년 12월 31일

저  자 ┃ 서중석 · 정현백
펴낸이 ┃ 윤관백
편  집 ┃ 김지학
표  지 ┃ 전돈효
교정·교열 ┃ 김은혜 · 이수정
펴낸곳 ┃ 선인

인  쇄 ┃ 한성인쇄
제  본 ┃ 광신제책
등  록 ┃ 제5-77호(1998. 11. 4)
주  소 ┃ 서울시 마포구 마포동 324-1 곳마루B/D 1층
전  화 ┃ 02)718-6252
팩  스 ┃ 02)718-6253
E-mail ┃ sunin72@chol.com

정가 ┃ 15,000원
ISBN 978-89-5933-103-1  93900

# 민족주의와 역사교육

# Contents

# 차 례

# Contents

　이 책은 역사교육이 민족주의와 반공국가주의 문제에 대해 어떻게 접근해가야 할 것인가에 대한 고민과 성찰의 결과를 모은 것이다. 우리 사회에서 민족주의와 반공국가주의를 둘러싼 논란은 어제 오늘의 일이 아니다. 한국의 근현대사가 착종되었던 것 만큼이나 민족주의와 반공국가주의 문제는 시종일관 동시대 지식인의 관심 대상이 되어 왔기 때문이다. 그러나 새삼스레 이 문제를 다시 거론하는 이유의 하나는 세계화의 격랑이 전 지구상에 엄청난 인구이동과 더불어 지리적·국가적 경계의 무의미성을 각인시켰음에도 불구하고, 도처에서 민족문제를 둘러싼 국부적인 전쟁과 갈등은 더욱 치열해졌기 때문일 것이다. 지난 몇 년 사이 우리 역사학계에서 (탈)민족주의 담론을 둘러싼 논쟁이 치열했던 점도 이런 맥락 속에서 상기해야 할 것이다.

　이런 현실적인 도전 때문인지 역사교육 분야에서도 민족주의와 반공국가주의 문제에 대한 관심이 눈에 띄게 높아졌다. 이는 2005년 역사학대회에서 "역사교육과 민족주의"를 다루었던 '역사교육연구회'의 분과토론이 가장 큰 열기를 띠었던 데에서도 잘 드러난다. 역사교육의 주체인 역사교사에게도 민족주의와 반공국가주의 문제는 결코 비켜갈 수 없는 고민의 지점인 것이 분명하다. 반 만 년의 역사를 지리적 고립으로 인해 외세의 압력 속에서 살아온 우리 민족은 민족자결의 원칙을 관철할 수 없었다. 따라서 지금까지도 분단의 모순과 전쟁 위협 속에서 살아온 우리 국민에게 민족주의 문제는 쉽게 풀 수 없는, 결코 합리적인 원칙과 논리로 규정할 수 없는 복합적인, 독특한 역사적 산물이다. 그러기에 아무리 탈민족주의 담론을 주장해도 민족주의는 우리 현실의 한 부분으로 착근되어 있다. 그래서 어떤 섣부른 해답을 제시하는 것은 용이하지 않을 것이고, 따라서 이 책에서

의 제언도 논의를 한 단계 진전시키기 위한 집합적인 성찰과정의 한 부분이
되어야 할 것이다.

이 책의 1부 첫머리에 실려 있는 〈민족의식의 형성과 전개〉는 한국사 교재
의 일부로 사용했던 글로, 전근대 시기 민족의 형성 과정과 민족의식의 성격,
근대시기 이후의 민족문제와 민족의식을 고찰했다. 이 글에서는 근대적인 민
족의식이 세계자본주의에 편입되면서, 특히 일제의 침략을 받으며 급속히 형
성되는 것과 함께 일제강점기와 분단시기에 민족문제에 대해 민족적 분열이
라고 할 만한 현상이 나타나는 것에 주목했다. 〈냉전체제와 한국민족주의의
위상〉에서는 통일운동이 김구·김규식의 '협상파'와 조봉암과 진보당, 4월혁
명기의 혁신세력에 의해 전개되는 양상을 기술하고, 그것이 강렬한 냉전의식
을 지닌 반공주의 집권자들에 의해 어떻게 압살당하는가를 살펴봤다. 1부의
필자는 해방 후 민족주의운동이 몇 차례 표출되었지만, 거의 대부분의 시기에
주류적 조류로 존재했다고 보기가 어렵다는 주장을 해왔다. 해방 3년기에는
좌우대립이 심했고, 그 뒤에는 분단 국가의 국가주의와 연결되어 있는 반공주
의와 냉전의식이 지배했다고 보는 것이다.

〈국사 교과서 현대사 서술, 문제 많다〉와 〈중·고교 국사 교과서와 반공국
가주의〉는 1990년대 말 2000년대 초에 사용된 중·고교 국사 교과서를 분석
했다. 이 글에서는 관료주의로 인해 수백만 학생을 대상으로 한 교과서가 얼
마나 성의 없이 제작되었는가를 분석하는 데에도 비중을 두었지만, 반공국가
주의에 의해 중·고교 한국사 교과서의 근현대사 서술이 얼마나 많은 문제를
갖게 되었는가를 밝히는 것에 더 큰 비중을 두었다. 이 두 교과서는 민족이라
는 단어를 지나치게 많이 사용하고 있지만, 근현대사 서술의 경우 민족주의보

다 반공국가주의의 색채가 훨씬 강하다. 이 글은 2001년 일본 중학교 역사 교과서 파동 때 일본 교과서만 비판할 것이 아니라, 우리 교과서의 문제점도 보자는 관점에서 몇 번이나 망설이다 쓰여졌다. 그런데 이 글에서 국사 교과서 근현대사 서술에 틀린 사항, 부정확한 기술, 왜곡된 주장이 있다고 지적했기 때문에 상당히 논쟁이 있을 거라고 생각했는데, 그렇지 않았다. 이는 한국 근현대사에 대한 무지와 일본의 과거사청산에는 비판적이면서도 한국의 그것에 대해서는 눈감는 것과 비슷한 현상이 드러난 것인데, 이것은 민족주의 문제가 아니다. 필자는 오래전부터 민족감정이나 반일감정을 민족주의와 구별해 보려고 노력하는 것은 의미가 있다고 주장했다. 이 글들을 수록하자는 제안에 고민을 하다가 역사교육의 한 단면을 이해하는 데 도움이 될 것 같아 당시에 쓰여진 그대로 수록하고자 했다.

'민족주의와 역사교육'과 관련된 논의를 진전시키기 위하여 이 책의 2부에서는 두 가지의 접근방식을 사용하였다. 그 하나는 독일 역사교육의 현황과 쟁점을 소개하는 일이었다. 1990년의 통일에 이르기까지 독일은 분단국가일 뿐 아니라 나치의 전범국가라는 역사적 부담에서 벗어나지 못하였다. 그런 연유로 민족주의는 독일인들에게는 금기의 단어였고, 그래서 역사교육은 민족주의를 넘어서야 했으며, 과거청산의 부담과 분단으로 인한 이념적 대립과 갈등을 해결할 수 있는 방안을 모색할 수밖에 없었다. 〈역사교육과 평화교육의 만남—서독의 사례를 중심으로〉과 〈독일의 역사문화와 역사교육〉은 서독의 역사교육이 다양한 정파 사이에 존재하는 각기 다른 역사해석을 둘러싼 첨예한 대립을 우회하면서, 객관적이고도 반성적 자세를 견지하였던 과정을 보여주고자 하였다. 이러한 서독 사회의 노력은 두 개의 독일이 큰 무리 없이 하나의 독일로 통합되는 역사적 대사건의 초석이 되었다고 말할 수 있고, 이런 점에서 다소 맥락은 다르지만, 독일은 우리 역사교육의 전범이 될 수 있다고 생각되어 소개하게 되었다.

〈일본군 성노예 문제와 기억의 현재화〉와 〈여성과 '국민 만들기'〉는 우리의 민족주의 담론에 대한 비판과 성찰을 모색하기 위해 쓴 글이었다. 동시에 이는 서구 페미니즘과 민족주의 사이의 오래된 불화를 제3세계 여성의 시각에서 재해석하고 재정리하려는 시도를 담은 글이기도 하다. 흔히 민족주의가 '상상의 공동체(imagined community)'에 불과하다는 논거는 서구사회에서는 거의 일반화된 원리로 수용되고 있는 듯하다. 그러나 우리의 독특한 역사적 경험에서도 드러나듯이, 서로 다른 맥락 속에서 민족은 인위적인 공동체를 넘어 다양한 역사적 경험을 축적하면서, 그 문화적 정체성을 공유하고 있음도 부인할 수 없다. 그렇더라도 '좋은 민족주의'와 '나쁜 민족주의'는 명확하게 분리되지 않는다는 점도 유념할 필요가 있다. 이 양자는 동전의 양면과도 같은 것이다. 그래서 위의 두 글에서는 젠더라는 프리즘을 통해 바라 본 민족주의의 취약성, 그리고 일본군 성노예 문제를 둘러싼 과거청산 문제에서 민족주의가 지닐 수 있는 한계를 짚어보고자 하였다. 이 책의 I부는 서중석이, II부는 정현백이 서술하였다.

이 책이 역사교사의 정열적인 교육실천과 역사교육에 관심을 가지는 우리 시민사회의 구성원들에게 새로운 통찰의 계기가 될 수 있기를 소망한다. 이 책을 출판하는 데 여러모로 도움을 준 선인의 윤관백사장께 감사드린다. 선인 편집진의 노고에도 고마움을 표하고 싶다.

2007. 12  서중석, 정현백 함께 쓰다

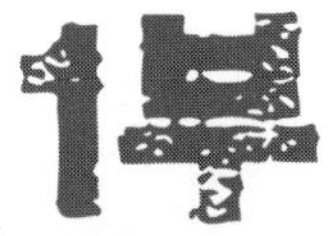

# 민족주의 · 반공국가주의

서중석

# 민족의식의 형성과 전개

## 1. 한국의 민족형성과 민족문제의 특수성

민족이란 인종적인 것도 종족적인 것도 아닌 것으로서, 사회의 역사적 발전의 산물이다. 유럽에서의 민족은 중세 기독교 세계의 국제질서가 붕괴되면서 나타나게 되는바, 민족의 형성은 봉건체제의 청산 및 자본주의의 발달과정과 그 궤를 같이했다. 민족은 근대 민족국가의 수립과 국민경제의 형성을 지향하였고, 군주 개인이나 지배계급을 의미하던 것에서, 루소가 선언한 바와 같이, 민족은 인민과 동일시되는 개념으로 발전해 갔다. 민족의 형성이 심화되면서 역사상에 민족주의가 나타났다. 일찍이 루소는 "국가의 제도들은 조국에 대한 국민들의 열정적 사랑을 고취시켜 주는 본성, 성격, 특색 및 관습들을 국민들에게 형성시켜 준다"고 말하고, 폴란드인에게는 고유한 민족적 미덕과 관습을 계발하도록 촉구했지만, 우리가 알고 있는 민족주의는 18세기 후반 이후에 나타났다. 민족주의는 프랑스대혁명과 나폴레옹전쟁 때 크게 대두하였으며, 19세기의 유럽사에서 민족주의는 사회주의와 함께 가장 커다란 역사적 조류로 작용했다.

민족은 "언어·영토·경제생활 및 문화의 공통성으로서 나타나는 전통적 심리 등의 공통성에 의해 통일된, 역사적으로 쌓아올린 영속성 있는 공동체"로 정의되기도 하며(스탈린), 민족의 가장 보편적인 속성으로는 공통의 혈통, 언어, 영토, 정치적 실체, 관습과 전통 그리고 종교가 지적되기도 한다(한스 콘). 한편 安在鴻은 민족형성의 요소로 동일혈연체·지역공동체·운명공동체를 꼽으면서도 동일혈연체를 더욱 강조하였는데, 이 점에서 한국민족형성의 중요한 첫 번째 특수성이 드러난다. 즉 한국은 유럽보다도 훨씬 이른 시기에 민족이 형성된 것으로 파악되고 있다. 이와 함께 한민족은 세계에서 유례가 드물게, 피를 같이한 단일민족임이 강조되어 왔다. 많은 나라가 여러 인종 또는 종족으로 구성되어 있으며, 거의 모든 나라가 종족의 이동, 정복과 피정복의 반복에 의해 혈통이 복잡하게 구성되어 있다. 한국도 고대에 종족의 이동이 없었던 바도 아니고, 여러 계통의 피가 끼어들어 왔지만, 일본의 아이누족 같은 특수종족이 없을 뿐 아니라 외래침략자들도 침략기간 동안에만 머물렀을 뿐이다. 이 때문에 한국인들은 누구나 한 핏줄이라는 의식을 공유하고 있으며, 유전자 등 생물학적 특징으로도 단일성을 퍽 많이 지니고 있다. 한국인들은 유구한 역사 속에서 풍습과 습관, 의식주의 공통성을 지녀 오고 있으며, 공통의 언어를 사용하여 왔고, 다른 나라의 역사에서는 희귀하리만큼 천 년 동안이나 단일한 국가, 그것도 중앙집권화된 국가에서 살아왔다.

그러나 한국민족 ─ 이때의 민족은 근대적 민족의식을 갖지 못한 상태, 곧 영어의 nationality(民族體 혹은 準民族)에 해당한다 ─ 의 형성이 오래되었고 단일민족이라고 해서, 그것이 곧 항시적으로 민족의식을 갖게 한 것은 아니다. 실제로 한민족을 배달민족, 백의민족으로 부르며 동포의식을 강조한 것은 한국이 일제의 침략으로 半식민지로 전락되면서부터 본격적으로 나타났고, 그것도 3·1운동 이후의 시기에 폭넓게 받아들여졌다. 또한 중세 후기에 이르기까지 한국인의 민족의식은 거란이나 몽골, 일본의 침입 등 위기 시에 간헐적으로 나타났으며, 민족의식의 형태도 시조나 영웅 등 지배자중심으로 또는 왕조의 계통도로 표출되었다. 이러한 민족의식을 전

근대적 민족의식이라고 부를 수 있을 것이다.

　민족과 민족의식은 오랜 역사 속에서 서서히 형성되었다. 부족사회나 혈연공동체, 골품제사회는 말할 것도 없고, 엄격한 신분제가 지탱되고 다수의 천민과 노비가 존속한 봉건사회에서 민족의식은 자리잡기 힘들다. 한국은 중앙집권적인 국가의 성립이 오래되었지만 지역적 차별성이 있어 왔고 지역적 폐쇄성도 강했다. 농민은 대체로 토지에 긴박되거나 주거지역에 묶여 있었다. 또 지배계급은 오랫동안 보편적인 중국문화에 지배받았다. 이처럼 봉건적 신분체제가 버티고 있고, 봉건적 인습과 사고가 지배적이며, 지역적 고립성과 분산성 속에서 전국적 규모로 교류되는 경제체제가 형성되지 않는 한 민족과 민족의식의 형성은 기본적인 제약을 받지 않을 수 없다. 또 민족구성원의 인격적 평등과 인간적 존엄성이 뿌리 내려진 평등의식의 확대 없이는 공동운명체로서의 민족적 일체감과 동포애는 국부적인 현상으로밖에 나타나지 않는다.

　한국 민족문제의 두 번째 특수성은 내재적인 발전 속에서 싹을 틔우던 근대적인 민족의식이 자본주의 열강의 침략으로 세계자본주의에 편입되면서 급격히 형성되었다는 점이다. 이처럼 외세와 부딪치며 투쟁하는 가운데 민족의식이 형성됨으로써 한국의 민족문제는 복합적인 성격을 띠게 되었다. 봉건사회의 해체과정에서 지배층은 아래로부터 올라오는 반봉건운동에 직면하게 되었다. 이와 더불어 외세의 제국주의적 정책으로, 관료를 중심으로 한 일부 지배층은 제국주의 외세와 결탁·유착하게 되었던바, 이 때문에 한국에는 근대적 민족이 형성되면서 민족 내부에 민족과 반민족이 대립하는 민족의 분열현상이 나타나게 되었다. 또 선진사회의 근대문명은 나라를 부강하게 할 수 있는 것일 뿐만 아니라 한국인에게 근대적 민족의식을 갖게 하고 그것을 크게 확대하는 작용을 한다. 그런데 동시에 그것은 제국주의 침략과 뒤섞여서, 신문화를 첨단에서 받아들이는 계층일수록 밖으로는 문명개화를 至高至善한 것으로 내세우면서도, 안으로는 제국주의의 침략적 문화논리―그것의 구체적인 한 표현이 식민사관이다―에 매몰

되어 전도된 민족의식, 즉 민족개량주의를 갖게 되고 민족의식이 희박해지거나 말살되기도 하였다.

한국 민족문제의 세 번째의 특수성은 한국이 이웃나라 일본, 그것도 고대에는 한국보다 후진사회였고, 중세 이후에는 비슷한 수준에 있었던 일본의 식민지였다는 점과 관련된다. 이런 점과 함께 한국인은 고대부터 일본의 침입으로 반일감정이 유난히 컸으며, 일본은 구미보다 자본주의 발전이 크게 뒤떨어지고 정치수준도 같은 후발자본주의국가 중에서도 가장 후진상태에 있었다. 이 때문에 일제의 민족적 억압과 경제적 수탈은 다른 나라의 식민지역에서는 찾아보기 힘들 정도로 심했다. 또 같은 이유에서 한국인의 독립의지와 민족감정은 지극히 강렬했다. 그 결과 일제는 다른 어떤 제국주의 열강의 식민정책에서도 볼 수 없는, 한국인의 민족의식을 철저히 말살하기 위한 이른바 동화정책을 강행하였으며, 그것이 1930년대 이후에는 극단적인 황국신민화정책으로 나타나게 되었다. 일제의 수탈·억압정책, 동화정책이나 황국신민화정책은 한국인으로 하여금 한민족의 처지를 뼈저리게 느끼게 하여 민족의식의 폭과 깊이를 확장하게 하였고, 민족공동운명체로서의 동포의식을 보편화시켰다. 한국인이 근대적 민족의식을 공유하게 된 것은 바로 이 시기였다. 반면에 일제의 민족분열정책, 동화정책이나 황국신민화정책 그리고 민중우매화정책으로 일본인화된 한국인도 적지 않았으며, 많은 한국인이 왜곡된 민족의식을 갖게 되었고, 극우적 군국파쇼주의에 감염되었다.

그러나 무엇보다도 한국 민족문제의 가장 큰 특수성은 한국이 1945년 이후 지금까지 분단상태에 있다는 점이다. 제2차 세계대전이 종결되었을 때 한국은 지구상에서 유일하게 미국과 소련이 국토를 양단하여 점령한 지역이었다. 미국과 소련은 세계대전이 종결되면서 다른 어떤 나라와도 비교가 안 되는 초강대국으로 부상하였을 뿐만 아니라, 각각 자본주의와 사회주의의 맹주로서 전 세계에 그것을 확대하고자 했다. 이러한 미국과 소련이 남방세력과 북방세력을 대표하여 한국의 남과 북에 나타났다. 일제통치의 유산과 미·소의 국가利害, 체제利害 그리고 근대적 민족이 형성되면서 나타난 민족적 분열은 한국을 미·소의 군사점령에서 영토분단·체제분단의 공고화로 나아가게 했다.


## 2. 민족형성의 단계와 전근대의 민족의식


한반도에는 멀리 구석기시대부터 인간이 살고 있었다. 한국인의 먼 조상으로 간주되는 신석기시대의 주민은 遼寧지방 등 만주와 한반도 지역에서 살았다. 한국인들이 신석기시대를 거쳐 이룩한 만주지역의 청동기문화 삼한은 기원전 10세기경으로 추정되는데, 그 폭이 넓어지면서 최초로 고조선국을 형성했다.

삼국의 성립은 한민족형성의 발전과정에서 주요한 단계를 이루었다. 수많은 종족국가 또는 부족국가가 정복과 피정복 속에서 통합되어 고구려·백제·신라로 정립된 것이다. 삼국은 심한 경쟁을 벌였는데, 삼국이 공통된 민족이라는 의식을 가졌는지는 알 수 없으나, 백제는 고구려와 시조가 같다는 의식을 갖고 있었던 것 같다. 삼한의 언어들은 가까운 친족관계에 있었지만 서로 상당한 차이가 있었던 것으로 추측된다. 고구려의 언어는 신라어와 매우 가까운 친족관계에 있었으며, 백제의 지배족은 고구려어를 쓴 것으로 보인다. 백제의 경우 지배족의 언어와 피지배족의 언어가 다른 점도 있었을 것이다.[1]

신라의 삼국통일은 한민족의 활동무대를 크게 좁혔으나 고구려와 백제

---

1) 李基文, 「韓國古代諸語系統圖」, 『한국사』 23, 국사편찬위원회, 1981, pp.177~178, 186~187. 북한에서는 오늘날의 조선말이 가지고 있는 말소리와 어휘, 문법 등 모든 면에서의 특성은 조선말 발생의 첫 시기부터 가지고 있었던 고유한 특성에 뿌리를 두고 있으며, 고조선과 부여, 진국 등 여러 나라들과 종족들에서의 언어는 무엇보다도 말소리와 어휘의 면에서 단일한 언어로서의 공통성을 보여 주었다고 설명한다. 「조선사람의 기원과 인종적 특징」, 『조선전사』 1 부록, 1979 ; 「고대의 문화」, 『조선전사』 2, 과학·백과사전출판사, 1979 참조.

의 문화가 신라문화에 융합되어 단일문화권이 형성되었으며, 정치·경제·종교·예술 등 각 분야에 걸쳐서 삼국시대와는 다른 성격의 발전이 나타났다. 언어 면에서 삼국의 통일은 큰 의의를 갖게 되었다. 경주 중심의 신라어가 백제와 평양 이남지역에까지 파급되었을 것으로 추측된다. 신라어의 표기법으로 이두가 등장한 것도 주목된다. 이두는 19세기 말까지 연면히 사용되었다. 또한 당시 신라인들은 자부심이 깃든 三韓一統 의식을 가지고 있었다.[2]

고려의 후삼국통일은 한민족의 형성에서 중요한 의의를 갖는다. 한민족은 이제 발해의 유민까지 포섭하여 명실공히 1민족 1국가체제를 갖추었다. 고려라는 국호와 서경개척이 의미하듯이 고구려계승의 북진정책이 추진되었다. 구고구려·구백제의식은 크게 약화되어 간 반면 북방민족과의 끊임없는 항쟁 속에서 민족적 의식이 나타났다. 서경의 개척은 고조선과 고구려와의 역사를 고려에 접맥시키는 구실도 했다. 골품제도가 붕괴되고, 지방호족이 중앙에 등장한 것도 고려 구성원들의 정치참여의 폭을 넓혔다는 점에서 중요하다. 더욱이 과거제의 실시로 지방호족이 중앙관리로 진출하였으며, 중앙집권체제의 강화와 함께 중앙과 지방과의 교류가 확대되고, 지방세력의 정치적 통합이 가능하게 되었다. 태조의 부세경감조치도 민족형성에 긍정적으로 작용했을 것이다. 태조의 '訓要十條'와 崔承老의 '時務28條' 政革案에는 언어와 풍습, 신앙에서 무조건 중국을 모방하는 것을 배격하고 우리 고유의 것을 존중하는 자주사상이 들어 있다. 언어의 면에서도 고려의 건국은 획기적 의의를 갖는다. 신라의 중앙어의 영향을 많이 받은 것으로 보이는 개성지방의 말이 한국인의 중앙어로 등장하였으며, 이 중앙어가 오늘날까지 계속되어 온 것이다.[3]

고려의 북진정책은 자주정신과 하나가 되어 거란 및 여진과의 전쟁에서

---

2) 盧泰敦, 「三韓에 대한 認識의 變遷」, 『韓國史研究』 38, 1982.
3) 李基文, 앞의 글, p.195.

도 계속되었으며, 그것의 사상적 배경인 郎家사상은 묘청의 난(1135)시기에도 나타났다. 이러한 고려의 투쟁정신은 몽골에 대한 28년간에 걸친 장기 항전을 가능하게 하고, 다시 삼별초의 항쟁으로 이어졌는데, 대개의 경우 노비·천민이 다수 포함된 일반민중들이 중심이었다. 무신란 시기인 12세기 후반에 천민과 노비의 투쟁이 공주(亡伊·亡所伊의 난), 전주(군인과 관노), 진주(공·사노비) 그리고 개경(萬積의 난) 등 각지에서 일어난 것도 중요한 의미를 갖는다. 이들의 신분해방투쟁은 인간의식의 제고 속에 민족구성원의 폭을 넓히는 데 기여했다. 고려 중·후기에 향·소·부곡의 주민들이 양인화되고, 그 밖의 여러 형태의 천민·노비들의 신분이 점차로 향상되는 것도 주목할 만하다.

李奎報의 「東明王篇」(1193)과 李承休의 『帝王韻紀』(1287)는 민족적 의식이 엿보이는 작품이다. 「동명왕편」에서 우리나라가 본래 '聖人之都' 라고 한 것은 민족적 긍지의 표출이며, 『제왕운기』는 민족의 동태와 역정을 그렸다. 특히 이 시기에 주목되는 것은 단군에 대한 역사적 평가이다. 몽골의 침략은 민족의식을 자극하고 역사의식을 심화시켜 민족시조와 단군조선을 찾아 내게 했다.[4] 『삼국유사』(1280년대)나 『제왕운기』는 다 같이 단군조선을 한국사의 서장으로 서술하고, 『제왕운기』에서는 고구려·부여·삼한·옥저·예맥 등을 단군의 후예로 서술하여 하나의 민족으로 계통화하는 새로운 상고사체계를 수립했다.[5]

조선 초기는 한민족형성이 일단락된 시기이다. 15세기 중엽 훈민정음이 창제됨으로써 한국인은 비로소 자기의 말에 일치하는 문자를 갖게 되었다. 그러나 훈민정음이 어느 정도 널리 사용된 것은 조선 후기 이후였다. 우리말에 대한 연구가 최초로 이루어진 것도 15세기 중엽이었다(『東國正韻』 등). 15세기에는 또한 한국의 북쪽 국경선이 압록강과 두만강으로 확정되

---

4) 李佑成, 「高麗中期의 民族敍事詩」, 『成均館大學校論文集』 7, 1962 ; 『韓國의 歷史認識』 上, 創作과 批評社, 1976.
5) 韓永愚, 『韓國의 文化傳統』, 乙酉文化社, 1988, p.58.

었다. '朝鮮'이라는 국호가 사용된 것도 한국의 고대사와 관련하여 중요한 의미를 갖는다. 양인들의 지위가 향상되고, 법적 또는 이념적으로 양인을 국가운영의 중심에 놓았으며, 토지제도와 조세부과정책이 개혁되었다. 중앙집권화가 강화되어 모든 관리는 중앙에서 임명됨으로써 지역의 폐쇄성이 어느 정도 완화되었다.

조선 전기는 자신의 사회와 문화에 대한 인식이 깊어진 시기였다. 세종은, 王號 등 당시 사용한 칭호를 그대로 사용하게 하는 直書主義에 의거하여 고려시대의 역사서를 편찬하게 했다. 『東國通鑑』은 사대사상으로 윤색되었지만 한국 최초의 통사였다. 『八道地理志』(1430)와 『東國輿地勝覽』(1486), 『農事直說』(1429) 그리고 『東文選』 등의 편찬은 자신의 사회와 경제·문화에 대한 이해의 소산이었다.

조선 후기는 중세사회가 해체되면서 근대사회가 태동하는 시기로 근대적 민족의식의 싹이 여러 형태로 커 가고 있었다. 농업생산력의 발전과 함께 농업경영 형태가 변모하고, 새로운 형태의 부농이 나타났으며, 농업생산물의 상품화와 상업성 작물의 재배가 두드러지기 시작했다. 官匠의 쇠퇴와 함께 私的 手工業이 발달하고 광산채굴이 성행하면서, 유기공업과 광산에서의 생산과정이 말해 주듯 공업과 광업에서의 노동·경영형태도 변화했다. 이와 함께 전국적 규모로 화폐의 유통량이 늘어났고 장시가 열리게 되었으며, 자본규모가 큰 지역상인도 많아지면서 지역적으로 고립되었던 자연경제가 점차 해소되어 갔다.

신분제의 변화도 두드러지게 나타났다. 신분이동이 19세기로 갈수록 격심해졌고, 신분관도 변화하여 정약용이나 박지원의 사상에서 잘 보이듯이 전통적인 신분관이 상당부분 부정되고 새로운 인간관이 제시되었다. 노비신분에 대한 비판과 부정도 19세기로 갈수록 심화되어 19세기가 시작되는 1801년에는 內需司와 宮房 소속의 관노비가 해방되어 양인이 늘어났다.

평민들의 의식도 높아 갔다. 『홍길동전』 등 우리말로 쓰인 소설들이 나타났고, 판소리와 잡가, 민요 등이 탈춤, 인형극 등의 민속극과 함께 퍼져 갔다. 그림에도 풍속화와 眞景山水圖가 나타났으며, 중인들은 자신들의 독자적인 문학세계를 개척했다. 기존체제를 부인하는 미륵신앙, 주역사상, 『鄭鑑錄』 등이 퍼져 갔고, 농민들이 抗租운동을 펼치는 가운데 홍경래의 난(1811)에 이어 1862년에는 민란이 전국적 규모로 확산되었다. 이러한 중세체제의 와해과정 속에서 주술적 요소를 띠면서 인간의 평등사상과 존엄성을 고취시키고 서양의 침략에 대응하는 서민적 정서가 깃든 동학이 급속히 민중 속으로 퍼져 갔다.

조선 후기에 역사·지리·언어 등에 대한 뛰어난 저술이 많이 나온 것도 민족에 대한 이해, 민족의식의 형성이라는 점에서 중시된다. 조선 후기에는 官撰史書 대신 개인의 저술이 주류를 이루었는데, 安鼎福의 『東史綱目』(1778)과 韓致奫의 『海東繹史』(1814, 1823)는 새로운 시각에서 한국사를 체계화했다. 단군에 대한 관심도 높아져 許穆의 『東事』(1667), 洪萬宗의 『東國歷代總目』(1705), 李種徽의 『修山集』(1770년대) 등에서는 단군을 맨 처음 출현한 '首出의 神君'으로 평가하거나 단군조선, 부여, 고구려, 백제, 발해 등을 단군족의 주된 활동무대로 놓고, 그것을 한국고대사의 주류로 부각시켰다. 18세기 후반에는 柳得恭의 『渤海考』(1784)가 나왔다. 慕華사상은 조선 후기에 특히 성하였으나 한편으로 華夷論的 세계관에 대한 비판과 부정도 李瀷·丁若鏞 등에 의해 강하게 나타났다. 韓百謙의 『東國地理誌』(1614~1615), 申景濬의 『疆界考』(1756), 정약용의 『疆域考』(1811) 등은 고증학적 비판이 엄밀히 가해진 역사서이자 지리서로 고대사연구에 기여했다. 金正浩는 한반도를 답사하고 근대적 방법으로 『大東輿地圖』(1861)를 완성했다. 조선 후기에는 우리말과 글에 대한 연구도 많이 나왔는데, 신경준의 『訓民正音韻解』(1750)와 柳僖의 『諺文志』(1824)가 대표적이다.

이와 같이 조선 후기는 경제의 발달, 신분체제의 변화, 역사인식의 심화와 더불어 인간에 대한 평등의식이 높아지고 민란이 자주 일어나는 등 근대적 민족의식이 태동하여 발전되어 가고 있었다. 그러나 자본주의 열강의 침략과 이러한 안팎의 도전에 대한 지배층의 주체적 대응의 부족으로, 근대적 민족의식은 복합적이고도 얼마간은 굴곡된 모습을 띠면서 아주 빠른 속도로 형성되어 갔다.


## 3. 근대적 민족의식의 급속한 형성과 민족주의의 전개

### 1) 1860~1910년

민족의식의 형성과 민족주의의 초기적 형태가 나타나는 데는 자본주의 열강과 일본, 청국의 침략이 중요한 계기가 되었다. 동학은 그 이름에서부터 서학 곧 서양문화의 침투에 대한 대응의 성격을 띠고 있었으며, 1866년의 병인양요와 제너럴 셔먼호 침입사건, 1868년의 오페르트 일당의 남연군(대원군의 父)묘 도굴사건, 1871년의 신미양요 등은 서양의 침략에 대한 민족적 위기감을 불러일으켰다. 나아가 일본의 한국침략과 일본·서양세력에 의지한 개화운동, 1882년 이래 한반도에서 잇따른 일·청 간의 무력충돌, 서양상품의 유입, 일본·서양인들에 의한 토지점탈과 이권쟁탈, 미곡과 금·은의 수탈은 민중적 민족의식을 크게 고양시켰다.

일본과 청 그리고 서양열강이 조선을 침략했을 때 지배층이 민족자주적인 입장에서 대응할 수만 있었더라면 한국의 민족문제가 그렇게 복잡하게 전개되지는 않았을 것이다. 그러나 19세기 중·후반의 지배층은 조선왕조의 쇠퇴·몰락과 봉건체제의 해체과정 속에서 함께 몰락해 가는 세력이었고, 또 도태되어야 할 세력이었다. 이 때문에 지배층은 자주적으로 개혁을 추진해 가기가 어려웠고, 민중의 변혁운동을 외세의 힘을 빌려 억누르려 함으로써 반민족적 성격을 드러내지 않을 수 없었다. 외세를 끌어들여 자기 나라를 침략하게 하려는 움직임은 이미 黃嗣永帛書 사건이나 병인양요에서도 엿보였지만 1880년대 이후에는 훨씬 심각한 양태를 띠었다. 1882년 임오군란이 일어났을 때 金允植과 魚允中은 청국에서 청 정부에, 兪吉濬과 尹致昊는 일본에서 일본 정부에 각각 군대를 보내 줄 것을 요청하여,

이후 한국은 일본과 청의 각축장이 되고 말았다. 1884년에 개화파들은 일본의 무력에 의지하여 갑신정변을 일으켰는데, 이것은 청국의 개입으로 삼일천하로 끝나고 말았다. 1894년 갑오농민전쟁은 반봉건·반침략의 민족주의적 성격을 띤 투쟁이었는데 농민군의 반침략·반봉건 투쟁은 일본군과 정부군에 의해 좌절되었다.

조속히 나라를 근대화하기 위해서는 서양 선진문명의 수용이 절실히 요청되었다. 그러나 몰주체적이고 형식적인 수용은 반민족적 성격을 지니지 않을 수 없게 하는 것이 제국주의 시대의 일반적인 현상이었다. 개화파 또는 자강론자들은 청에 대해서는 자주성을 지니며, 부강과 개혁·민권을 위해 노력을 기울였으나, 봉건적 지주이자 지배관료였던 그들로서는 민중을 지배와 계몽의 대상으로만 인식했다. 반면 기독교와 미국, 일본을 선망하여, 상품침입과 이권·토지침탈을 상당부분 긍정적으로 보았으며, 제국주의적 국제관계를 만국공법의 지배로 인식했다. 『독립신문』은 사설에서 "지금 대한인민이 학문 없는 것을 생각할진대, 외국군사(일본군대)가 있는 것이 도리어 다행인지라. 만일 외국군사가 없었다면 동학과 의병이 벌써 경성에 범하였을 터"라고 했다.[6] 을사5조약이 강제로 맺어지고 통감부가 설치되어 일제의 半식민지로 전락됨으로써 조국이 풍전등화의 위기에 놓였을 때 자강운동단체들은 일제의 침략에 대한 적극적인 투쟁을 포기하고 식산흥업과 교육에 의한 실력양성을 주장했다. 자강운동단체의 지도자들은 반일인사도 적지 않았으나 친일파도 많았다. 친일 개화파에는 중인계층이 많았는데, 중인들은 신분 면에서 양반층과도 대립되고, 농민들에 대해서는 지배적인 위치에 있었으며, 개화에 앞장 서면서 지위상승욕구 또는 출세지향적인 면을 보여 강렬한 민족의식을 지니기 어려웠다.

갑오농민전쟁에서 농민들은 '輔國安民'·'盡滅權貴'·'逐滅倭洋'을 외쳤다. 농민들은 탐학한 관리·양반·부호배의 징치 등 봉건적 착취의 배

---

6) 『독립신문』 1898. 4. 14 : 鄭昌烈, 「韓末의 歷史意識」, 『韓國史學史의 研究』, 乙酉文化社, 1986
　참조.

제, 노비문서의 소각, 천민제도의 폐지, 과부의 재혼 등 인간해방 그리고 농민적 경작의 요구 등을 위해 싸웠으며, 전주화의나 2차 기병에서 잘 보여 주었듯이 침략세력을 이 땅에서 몰아 내는 일이 가장 중요한 임무라고 자각하고 있었다. 농민전쟁에서 패배한 후에도 농민들은 의병이 되어 싸웠고, 英學黨·活貧黨에 가담하여 반봉건·반침략 투쟁을 전개했다. 그러나 일부 동학교도들은 봉건지배층에 대한 반감 등이 작용하여 러·일전쟁 때부터 친일화해 친일매국단체인 一進會에 가담하기도 했다.

유생들은 처음에는 화이론적 세계관과 봉건적 이데올로기를 수호하기 위한 위정척사의 의병을 일으켰지만, 을사5조약 이후 나라가 半식민지로 전락하자 항일구국의 입장도 나타냄으로써 민족주의적 의식을 보여주었다. 후기 의병에서 농민이 압도적 다수를 차지한 가운데 의병의 대열에는 유생, 군인, 화적, 砲軍, 광부, 상인 등 여러 계층이 참여하여 거족적인 구국투쟁을 전개하였다. "我 2천 만 동포 형제여, 一心合力 元氣를 진작하여 倭를 망하고 삼천리 강토를 회복하자"는 격문 그대로, 당시 의병들의 격문이나 창의문·창의가에는 이민족의 침략에서 자유롭게 살기 위해 '2천 만 동포 형제'는 '3천 리 강토'를 수호해야 한다는 민족동일체·지역공동체·운명공동체의 의식이 뚜렷이 드러나 있다.[7]

신채호는 약육강식의 제국주의 시대에 민족이 살아남기 위해서는 민중이 각성하고 뜨거운 조국애를 가져야 한다고 역설했다. 신채호는 한국의 마치니(Mazzini)였다. 한국의 민족주의는 신채호를 통해 비로소 자각적인 이념운동으로 발전했다. 그는 국사를 민족주의 전파의 수단으로 보고 국사를 통해 애국정신을 북돋우고자 하였으며, 민족의 영웅들을 드높여 대외투쟁정신을 고취하였다. 그의 『讀史新論』(1908)은 근대적 역사의식과 민족주체사상이 결합되어 있다. 또한 주시경은 우리말과 우리글을 갈고 닦기에 노력하였고 한글보급에 동분서주하였다.

---

7) 朴成壽, 「1907~1910년간의 義兵戰爭에 대하여」, 『韓國史硏究』 1, 1968.

## 2) 1910~1945년

근대민족국가를 발전시킬 가장 중요한 시기에 대한제국이 멸망하여 우리 민족은 노예의 상태에 빠졌으나, 그것은 또한 한국인들이 민족의식을 갖는 구체적 계기가 되었다. 압록강과 두만강을 넘으며 망국민들은 한민족이 모두 다 단군의 자손으로 피를 같이한 단일민족임을 강조했다. 배달겨레, 백의민족이라는 혈연공동체의식이 유달리 강조되는 속에서 박은식 · 신채호 등 망국의 지사들은 조선혼만 간직하고 있으면 빼앗긴 나라를 되찾을 수 있다고 망국민들의 투혼을 일깨우며, 만주를 지배했던 위대한 조선상고사에 대한 연구와 고유한 조선사상의 탐구에 열중했다.

제1차 세계대전의 종전에 즈음하여 세계적으로 고조된 민족자결주의의 영향을 크게 받으며, 일제 총독부의 무단통치 아래에서 당한 수탈과 억압이 나라 잃은 설움과 하나가 되어 고종의 인산일을 계기로 3 · 1운동이 폭발되었다. 이는 비록 참여한 동기는 각각 달랐지만 대지주 · 자산가 · 관료 등 소수 친일파를 제외한 민족의 각계 각층이 참여한 거족적인 민족해방투쟁이었다. 나라를 빼앗긴 설움과 억울함, 분노가 '독립만세'를 소리 높이 외칠 때마다 북받쳐 전국 방방곡곡에서 일어난 3 · 1운동을 계기로 민족의식은 소수 친일파를 제외하고는 한민족 구성원에게 깊이 뿌리 내리게 되었다. 한국의 근대적 민족의식은 3 · 1운동과 제1차 세계대전 종결 후 정의와 평등이념의 확대, 민족해방운동과 사회주의의 고조 속에서 전반적으로 고양되었으며, 이념 면에서나 운동 면에서나 민족주의 운동은 피압박 약소민족 해방운동으로서 새로운 차원으로 높여졌다. 이제 반제항일 민족해방과 반봉건민주주의 사회의 건설은 한국인의 민족적 과제가 되었다.

그러나 일제의 민족의식 마비와 왜곡, 민족파괴공작도 집요하게 추진되었다. 한국인을 일본인으로 만들겠다는 동화정책은 한국인의 민족의식이 그만큼 강인하기 때문에 나온 것이었는데, 일제는 한국사와 한국어 대신 일본사와 일본어를 국사와 국어로서 배우도록 강요했다. 또 동화정책의 일환이자 그 변형인 식민사관을 주입했다. 한국사의 타율성과 정체성, 한국인의 '노예적 민족성', 同祖同根論 등을 주장해 한국민족을 영원히 일제의 노예로 만들고자 한 것이다. 동화정책은 1930년대 후기부터 황국신민화정책으로 나타났다. 군국파쇼주의와 일체를 이룬 황국신민화정책은 한국의 역사와 언어를 없애고 창씨개명, 황국신민서사 낭독, 신사참배 등으로 민족의식을 완전히 말살하려 하고, 징병·공출·징용·정신대 등의 동원을 극대화하려는 것이었다. 학생들은 끊임없이 일제의 노예교육을 반대하는 투쟁을 벌였다. 민족의 전위로서 6·10만세운동에 앞장 섰으며, 전국적인 규모로 학생들이 참여하여 치열하게 투쟁한 광주학생운동을 이끌었다. 황국신민화정책에 대해서도 학생과 청년들은 비밀 서클이나 결사대 등을 만들어 헌신적 투쟁을 계속했다.

동화정책과 함께 일제는 문화정치란 이름으로 민족분열정책을 노골화하며 식민지 지주제를 확립하고, 부르주아를 '보호'·'육성' 하였다. 이러한 민족분열정책으로 민족개량주의가 본격적으로 대두하였다. 민족개량주의자들은 식민통치는 조선왕조의 잘못과 그릇된 민족성 때문에 우리 스스로 불러들인 것이라고 하면서, 일제의 보호와 협조 아래 실력을 양성하여 먼 훗날 독립할 역량을 준비하자고 민족을 회유하며 민족해방전선을 분열시켰다. 그들은 일제의 민족분열정책의 일환으로 나타난 자치운동에도 가담했다. 민족개량주의자들은 황국신민화정책이 추진되자 일제의 군국파쇼침략의 앞잡이가 되어 황국신민화정책과 침략전쟁을 찬양·옹호하고, 동족에게 징용·징병을 적극 권유했다. 해방 직전 민족의 분열은 이처럼 심각했다.

피압박식민지의 민족해방투쟁은 민중이 중심이 되었다. 민족분열정책으로 민족의 상층부가 일제에 포섭되기 때문에도 그렇지만 압박과 수탈을 심하게 당함으로써 조국의 필요성을 가장 절감하는 세력이 식민사회의 민중이기 때문이었다. 민족해방투쟁은 정의와 인도사상에 바탕을 두어 대내적으로는 민족 내에 억압과 수탈이 없는 사회의 건설을 지향하고, 대외적으로는 민족 간의 평등을 요구하였다. 또한 민족의 해방은 민족구성원의 사회적 해방의 전제조건이자 기본조건이었다. 여기서 민족해방과 계급해방의 상호관계가 드러난다. 3·1운동 이후 민중이 민족해방투쟁의 전면에 등장하고, 농민·노동·청년·여성 형평운동이 활발해지는 것도 이 때문이었다.

1920년대 중반부터는 좌·우대립을 억제하고 민족적 역량을 최대화하여 민족해방투쟁을 벌이기 위해 좌·우합작이 모색되었다. 국내에서는 사회주의를 이해하는 비타협 민족주의자들과 민족해방투쟁을 중시하는 사회주의자들이[8] 신간회를 결성했다. 만주에서도 민족유일당운동이 활발하였으며, 1935년에는 중국에서 민족혁명당이 만들어졌다. 1930년대 후반부터는 중경·화북·만주 등지에서 민족통일전선이 광범하게 형성되었는데, 만주와 함경도에서는 조국광복회가 출현했다. 1945년 해방 직전까지 민족통일전선체로서 중경임시정부, 건국동맹, 연안(화북)독립동맹이 활동했다. 민족의 해방을 최우선의 목표로 각계 각층의 민족적 역량을 결집한 민족통일전선은 친일파 처단, 토지와 대기업의 국유화 등 민족적 혁명과 사회적 혁명을 강령으로 내세웠다.

속류 마르크스주의자들이 아시아적 생산양식에 기반을 둔 아시아적 정체성을 주장해 결과적으로 식민사관에 동조하였고, 실증주의 사학도 대체로 식민사관의 테두리를 벗어나지 못했지만, 1920년대 이후에는 한국사회와 한국사에 대한 인식도 깊어졌다. 신채호는 '我와 非我의 투쟁'이라는 민족주의 사관에 입각하여 『조선상고사』를 저술하였고, 또 민중을 항일투쟁의 주체로 본 「조선혁명선언」을 집필했다. 백남운은 유물사관을 주체적으로 수용하여 『조선사회경제사』(1933)와 『조선봉건사회경제사』(1937)를 저술했다. 또한 이 시기에는 정치투쟁이 어려운 상황에서 "국사를 연찬하여 새 민족정기를 남겨 둠이 지고한 사명임을 자임"하며, 안재홍·정인보

---

8) 비타협 민족주의자들은 사회주의적 민족주의자, 민족해방투쟁을 중시하는 사회주의자들은 민족주의적 사회주의자라고 부를 수 있을 것이다. 徐仲錫, 「일제시기 사회주의자들의 민족관과 계급관」, 『한국근현대의 민족문제연구』, 知識産業社, 1989 참조.

등이 조선학운동을 벌였다. 조선학은 '조선에 고유한 것', '조선문화의 특색', '조선의 전통'을 천명하여 학문적으로 체계화하는 작업이었다.[9] 金台俊의 『朝鮮小說史』(1939), 金在喆의 『朝鮮演劇史』(1939), 鄭魯湜의 『조선창극사』(1940) 등도 암담한 시기에 나왔으며, 洪命熹는 『林巨正』을 신문에 연재했다. 우리말과 글에 대한 연구는 조선어연구회(1921), 조선어학회(1931)를 중심으로 이루어졌다. 1927년부터는 국어연구지로 『한글』이 나와 1942년까지 발간되었으며, 1933년에는 한글맞춤법통일안도 발표되었는데, 1942년 조선어학회사건으로 한글학자들은 대부분 영어의 몸이 되었다.

## 4. 분단시기 민족문제의 과제

1945년 8월, 한민족이 그토록 갈구했던 해방은 왔으나 그것은 온전한 해방이 아니었다. 줄기찬 민족해방투쟁과 일제의 무모한 전선의 확대, 중국의 항일전쟁, 미국·소련의 참전으로 일제가 패망하여 이제 우리는 자주 민족국가를 세울 기회를 맞았다. 그러나 해방은 고려의 후삼국통일 이후 천 년간 계속되어 온 단일민족국가가 파괴되는 길로 치달았다. 남북의 '국가적' 분립은 계급의 분열과 자본주의·사회주의의 대립을 수반하면서 지구적 규모로 진행된 미·소 냉전의 최첨단 전진기지가 됨으로써 민족은 민족의식의 굴절 및 불구화와 더불어 지극히 어려운 상황에 빠졌다.

8·15 직후 한국인은 어느 누구도 38선이 영구분단으로 이어질 줄은 꿈에도 생각하지 못했다. 많은 한국인은 그저 미국과 소련을 해방의 은인으로 알고 고마워할 따름이었다. 미국과 소련은 한국의 통일에 협조할 의사가 있었지만 그것은 두 초강대국의 이해가 관철되는 것을 전제로 한 것이었다. 8·15의 민족적 감격은 곧 불안과 분노로 바뀌었다. 일제가 패망하

---

9) 韓永愚, 「安在鴻의 新民族主義와 史學」, 『한국독립운동사연구』 제1집, 독립기념관 한국독립운동사연구소, 1987.

자마자 중앙과 지방에 건국준비위원회와 치안대 등이 준비되어 한국인은 자치능력을 세계에 과시했으나, 민족의 여망을 외면한 군정정책과 좌우파 지도자들의 정치력의 부재 속에 혼란과 대립이 계속되었다. 일제의 자본주의 발달 미숙으로 인한 극단적인 수탈과 기형적인 식민경제는 해방과 함께 격심한 경제혼란을 몰고 왔다. 민족의 심판을 받아야 할 친일파는 경찰과 군정기구 등 권력기구를 여전히 장악했다. 토지개혁은 지연되었으며, 식량정책의 잘못으로 농민은 다시 '공출'에 시달렸고, 도시민은 쌀파동에 고통을 겪었다. 해외에서 수많은 동포들이 속속 귀국하였으며, 남한에는 반공으로 무장한 월남인이 계속 늘어갔다. 곧 될 줄만 알았던 독립에의 부푼 기대는 38선이 영구히 굳어질지도 모른다는 두려움으로 바뀌기 시작했다.

　현실적으로 한민족을 결합시켜 줄 수 있는 유일한 국제적 합의는 모스크바 3상회의의 결정뿐이었다. 그것은 한국에서 일제 잔재를 청산하고 민주주의적 임시정부를 건립하는 것을 1차적 과제로 세웠으나, 임시정부 구성에 미국과 소련이 동의해야 하는 것이 열쇠였다. 당시의 지도자들에게는 서로의 입장을 조정하여 우선 외국군을 물러가게 하고 자주정부를 세우기 위해 포용과 이해 속에 고도의 정치력을 발휘할 것이 요구되었다. 그러나 극우와 극좌는 극한 대립을 했고, 분단만이 살 길이었던 친일파는 單政으로 몰고 갔다. 김규식·여운형으로 대표되는 좌·우합작 세력은 친미반소도, 친소반미도 배격하고 일정하게 민족적·사회적 변혁을 수행하면서 자주적인 임시정부를 구성하는 것을 가장 우선시했으나 역부족이었다.

　분단은 어이없게 확정되었다. 분단이 무엇을 초래할 것인지, '두 국가'의 존재가 주권과 독자적인 메커니즘의 형성 속에서 민족문제의 해결을 얼마나 결정적으로 어렵게 하는 것인지를 당시에는 제대로 인식하지 못했다. 많은 지도자와 한국인들은 오히려 분단을 잠정적인 상태로 안이하게 생각했던 것 같고, 단독정부를 세운 남의 권력은 북진정책으로, '민주기지'를 공고히 했다는 북의 권력은 혁명전략으로 각기 민족문제를 해결하려 했으나 둘 다 실현 불가능한 것이었으며, 오히려 분단을 더욱 굳힐 뿐이었다.

이미 1946년부터 좌·우합작 지지자들과 지식인들을 중심으로 미·소를 등에 업은 극단적인 좌·우 대립을 두고 "內爭 같은 국제전쟁이요, 外戰 같은 동족전쟁"을 반드시 초래할 것이라고 여러번 경고했으나, 분단이 필연적으로 민족을 파괴하고 그 거주지를 초토화하여 극단적으로 상호 부정과 증오를 하게 할 전쟁으로 연결될 것이라는 사실을, 대다수의 한국인들은 실제로 6·25를 겪기까지는 생각하지 못했다.

분단과 6·25는 민족의 이질화현상을 깊게 했다. 민족을 통합하려는 구심력은 철저히 파괴된 채 원심력 일변도의 국가적 메커니즘이 형성되었다. 정치적·군사적·문화적으로 그러할 뿐 아니라, 식민통치의 유산과 남북의 자원분포, 원조경제의 메커니즘 등이 간접적으로 작용하고, 군부·관료·재벌의 이해가 직접적으로 작용하여, 경제적으로 큰 발전을 했으면서도 자본·기술·원료·시장 등 모든 면에서 전 세계에서 유례를 찾기 힘들만큼 해외의존성이 구조화되었다. 이것은 '국가적 차원'에서 '국민경제'의 형태로 진행되었다. 이제 많은 한국인들은 분단상태를 자연스럽게 생각하게 되었으며, 분단상태를 의식하지 않은 채 '한 지역'을 전체로 간주하게 되었다. 남북은 서로 상대방이 분단국가에 구조화된 메커니즘을 파괴하려 한다고 비난했다. 통일은 두려웠고 따라서 통일운동을 탄압하는 것은 안전을 위해 필요한 것으로 생각할 수도 있었다. 왜곡되고 전도된 민족관 속에서 민족문제는 표류하고 실종되기까지 했다. 이러한 경향이 강화된다면 유구한 역사를 가진 단일민족국가도 1민족 2국가로 굳어질 수 있는 것이다.

한민족은 세계에서 유례를 찾기 힘들 정도로 천 년간이나 단일민족국가에서 살아왔다. 15세기 이래 한국인들은 한국의 강토가 압록강과 두만강을 경계로 한 한반도라고 생각해 왔다. 한민족은 혈연공동체로서의 겨레의식, 동포의식이, 한때는 나라를 빼앗긴 망국민족으로서 어느 민족보다도 진하고 강렬했다. 그런데도 현재 사회의 구성과 국가적 차원에서의 메커니즘은 1민족 2국가로, 나아가 2민족 2국가로 굳어지게 하는 경향이 전혀 없는 것도 아니다. 지금 독일과 오스트리아는 2민족 2국가체제로 굳어져 있으며, 서독과 동독도 한때는 1민족 2국가체제가 거론된 바 있었다.

우리의 경우 4 · 19 이후 통일에의 관심이 점차 커 가고 있으며, 오히려 과거 역사의 속박에서 벗어날 수 있는 젊은 세대들이 통일에 깊은 관심을 보여 주는 면도 있다. 한국인은 물질적 성장이 하나의 밑받침이 되어 1980년대 후반에 들어서면서 민주화 · 자주화의 노력 속에서 성숙된 모습을 조금씩 보이고 있다. 국내적 · 국제적 조건도 점차 남북 간의 대결과 긴장을 완화시키고 통일로 나아가게 하는 것은 최근의 추세를 보아도 분명히 알 수 있다. 남북은 긴장과 대립 · 증오를 제거하고, 실질적으로 상호 이해와 신뢰를 쌓을 수 있는 제도적 · 교육적 노력을 기울이면서, 얼마간의 체제공존과정을 통한 다음, 자주 · 민주의 통일국가를 이룩하여 한국 근현대사의 지상과제인 민족문제를 해결해야 할 것이다. 통일에의 노력만은 잠시도 게을리해서는 안 된다는 것은 어이없이 분단이 굳어진 해방 직후 3년의 역사가 말해 주고 있다.

(『한국사 특강』, 서울대학교 출판부, 1990)

# 냉전체제와 한국민족주의의 위상

## 1. 머리말

해방 후 민족주의는 극단적인 좌우, 남북 대립과 냉전 이데올로기에 설 자리를 잃을 정도였다. 미·소 양군 점령기에 한국인은 우익이나 좌익의 어느 한쪽을 선택할 것을 강요받았으며, 소련과 미국을 절대시하면서 극좌 나 극우 모두 좌우합작이나 민족 단결에 의한 민족국가 건설을 반대하였 다. 1948년 남과 북에 두 정부가 수립된 이후 한국인은 자신이 소속된 지 역의 체제를 수용하여야 했는데, 그것은 동서 양 진영의 어느 한쪽을 일방 적으로 지지할 것을 요구받았다. 그러한 요구는 권력의 안보, 곧 독재 권력 또는 파시즘적 권력의 유지와 직결되어 있었던바, 그러한 요구가 너무 조 잡하고 인간의 양심이나 민족의 입장과 상충되는 것이어서 비판하거나 반 대하면 반정부인사 또는 반체제인사로 투옥되거나 감시의 대상이 되었다. 냉전시대의 진영논리에 존립의 기반을 둔 권력은 풍자적이지만 상대방을 ‘반민족세력’이나 ‘괴뢰’로 규탄하면서 분단을 최대한 이용하여 그것을 강화하고 영속화하려 하였다는 점도 유의할 필요가 있다.

일제강점기에 독립운동을 하였고 해방 후에는 민족국가를 건설하기 위하여 진력한 중도적 민족주의자들은 극좌와 극우로부터 심한 중상과 비방, 위협을 받아왔다. 분단이 가시화되자 그들은 남북지도자회의의 소집을 요구하였고, 두 정부가 선 뒤에는 통일운동을 전개하였다. 그러한 과정에서 김구는 암살을 당하였고, 김규식 등 여러 민족주의자들은 동족 상잔의 전쟁을 맞아 납북되었다. 진보적 민족주의자들 또는 혁신세력은 진보당사건으로 다시금 철퇴를 맞았고, 5·16군부쿠데타로 영어의 몸이 되었다. 많은 민족주의자들이 남과 북의 정부를 자신들의 정부로 인정하는 것을 거부하였는데, 냉전의 위세가 강할수록 그들의 입지조건은 좁혀졌다. 분단체제에서 그들의 생은 마치 구천에 돌아가지 못하고 헤매는 중음신 비슷하다고나 할까.

해방 후 민족주의의 파행성이나 기형성은 민족주의 용어 사용에서도 나타난다. 일제강점기부터 사회주의자 중에는 민족주의적 성향이 강렬한 사람들이 적지 않았는데, 그럼에도 불구하고 그들은 '부르주아 민족주의'는 타매할 대상으로 생각하고 있었고 자신들이 사회주의의 대의에 충실하여야 한다고 믿었기 때문에 자신들이 민족주의자라고 불리는 것을 꺼려 하였다. 그들은 유럽의 사회주의자들과는 대조적으로 민족이라는 말은 즐겨 썼지만 민족주의는 경계의 대상이었다. 반면에 친일 또는 부일세력으로 해방 후에도 외세의존세력임이 명백하여 반민족행위자 처단을 반대하고, 자신들의 계급적 이해관계 때문에 단독정부 수립을 지향하였던 극우세력은 자신들을 민족진영이라고 부르고, 사회주의자들을 매국매족세력으로 공격하였는데, 민족진영이라는 말은 민족주의진영이라는 뜻으로 받아들이는 경우가 적지 않았다. 이렇게 '민족주의'라는 말이 도착적으로 사용됨으로써 반세기에 걸쳐 반민족적 '민족주의', 외세의존적 '민족주의', 분단지향적 '민족주의'라는 말조차도 자연스럽게 받아들여지게 될 정도였다. 심지어 분단에 매몰된 사람들은 냉전 이데올로기 또는 반공이데올로기를 민족주의로 이해하기도 하였다.

북의 주도세력이 통일지상주의로 보일 정도로 통일을 중시하고 민족이라는 말을 지나치다고 느껴질 만큼 다반사로 사용한다고 해서 민족주의적 성격이 강하다고 볼 수 있느냐도 민족주의의 용례와 관련해서 음미해 볼 필요가 있다. 북은 통일을 전쟁을 통하여 이루려고 하였는데, 전쟁은 동족 상잔의 참화를 빚게 되어 있다는 점에서도 민족주의와 거리가 있게 느껴질 수 있지만, 소련이나 중국의 원조를 받아 통일전쟁을 수행하려고 하였고 수행할 수밖에 없었다는 점에서도 진영논리를 상기하지 않을 수 없다. 북은 7 · 4공동성명이 북의 통일이념에 닿아 있는 것으로 해석하였고 그 점은 상대적으로 수긍할 부분이 있지만, 1946년 이래 수십 년 동안 한번도 사회주의 통일을 포기한 적이 없었고, 중립화 통일을 진지하게 모색한 바도 없었다.

1946, 1947년 이래 이승만 등 남의 극우세력이 주장한 북벌론이나 북진통일론은 어떠한가. 사실 그것은 남북 간의 긴장을 완화시킬 수 있는 모든 형태의 평화통일론을 거부하고 분단을 공고히 했다는 점에서 반통일적 '통일론'이라고 볼 수 있는데, 무력통일론은 전적으로 미국의 군사력에 의존하고 있고, 소련과 중국의 공산당까지 타도하기 위한 '자유의 성전'이었다는 점에서 민족주의와는 거리가 있다. 박정희의 선건설론은 북진통일론과 비슷하게 통일 논의를 원천적으로 봉쇄한 것으로, 한일협정의 체결, 베트남 참전이 잘 말해 주듯, 미 · 일 · 한의 수직적 안보 · 경제 구조에 포섭되어 있는 것이었다. 또한 박정희가 자주 언급한 민족 주체성은 외세 비판, 그것과 연결되어 있는 민족 자주성의 강조를 철저히 금압하고, 주한미군 유지에 전력을 기울였고 미군의 횡포에 대해서 침묵으로 일관하였다는 점에서 민족주의로 위장한 냉전 이데올로기에 다름 아니었다.

일제강점기 민족주의의 과제가 반제민족해방이라면 해방 후 민족주의의 주된 과제는 민족국가의 건설 곧 통일과 식민체제의 청산 곧 탈식민화에 있다. 국가주의라고도 불리는 분단 국가 의식이나 냉전 이데올로기에 매몰되어 있는 사고는 통일과는 괴리 내지 갈등관계에 있을 수밖에 없다. 친일파의 처단이 탈식민화와 필수불가결의 관계가 있다면, 민족의 정체성 확립과 관련하여 민족해방운동을 중시하고, 반제=반외세 민족자주, 민족 중심의 자립경제를 강조하는 것은 양자 모두와 관련이 있다. 민족문화 고유문화의 강조는 민족주의 현상으로 이해되지만, 1970년대 이후 유행된, 최남선의 不咸文化論 비슷한 桓檀古記 등에 근거한 대단군주의 같은 것은 민족주의에서 일탈된 면을 보인다는 점에 유의할 필요가 있다. 반일감정 또는 반화교감정 등의 배외 감정을 곧장 민족주의라고 단정하는 것은 위험하다고 생각한다. 민족주체성 등의 언술이나 담론은 사이비 주장인지 아닌지 면밀히 분석해봐야 한다. 일민주의나 유신체제에서 주장된 '한국적 (자유)민주주의' 또는 '국적(=주체성) 있는 (자유)민주주의'는 반민주주의적 억압통치를 합리화하기 위한 기만적 담론이었다.

이 글에서는 냉전체제에서 민족국가의 건설 곧 통일을 이루기 위한 활동이 어떻게 전개되었나에 초점을 맞추어 김규식과 김구의 남북협상, 조봉암·진보당의 노선, 4월혁명기의 진보운동을 고찰하고, 그것에 대응하여 있었던 두 정부 수립기의 진영논리, 1950년대 이승만의 진영논리, 장면정권 박정희정권의 진영논리를 분석할 것이다.

미·소의 냉전 개시 시점에 대해서는 여러 학설이 있지만, 1947년에 본격적으로 나타난다는 점에 대해서는 대체로 동의하고 있다. 그러나 한국에서 냉전적 현상은 그보다 일찍 나타났다. 남의 경우 1945년 12월 28일 모스크바삼상회의 결정이 발표될 무렵부터 반탁투쟁과 모스크바결정지지 운동이 격렬하게 전개되어 좌우 간의 대립은 1946년 2월 민주의원, 비상국민회의와 민주주의민족전선이 출현함으로써 '완성'된 감을 주었다. 이제 한국인은 좌익 아니면 우익에 속할 것을 강요당하게 되었다.[1] 이승만은 미 국무부의 우려대로[2] 1945년 10월 귀국하면서 반소반공의 '진영논리'를 폈는데, 1946년 5월 미·소공동위원회가 결렬되자 조숙한 냉전논리로 단정운동을 전개하였다. 북의 공산주의자들 또한 미·소공위 결렬 후 본격적으로 민주기지론을 제시하고 북의 사회주의화를 다그쳤다. 때문에 냉전과

---


1) 「본지가 1년 동안 걸어온 길」, 『신천지』 1947. 2, 5쪽.
2) 任洪彬, 「한반도 분단의 뿌리」, 『신동아』 1983. 8, 187~188쪽 참조.

관련된 민족국가 건설운동은 1946년 5, 6월의 좌우합작운동부터 다룰 수도 있지만, 미국과 소련은 적어도 외견상으로는 1947년 3월 트루만독트린이 발표된 후에도 한국문제 처리에 협조적이어서 5월에 다시 미·소공동위원회가 열려 한반도는 미·소 협조의 예외적이고 중요한 시험대처럼 보였다.[3] 따라서 냉전시기의 민족국가 건설운동은 1947년 6, 7월에 미국의 마샬플랜, 대소봉쇄정책이 출현하고 미·소공위가 다시 공전되다가 9월에 한국문제가 미국에 의해서 유엔에 넘어간 이후부터 시작되는 것으로 보아야 할 것이다.

한반도에서 상대방을 절대악으로 보는 냉전논리는 미·소의 그것보다 먼저 나타났을 뿐만 아니라, 미·소보다 훨씬 격렬하고 강도 높게 나타났다. 남과 북의 집권세력은 자신들이 마치 동서 양 진영의 대결에서 성전을 수행하는 위대한 전사인 것처럼 자임했다. 한국 부르주아세력의 정신적·물질적 취약성과 민족적 약점, 영구 집권욕을 반영한 것이겠지만, 이승만과 박정희는 냉전을 수행하는 데 있어 미국이 요구한 것보다 훨씬 더 극단적이었다.

## 2. 김규식과 김구의 남북협상과 두 정부 수립기의 냉전의식

1947년 7월 19일 여운형이 암살된 것은 미·소 협조에 의해서 민족국가가 수립되기가 거의 불가능하게 되었다는 것을 의미하였다. 한국에 민족국가를 세우기 위해서 민족의 자주적 입장을 망각하고 민족적 통일단결을 파괴하면서 친미반소, 반미친소의 독점정권을 세우려는 노선을 견제하고 좌우의 협조 아래 모스크바 삼상회의 결정을 실행하는 길밖에 없다고 판단하여 미·소공동위원회의 활동에 적극 협력하였던 중도파 민족주의자들은 새로운 방안을 모색하지 않을 수 없었다. 그들은 이제 남은 유일한 방법은

---

3) 『한성일보』 1947. 5. 13.

남과 북의 정치지도자회의를 열어 통일방안을 모색하는 길밖에 없다고 생각하였다. 그러기 위해서 중도파 정치세력을 망라하여 김규식을 수반으로 한 민족자주연맹(민련)을 조직하기로 하였고, 그것의 여당격으로 먼저 홍명희를 당수로 한 민주독립당이 1947년 10월에 만들어졌다. 민련은 1947년 11월 14일 유엔총회의 결의에 의하여 남북총선거를 감시할 유엔임시위원단이 들어오기 전에 조직을 완료하기로 하고 계획을 앞당겨 1947년 12월 20일에 결성식을 가졌다. 남북지도자회의 또는 남북협상 추진의 모체가 만들어진 것이었다.

1948년 1월 8일 유엔임시위원단이 서울에 와 26, 27일에 걸쳐 이승만, 김구, 김규식 등 남의 지도자를 만났을 때, 김구는 미·소 양군의 철퇴와 남북지도자회의의 소집을 요구하였다. 그것은 민련의 주장과 비슷한 것으로, 김구는 김규식과 입장을 같이하게 되었다. 김구의 발언은 그 이전의 것과 비교해 볼 때 가위 '폭탄선언'이라고 할만 하였다.

김구는 김규식·여운형과 대조적으로 이승만·한민당과 협조하면서 반소반공 반탁투쟁을 벌였다. 다만 차이가 있다면 김구의 그것이 중경임시정부 추대가 명분이었다면, 이승만과 한민당은 단정수립을 겨냥하면서 반소반공운동으로서의 반탁투쟁을 벌였다는 점이었다. 1947년 내내 김구와 이승만은 협조와 갈등관계를 가졌는데, 1947년 12월 1일에는 이승만의 단정운동을 적극 지지하는 긴 담화를 발표하였다.[4] 그런데 김구가 1948년 1월 미·소 양군 철퇴와 남북지도자회의의 소집을 요구하자 한민당 등 극우는 어제까지 이승만과 함께 최고지도자로 모셨던 김구를 '크레믈린궁의 신자'라고 공격하였다.[5]

2월 4일 민련은 김구·김규식이 북의 김일성·김두봉과 요인회담을 가

---

4) 『조선일보』·『동아일보』 1947. 12. 2. 한평생 독립운동을 해 온 민족주의자로서 1948년 1월 하순에 김구가 '방향전환'을 하게 된 이유에 대하여는 서중석, 『한국현대민족운동연구』, 역사비평사, 1991, 546~547쪽 참조.
5) 『동아일보』 1948. 1. 30.

질 것을 결의하였고, 김구도 이에 동의하였다. 북에 요인회담을 제안한 것에는 유엔임시위원단의 호의적 반응도 작용하였다. 1월 21일 임시위원단 임시의장 메논은 서울중앙방송을 통하여 위원단은 38선을 인정하지 않으며, 조선은 결코 분단되어서는 안될 단일체라고 역설한 바 있었다.

김규식은 유엔 소총회에서 한국문제 결의를 하기 전에 북에서 반응이 오기를 몹시 고대하였다. 남북협상이 실질적인 효과를 어느 정도라도 가지려면 소총회 결의가 있기 전에 남북지도자회의가 진전이 있어야 했다. 메논은 2월 19일 소총회에 한국문제 보고를 할 때, 남북회담에서 중대한 합의를 보면 남한 선거가 필요하지 않게 될지도 모른다고 피력하였지만,[6] 이 시기에 북에서 반응을 보였다면 남북회의의 중요성은 한층 커지고, 미국의 단정 수립 일정은 차질을 빚었을 것이다.

유엔에서 결의한 남북총선거의 경우 1947년 12월 13일 김규식이 제안한 대로 남과 북으로 나누어 구역선거를 치르는 방법도 있었다. 외군 철수도 남북회담의 주요 의제가 될 수 있었다. 그러나 소련과 북은 끝내 응하지 않았고, 남로당에서는 3월 1일에도 김구·김규식이 이승만·김성수와 함께 제국주의의 앞잡이가 되어 조국의 분할 침략 계획을 지지한다고 비난하였다.[7]

이 시기에 한반도 문제에 대하여 미국과 소련은 상대방의 제안은 어느 것이나 반대하였고, 각자 자신의 후원하에 분단 정부를 세우고자 하였다. 또한 북의 공산주의자들은 소련의 한반도정책과 궤를 같이하여 민주기지론에 입각해 통일문제를 해결하고자 하였다. 그리고 1947년 11월 14일의 유엔총회 한반도 문제 결의에 맞서 11월 18, 19일에 북조선인민회의가 소집되어 임시헌법제정위원회를 조직할 것을 결의하였다. 1948년 2월 6, 7일에 열린 인민회의에 제출된 임시헌법 초안은 2월 10일부터 전인민토의에 붙여졌다. 2월 8일에는 조선인민군이 창건되어 남에 대하여 무력을 과

---

6) 『조선일보』·『서울신문』·『경향신문』 1948. 2. 21 및 『동아일보』 1948. 2. 22.
7) 『노력인민』 1948. 3. 8.

시하였다.

북에서는 유엔 소총회 결의가 있은 지 거의 한 달이 다된 3월 25일에야 평양방송을 통하여 전조선정당사회단체대표자연석회의(연석회의)를 열자고 제안하였다. 김일성·김두봉 연명으로 김구·김규식한테 보내는 서신도 도착하였다. 그런데 북은 일방적으로 연석회의를 평양에서 4월 14일 열 것을 채택하였다고 방송하였을 뿐만 아니라, 4월 초에 소범위의 연석회의를 열자고 하면서 남과 북의 4김 외에 남과 북에서 참여할 지도자 명단도 열거하였다. 뿐만 아니라, 김구·김규식이 해방 후 인민의 기대와 배치되는 말을 하였고, 모스크바삼상회의 결의와 소미공동위원회를 적극적으로 반대하여 거듭 파열시켰다고 비난하였다.[8]

북에서 연석회의를 열자고 한 것은 2월 26일 유엔소총회에서 가능한 지역에서의 선거를 결의한 후 남에서 5·10선거가 구체적으로 진행되고 있었기 때문이었다. 처음에 북과 소련은 김구와 김규식에 대한 상식을 벗어난 편지가 말해 주듯 남의 선거를 파탄시키는 데에 중점을 두었다. 그러나 곧 남의 민족주의자와 대규모 회의를 갖는 것은 북의 정부 수립에 정통성을 부여할 수 있다는 것에 주목하였다. 이제 김구와 김규식은 반드시 모셔오지 않으면 안되게 되었다.

김구와 김규식은 3월 31일에 '감상'을 발표하여 '준비된 잔치'에 오라고만 하는 것이 아닌가하는 의구심을 표명하면서, 그러나 두 김이 남북회담을 요구한 이상 여하간 가는 것이 옳다고 생각한다고 밝히고 연락원을 통하여 구체적인 것을 논의하자고 피력하였다. 김규식은 자신이 명칭을 붙였을 이 '감상'에서도, 또 4월 3일에 있은 통일독립운동자협의회 결성식에서도, 생명을 내놓고 한 번 두 번에 안되면 열 번이고 백 번이고 남북회담을 계속하여 통일을 이룩해야 한다고 역설하였지만, 평양에서의 남북회담 참가가 북에 이용당하기 십상이고, 남의 극우세력으로부터는 정치생명은

---

8) 도진순, 『한국민족주의와 남북관계』, 서울대학교 출판부, 1997, 367~369쪽.

물론 자연인의 생명까지도 위협받을 수 있으리라는 것을 잘 알고 있었다.

김구와 김규식이 보낸 두 '특사'는 4월 10일 서울로 돌아와 김일성이 제안사항을 수락했다고 보고하였다. 4월 13일 김구는 북행을 결정하였으나 김규식은 행동을 보류하고 추후로 떠난다고 표명하였다. 그런데 세상에 알려진 대로 김규식의 북행 보류는 소극적인 태도에서 나온 것이 아니었다. 4월 14일 김규식과 민련에서는 전국적 총선거에 의한 통일중앙정부의 수립, 미·소 양군 철병 조건의 구체화 등 5개 조항을 북에 제시할 것에 합의하였다. 그런데 4월 14일 직후가 아니라 18일에(19일 설도 있음) 가서야 '특사'를 다시 북에 보냈고, 김일성은 19일 밤에 그 제의를 수락한다는 뜻을 평양방송으로 전했다. 김구가 연석회의가 열리는 19일 서울을 떠나고, 연석회의 참가를 기피한 것도 김규식의 움직임이 일정하게 작용하였을 것이다. 김규식은 21일에야 평양으로 떠나 22일 6시에 도착하였다.

4월에 열린 평양에서의 남북지도자회의에 대해서는 지금까지 두 가지 편견이 크게 유통되었다. 하나는 극우적 시각으로 두 김이 일방적으로 북에 의해 이용당하기만 하였다는 주장이다. 그런가 하면 요인회담과 연석회의가 얼마나 크게 성격이 다른 회의인가를 간과하고, 일방적으로 연석회의의 의의를 높이 평가하는 견해가 있다.

4월 19일에 열린 남북조선제정당사회단체대표자연석회의는 46개 단체 대표 545명이 참석한 거대 회의였지만, 처음에는 김구·김규식 등이 도착하지 않아 20일은 휴회하고 21일 속개하였다. 그러나 이날도 김구 일행은 참석하지 않았고, 22일 딱 하루만 잠깐 나와 인사말을 하였을 뿐이었다. 김구는 주석단에도 들어가지 않겠다고 천명하였는데,[9] 김일성이 천거하는 형식으로 들어갔다. 김규식은 연석회의에 끝까지 참석하지 않았다. 민족주의 지도자들은 북의 정부 수립에 정통성을 부여할 연석회의를 사실상 무시한 것이었다.

---

9)「레베데프비망록」21, 『매일신문』 1995. 2. 21.

23일에 폐막된 연석회의는 냉전의 산물이라고 볼 수 있을 만큼 남의 단독선거와 미국, 이승만 등을 일방적으로 매도하고 외군 철수만 주장하였을 뿐, 통일국가를 건설할 방책은 제시하지 않았다. 통일국가 건설 방안은 요인회담에서 이루어졌다. 김구도 그러하였지만 김규식은 통일국가 건설의 방안을 마련할 요인회담을 열 것을 강력히 요구하였다.[10] 북과 소련은 김규식과 김구를 그냥 돌아가게 할 수는 없었다. 요인회담 또는 남북협상은 4월 26일의 4김회담, 27일의 15인 지도자협의회, 28일의 김규식·김일성 회동, 4월 30일의 제2차 4김회담과 15인 지도자협의회 순으로 열렸다.

남북협상은 김규식의 5개 항을 중심으로 논의되었다.[11] 4월 30일 발표된 공동성명서는 제1항에서 소련의 양군 철병안을 지지하였다. 그런데 그것은 제2항에서 외군 철수 후 내전이 발발할 수 없음을 확인한다고 밝힌 점과 연계되어 있다는 점을 주목해야 한다. 김규식은 스티코프의 양군 철병안이 제시되었을 때부터 전쟁이 일어나지 않도록 국제 간에, 남북 간에 제도적 장치가 있어야 한다고 끊임없이 강조하였고, 동족상잔을 막아야 한다는 주장은 이 시기 모든 단정반대세력이 한결같이 고창한 바였는데, 이 공동성명서에서는 북의 지도자들이 내전을 일으키지 않겠다고 약속하는 방식으로 합의되었다. 공동성명서 4항은 단정을 반대한다는 것이었다. 그런데 이 시기 김구와 김규식은 그것은 북에도 똑같이 적용되는 것으로 인식하였다.

북이 결정적으로 양보한 것은 제2항보다도 전조선정치회의를 소집하여 임시정부를 수립하고, 그 뒤 총선에 의하여 입법기관을 설립, 통일정부를 세우자는 3항이었다. 북은 남의 정부 수립에 이어 약간의 시차를 두고 정부를 수립할 계획을 갖고 있었기 때문에 3항은 받아들이기 어려운 것이었다. 그 점은 4월 29일경에 가진 김일성의 기자단 회견에서도 확인할 수 있다. 김일성은 이 자리에서 김규식의 5개 항과 비슷한 표현으로 공동성명이

---

10) 이정식, 「김규식의 생애」, 신구문화사, 1974, 196쪽.
11) 최성복, 「평양 남·북협상의 인상」, 「신천지」 1948. 4, 68쪽 ; 「조선일보」·「서울신문」 1948. 5. 4.

나갈 것임을 시사하였는데, 3항만은 그것에 포함되어 있지 않았다.[12] 김규식과 김구가 주도한 남북협상은 당장에는 실현될 수 없었지만 평화적 통일방안의 초석을 놓은 것이자, 민족문제는 남과 북의 갈등과 긴장을 최소화하면서 민족 스스로 해결하도록 노력하여야 한다는 원칙의 典範이 될 만한 것이었다.[13]

김구와 김규식은 북에서 돌아온 후에도 통일독립촉진회(통촉)를 조직하여 통일운동을 계속하였다. 북에서는 4월에 있었던 연석회의 비슷한 것을 다시 열려고 두 김을 초청하였으나, 그들은 그것을 거부하고 김규식은 서울에서 4김회의를 갖자고 제안하였다. 북에서 6월 29일부터 7월 5일까지 남북조선제정당사회단체지도자협의회를 열고 정부 수립을 다그치자, 두 김은 7월 19일에 4월 30일 발표한 공동성명을 이행할 것을 촉구하고 북의 정부 수립으로 남북이 동족상잔의 길로 나갈 것이라고 우려하였다.

김구와 김규식은 이승만정부를 보는 관점에서 한동안 차이가 있었지만 점차 좁혀졌다. 김규식은 이승만정부 수립에 '불반대 불참가'의 태도를 보였으나, 김구는 8월 15일 정부 수립 공포일을 맞아 비분과 실망이 있을 뿐이라고 천명하였고, 9월 유엔에 보낸 서한에서 새로운 남북총선거를 실시할 것을 촉구하였다.[14] 그러나 12월 12일 유엔의 대한민국정부 수립은 김구의 입장을 변화시켰다. 12월 14일 김규식이 그것을 적극 지지한 데 이어 김구는 12월 16일 유엔의 승인은 "영원히 기억할 만한 역사적 사실"이라고 천명하였다.[15] 김구는 1949년 1월 16일에도 불원 서울에서 남북협상이 있을 것을 기대한다고 말하여 변화된 모습을 보여주었다. 남북협상 1주년을 맞아 가진 두 김의 발언도 주목할 필요가 있다. 4월 20일 김구는 "시간을 두고" "'국제적 압력'으로 첨예하게 대립된 '상극의 세력'"을 통일시켜야

---

12) 최성복, 앞의 글, 68쪽.
13) 남북지도자회의 곧 남북협상의 의의에 대해서는 서중석, 『한국현대민족운동연구』 2, 역사비평사, 1996, 40~48쪽 참조.
14) 『자유신문』 1948. 9. 30.
15) 『서울신문』·『독립신문』 1948. 12. 17.

한다고 피력하고, 남북협상이 반드시 있을 것으로 전망하였다.[16] 이는 대단히 유연성 있는 발언이었다. 김규식은 4월 22일 유엔위원단과 장시간 대좌한 후 남북민중대표지도자회의를 열 것과 유엔위원단에 고문단을 둘 것을 제안하였다.[17] 4월 28일에 이어 5월 31일 유엔위원단과 요담한 뒤 김구는 김규식의 제안을 더 구체화하여 제시하였다.

김구와 김규식은 통일운동에 유연성을 가지고 임했을 뿐만 아니라, 1948년 12월 이후 정치 활동과 관련하여 정중동의 움직임을 보였다. 민족진영대동단결론이 3영수 합작설과 함께 꾸준히 제기되거나 유포된 것은 '협상파' 민족주의자들이 정치세력화하기 위한 것이었다. 그것은 단기적으로는 1950년 5월경에 치러질 총선을 염두에 둔 것이었으나, 정부통령선거와도 무관한 것이 아니었다. 이러한 상황에서 1949년 6월 26일 김구가 암살되었다. 냉전이 요구한 분단을 거부한 거목이 서거한 것이었다.

장준하는 김구가 사상 최초로 반냉전으로 동서 양극체제에 도전하여 한국민족투쟁의 세계사적 사명을 제시하였다고 평가하였지만,[18] 이와 대조적으로 김구 암살범 안두희는 군사법정에서 "국가를 위하여 선생을 죽이는 것이 좋겠다고 나는 단정했다"고 외쳤고, 변호인은 피고의 행위는 대한민국에서 표창할 일이라고 주장하였다.[19] 1949년 9월 30일 헌병사령관 전봉덕, 서울시경국장 김태선은 공동성명에서 한독당의 반국가적·반정부적 행위를 비난하고, "민족진영의 탈을 쓰고 파괴 살상을 기도하는 사이비적 우국도배에 대해서는 좌익공산도배에 준하여 가차없는 철퇴를 내릴 것이라"고 협박하였다.[20]

---

16) 백범사상연구소 편, 『백범어록』, 사상사, 1973, 313~314쪽.
17) 『자유신문』 1949. 4. 23.
18) 장준하, 「민족통일전략의 현단계(초안)」, 『민족주의자의 길』, 사상, 1985, 46~47쪽.
19) 오소백, 「백범 살해범 안두희공판」, 『우리는 이렇게 살아왔다』, 광화문출판사, 1962, 106~113쪽.
20) 『조선일보』 1949. 10. 1.

## 3. 조봉암 · 진보당의 평화통일운동과 이승만의 냉전의식

역풍의 정치가 조봉암은 냉전체제에 순응하여 안주하지 않고 그것에 거슬리는 활동을 하였다. 그의 역풍의 정치 활동은 평화통일운동을 중심으로 전개되었다.

1946년 조봉암은 공산주의에서 전향한 이후 김규식 · 여운형의 좌우합작에 의한 민족국가 건설운동에 적극 동참하였다. 김구 · 김규식과 달리 5 · 10선거에 입후보하여 당선되었지만, 제헌국회 소집 벽두에 미 · 소 어느 한 편을 들지 말고 둘을 조화시켜서 우리의 문제를 완전히 해결하여야 한다고 피력하여[21] 극우단정세력과 미국을 경악케 하였다. 전쟁 발발 이후에도 그는 평화적 해결의 방안을 염두에 두었겠지만 그것을 직설적으로 표현하지 못했다. 제네바회의를 앞두고 1954년에 발표한 그의 중후한 정치테제「우리의 당면과업」에서도 무력통일 방안에 이의를 제기하고 실질적으로 평화통일과 같은 취지인 정치적 통일이 중요하다는 점을 논리적으로 역설하였지만 평화통일이라는 말 자체는 쓰지 못했다. 이승만이 대규모 동원으로 북진통일운동을 벌이며 공산세계와의 어떠한 공존도 철저히 배격하여 전시체제를 방불케 하는 상황이었기 때문이었다. 사회민주주의자 이동화가 1955년 서울대학교 강연에서 양대 진영의 평화적 공존이 불가피하다는 발언을 하였다가 끌려가 심한 고문을 당하고 송청된 것은[22] 당시의 상황이 얼마나 엄혹하였는가를 말해 준다. 평화통일이라는 말은 1955년 12월 22일 발표된 진보당 발기취지문과 강령에도 나오지 않는다.

평화통일이라는 말은 1956년 5 · 15정부통령선거에 이르러서야 공표되었다. 정부통령선거이기 때문에도 탄압이 용이하지 않았겠지만, 이승만으로서는 민주당의 신익희후보와 진보당(가칭)의 조봉암후보를 경쟁시켜 야

---

21) 『국회속기록』 제1회 8호, 1948. 6. 12.
22) 「이동화편」, 『명인옥중기』, 희망출판사, 1966, 215쪽.

당표를 분산시킬 필요가 있었다. 정부통령선거에 돌입한 4월부터 평화통일이 제기되어 진보당에서는 우리 민족이 이 이상 동족상잔의 피를 흘린다면 자멸을 의미하므로 평화적 방법으로 남북통일을 이룩하여야겠다고 주장하였다. 5월에 들어와 진보당이 내건 공약 10장의 제1장에는 이렇게 쓰여 있다.

> "남북한에 걸쳐 조국의 통일을 저지하고 동족상잔의 유혈극의 재발을 꾀하는 극좌극우의 불순세력을 억제하고 진보세력이 주도권을 장악함으로써 국련 보장하의 민주방식에 의한 평화적 통일을 성취한다"[23]

이승만후보 측은 조후보의 평화통일 주장을 이북과 연락해서 정권을 잡으려는 음모 또는 공산주의에 굴복하는 유화협상노선으로 공격하였다. 엄청난 투개표 부정에도 불구하고 이후보가 504만여 표를 획득하였는데 조후보가 216만여 표였다는 것은 평화통일의 호소력이 컸음을 입증한다.

1950년대에 민족주의자에게는 지난한 과제가 부과되었다. 극우 반공체제에서 대중들을 자신의 지지세력이 되게 함과 동시에 통찰력과 신중함을 가지고 냉전체제의 제약을 뚫고 나가야 했다. 역동적인 역풍의 정치인 조봉암은 5·15정부통령선거를 전환점으로 하여, 대중과의 결합이 약했던 그 이전에는 후자에 신경을 많이 썼지만, 그 이후에는 사면초가 속에서도 굽힘이 없어 평화통일운동을 전개하였다. 대중의 지지에 대한 자신감과 책임감이 기본동력이었지만, 1956년 2월 소련공산당대회에서 제시한 흐루시초프의 평화공존론, 원자력의 평화적 이용에 대한 과신과 동서 군사력의 공포의 균형을 가져온 원자탄, 미·소의 접근 등도 한 요인이었다.

조봉암은 냉전의 제약을 헤쳐나가야 민족문제와 민주주의 문제가 해결될 수 있다고 믿었다. 그는 이미 1955년에 민족문제의 정치적 해결을 죄악

---

23) 『한국일보』 1956. 5. 9 광고, 『조선일보』 1956. 5. 10 조간 광고.

시하는 태도를 비판하고, "우리는 반공이고 반공존이지만, 필요가 있고 유익하기만 하면 공산블록과 회의도 하고 협상도 해야 될 것"이라고 주장하였다.[24] 그는 1957년에 쓴 「평화통일에의 길」에서 우리나라는 미·소 양 진영의 각축장으로서 제일선에 내몰린 시련장이기 때문에 우리의 태도가 중요하다고 강조하였는데, 그것은 민족 주체성을 강조한 것에 다름 아니었다. 그 점은 이 글에서 남북총선거를 유엔감시하에서 하느냐 중립국감시하에서 하느냐가 한국문제 해결의 중대한 난관이 되었지만, 그러나 실제는 미·소 양국의 이해관계의 충돌이 근본원인임은 아무도 부인 못할 사실이라고 설명하고, 중립국 감시의 방법도 검토할 수 있다고 시사한 데에서도 엿볼 수 있다. 진보당은 1956년 11월 창당대회에서 '헝가리 민중의 자유 투쟁지지 결의안'과 함께 '애급에 대한 영·불 침략 반대 결의안'을 채택하였던바, 이것도 극우반공세력이나 그 뒤에 있는 미국 어느 쪽에서도 용납하기 어려운 주장이었다. 1958년 1월에 진보당사건이 일어나고 그다음 해에 조봉암은 형장의 이슬로 사라졌다.

　이승만이 조봉암의 평화통일운동을 좌시할 수 없었던 것은 그것이 북진통일론을 무력화하는 효과를 가졌기 때문이었다. 대규모로 학생, 노동자, 시민, 공무원 등을 동원하여 전시체제를 방불케 하는 살벌한 분위기에서 북진통일운동을 벌이는 것은 극우 반공체제와 그것에 기반을 둔 이승만 권력을 공고히 하는 데 핵심 기제로 역할하였다. 뿐만 아니라 북진통일운동은 통일로 접근할 수 있는 모든 통일논의를 차단하고, 남과 북의 긴장을 극대화하여 분단을 공고히 하는 기능을 발휘하는 반공존의 공존논리였다. 그런데 평화통일론은 평화적으로 남북문제를 해결하고, 남북 간의 인위적 긴장을 허물고 민족자주적으로 민족문제를 풀어보자는 주장으로 자연히 북진통일론의 허구성이 주된 비판의 대상이 될 수밖에 없었다. 이러한 주장에 일선 군대에 자식을 보낸 빈농을 포함하여 많은 서민대중이 공감한다는

---

24) 조봉암, 「내가 본 내외정국」 25, 『한국일보』 1955. 7. 10.

것은 자연스러운 일이었다.

미국은 형식적으로는 한미상호방위조약 제1조에 명시된 대로 이승만의 무력통일을 반대하고 한국문제가 평화적으로 해결되어야 한다고 거듭 천명했지만, 이승만의 무력통일운동이 분단을 고착시켜 세력균형에 금이 가지 않게 하고 반공체제를 공고히 하는 것으로 기능하는 것은 미국의 동아시아정책에 적절히 부응하는 것으로 환영하여야 할 일이었다.

냉전체제에 안주하기를 거부한 조봉암과 진보당이 제시한 노선은 제3의 길이었다. 김규식과 여운형의 좌우합작노선은 독점자본주의와 프롤레타리아독재를 동시에 거부하는 것이었는데, 제3의 길은 김규식을 주석으로 한 민족자주연맹 선언에서 독점자본주의사회도 무산계급독재사회도 아닌 조선적인 민주주의사회의 건립만이 가능하다는 표현으로 정식화되었다. 조봉암은 '조선적인 민주주의사회'를 1951년 프랑크푸르트대회 선언에서 표명된 사회민주주의로 구체화하였다.

이미 1952년에 나온 한 저서에서 조봉암에 대한 표제가 '제3세력'이었던바,[25] 그는 1954년 가을 뉴델리밀회사건 때에는 공안정국을 조성하려는 자유당 등에 의해서 제3세력의 대표자로 부상되었다. 1955년에 서울시경찰국 사찰과에서 펴낸 『사찰요람』에서는 제3세력은 자주노선을 별칭으로 하고 있는바 조봉암이 지도하고 있다고 기술하였는데(2쪽), 그는 이미 1952년 정부통령선거에서 공산당 독재와 자본가·부패분자 독재를 강고히 반대한다고 밝힌 바 있었다. 그는 앞에서 언급한 대로 1956년 정부통령선거 공약 10장의 제1장에서 극좌극우의 불순세력을 반대한다고 명시하였고, 그해 11월의 진보당 창당대회 개회사에서는 자본주의와 공산주의를 다 같이 거부하여 청산하자고 말하고 그 대안으로 사회민주주의를 제시하였다.

조봉암의 사회민주주의는 냉전체제의 지양과 불가분의 관계에 있다. 그는 자본주의는 자본주의대로 날로 수정되어 사회민주주의적인 전법을 쓰

---

25) 한철영, 『한국의 인물 제1선 50인집』, 문화춘추사, 1952년 목차 및 67쪽.

고 있고, 공산주의는 공산주의대로 날로 수정되어 사회민주주의적인 방향으로 가고 있다는 탈냉전의 수렴론 위에서 사회민주주의의 불가피성을 피력하였다.[26]

조봉암의 수렴론과는 대조적으로 이승만은 철두철미 반공존론을 폈다. 그는 공산주의자들과는 어떠한 협상도 있을 수 없고 어떠한 유화책도 받아들일 수 없음을 거듭 강조하였다. 그는 공산진영의 모든 정책은 크레믈린의 지령에 의한 것이라고 확신하였다. 오직 소련의 정치국만이 전세계 각국에서 발생하는 전체주의적 반란사건을 지휘하고 있다는 것이었다.[27] 그래서 미국은 자신의 안전뿐만 아니라 자유세계의 반공단합을 위하여 소련 또는 그 위성국가들과의 정상회담 또는 기타 여하한 협상도 이를 철두철미 피해야 한다고 강조하였다. 이러한 회담을 갖자는 소련의 요구는 공산당의 세계 정복 음모의 중요한 부분이었기 때문이었다.[28] 소련과 반대로 이승만에게 있어 미국은 자유의 수호자로서 오로지 絶對善이었다. 이승만이 한국전쟁과 관련하여 미국을 영구히 잊을 수 없는 은공의 나라라고 말하는 것은 있을 수 있는 발언일 것이다. 또 "대한민국은 미국의 너그럽고 원대한 정치적 경륜 때문에 그 자신의 생존을 누리고 있다. 우리는 모두 같은 배에 타고 있으며 미국사람은 길잡이이다"라는 주장도[29] 있을 수 있다. 그러나 이승만이 페이스 미육군장관, 리지웨이 유엔군사령관 등을 만나 다음과 같이 말한 것은 그의 냉전의식이 어떠한 상태에 있는가를 짐작케 한다.

"만일 내가 한국을 희생시킴으로써 미국의 지위를 강화시킬 수만 있으면

26) 조봉암의 수렴론은 극우반공세력의 공격에서 자신의 정치이념을 방위하려는 의도가 개재돼 있다. 서중석, 『조봉암과 1950년대』 상, 역사비평사, 1999, 제3장 '사회민주주의와 1950년대' 참조.

27) 이승만, 「전미국시장회의에서 녹음 연설(1952. 5. 19)」, 『대통령이승만박사담화집』, 1953, 149쪽.

28) 「덜레스 미국무장관의 대공강경정책을 지지하는 리대통령각하의 성명서」, 『4291년도 주요 국내 외교 성명 및 연설집』, 외무부 방교국, 1958, 1쪽.

29) 올리버, 『이승만비록』, 한국문화출판사, 1982, 591쪽.

나는 그렇게 할 것이오. 왜냐하면 미국이 국가 간에 지도적 지위를 확보하고 있는 한 한국은 언젠가는 다시 살아날 수가 있기 때문이오. 그러나 만일 미국의 영향력이 쇠퇴한다면 자유세계는 희망이 없는 것이오"[30]

이승만의 편집적인 극단의 냉전논리는 한국을 서방진영으로부터도 따돌림받게 하였다. 또 그것은 그의 대일정책과 함께 미국을 괴롭히고 궁지에 빠지게도 하였지만, 국내정치에서 무슨 짓을 하든 그의 확고한 비타협적 반공주의, 냉전체질을 잘 알고 있었기 때문에 미국은 1960년 4·19 직전까지도 그를 굳건히 신뢰하고 그에 대한 지지를 아끼지 않았다.[31]

민족주의와 관련하여 이승만의 북진통일운동과 반일운동을 간략히 검토하자.

이승만의 북진통일운동은 실질적으로 통일에 접근할 수 있는 모든 통일논의를 차단하고 분단의 고착화를 가져온 반통일운동이라는 점, 무력통일을 전적으로 미국의 군사력에 의존하고 있다는 점, 친일파가 중심이 되어 그 운동을 추진하였다는 점으로도 민족주의와 대립되지만, 그것이 철저히 진영논리에 의존하고 있을 뿐만 아니라, 그것도 두 진영의 전면전과 연관 속에서 설정되어 있고, 그러한 제3차 세계대전이 일어나도록 유도하고 있다는 점에서도 민족주의와는 거리가 멀다. 이승만은 1954년 7월 미국을 방문하여 미 국회의사당에서 "불과 수년 이내에 소련은 미국을 파괴할 여러 전쟁수단을 가지게 될 것입니다. 우리들은 당장 행동을 개시하여야 하겠습니다"라고 상식 밖의 '대담한' 발언을 하여[32] 주목을 받았다. 그는 8월 수만 군중이 모인 방미귀국환영대회에서 원자전만이 공산주의자들을 굴복시킬 수 있는 유일한 방도라고 피력하였다.[33]

---

30) 위의 책, 489쪽.
31) 알렌, 『한국과 이승만』, 합동통신사, 1961, 261~263쪽 참조.
32) 서중석, 「이승만과 북진통일」, 『역사비평』 1995년 여름호, 122쪽.
33) 『한국일보』 1954. 8. 25.

 친일파정권이 반일운동을 벌인다는 것은 납득하기가 어렵기 때문에 이승만의 반일운동에 대해서는 구구한 주장들이 있다. 반일운동은 일본이 침략에 전혀 죄의식을 느끼지 않고 구보다 망언의 예처럼 한국인의 민족 감정을 도발하는 발언을 하는 등 한일회담에 성의를 보이지 않은 것이 촉매가 되었다. 또한 반일운동에는 친일정권을 카무플라주하려는 의도가 있었고, 대단히 강렬한 반일감정을 이용하여 권력을 강화하려는 의도도 있었다. 그 점 못지않게 중요한 것은 이승만의 3·1기념사, 8·15기념사가 거의 대부분 반일이 아니라 반공으로 채워져 있는 것이 시사하듯, 반공운동의 일환으로 또 반공운동과 한 세트로 반일운동이 전개되었다는 점이다. 하토야마내각이 중국과 북에 접근하는 정책을 펴면서 특히 반일운동이 격렬히 전개되었는데, 반일운동은 대개가 진영논리에 입각해 있었다. 1955년 5월 30일 전국애국단체연합회 주최 일제용공정책 분쇄 국민대회에서는 하토야마내각을 자유진영의 배신자로 규정하였다. 그리고 1959년에는 2월부터 12월까지 재일교포 북송반대 시위가 벌어졌다.[34]

## 4. 4월혁명기의 통일운동과 장면·박정희의 냉전의식

 4월혁명기(1960. 4~1961. 5)는 휴전 이후부터 1987년 6월민주항쟁에 이르는 시기 중 통일운동이 가장 활발했던 시기였다. 이 시기에 통일운동이 활발히 전개된 데에는 백색독재정권이 붕괴된 것이 기본 요인이었지만 국제적 여건의 변화도 있었다. 어느 정도 자유로운 분위기가 있게 되면 화가도 붉은 색을 마음놓고 사용할 수 있게 되듯 극우반공권력에 의하여 통제되었던 민족 자주 문제, 통일문제가 자연히 제기되지 않을 수 없었다. 또 아시아 아프리카에서 신생 독립국이 대거 탄생하여 비동맹세력이 대폭 강

---

34) 서중석, 「이승만대통령의 반일운동과 한국민족주의」, 『인문과학』 30, 성균관대학교 인문과학연구소, 2000, 299~317쪽.

화되고 쿠바혁명에 이어 콩고 등에서 혁명이 일어난 것은 국내 민족주의세력에 바로 영향을 주었다. 아프리카 신생국 17개 국이 유엔에 가입하여 아시아 아프리카 그룹 국가가 45국이 됨으로써 유엔 회원국의 거의 반수를 차지한 것은 직접적으로 국제 역학관계 또는 냉전체제에 큰 영향을 미쳤다.[35] 미국과 소련이 이들 국가에 추파를 던지지 않을 수 없었고, 중국의 유엔 가입 문제, 한반도 문제도 민감한 영향을 받지 않을 수 없었다.

이승만정권 붕괴 직후에는 통일논의가 그다지 활발하지 않았다. 7·29 총선에서도 사회대중당 대표 서상일이 남북 간의 문화 경제 인사교류를 주장하고, 혁신동지총연맹 대표 장건상이 중국의 유엔가입을 지지한 것이 민주당 및 언론에 공격의 빌미를 준 것을 제외하고는 혁신계에서도 별다른 통일정책을 내놓지 않았다. 비슷한 시기에 김삼규 등의 중립화통일 주장이 잡지에 실렸으나 아직은 크게 주목을 받지 못했다.

통일논의는 1960년 9월 이후 대학가를 중심으로 활발히 일어났다. 9월 하순에는 전국대학생시국토론회에서 중립화통일론이 많이 제기되었다. 특히 11월 1일 서울대학교 민주통일연맹(민통련) 발기모임에서 발표된 통일방안은 반공세력에게 큰 충격을 주었다. 중립화통일론은 10월에 재미한국문제연구소장 김용중과 미국의 맨스필드의원의 통일방안이 발표되면서 급류를 탔다. 맨스필드의원의 오스트리아식 중립화통일 방안은 설득력이 있었고, 맨스필드가 차기 민주당 정권이 출범하면 중책을 맡을 것이라고 하여 그 파장이 더욱 컸다.

1960년 하반기의 통일논의가 주로 중립화통일방안을 중심으로 이루어진 것이라면, 1961년에는 남북협상론과 반제민족해방론이 두각을 나타냈다. 중립화통일방안은 김삼규가 우리의 통일독립은 이데올로기 문제가 아니라 미·소의 세력권투쟁과 관계가 있는 것이고, "미·소의 국가적 이해관계를 조정함으로써 미·소의 냉전을 우리나라에서 계속할 이유를 없애

---

35) 대한민국 국무원 사무처 공보국, 『정보』 10, 1960, 6~10쪽 참조.

고, 진정한 민족성·자주성을 확립하자는 것이 곧 중립화운동"이라고[36] 설명한 데서도 시사하듯이, 냉전체제에 도전하는 것이라기보다는 애써 그것의 위력을 축소하고 그것에서 비켜가려는 주장이었다. 그러나 남북협상론은 1948년에도 그러하였지만 다분히 냉전체제를 거부하는 성향을 보여주었다.

1961년에 통일운동을 주도한 단체는 민족자주통일협의회(민자통)였다. 박진, 이종율, 문한영 등 민족건양회계가 상층지도부였던 민자통은 이미 1960년 9월 출범할 때 자주·평화·민주의 3대 원칙에 입각하여 남북통일을 실천할 것을 결의하고 즉각적인 남북정치협상, 남북민족대표자들에 의한 민족통일전국최고회의 구성, 외세 배격 등의 실천방안을 마련한 바 있었다. 민자통은 1960년 하반기에는 활동이 미미하였지만, 통일운동의 물살을 타고 1961년에는 통일사회당을 제외한 혁신정당과 여러 사회단체가 가담하여 통일운동의 구심체로 활동하였다. 1961년 2월 25일 16개 정당 사회단체가 가담한 민자통중앙협의회(의장단 김창숙 외 8명) 결성대회에서는 외세에 의존하는 사대 노예들의 배격과 선건설 후통일론의 분쇄 등을 주장하고 남북 간의 서신왕래, 경제교류, 완충지대에 민족친화기구 설치, 신문기자 등의 이북 파견 등을 제시하였다.

4월혁명기의 남북협상론은 미·소의 어느 한쪽에 귀속되기를 거부하고 비동맹회의인 반둥체제를 지향하였다. 전부터 반둥체제를 지지한 바 있는 민족건양회는 1961년 4월 '민족통일방안대강'에서 미 선두 나토체제도, 소 선두 바르샤바체제도 아닌 아아(亞阿) 및 중남미의 생리로서의 '반둥체제'의 방향, 네루, 나세르 등의 국제중립노선, 곧 '제3세력'으로의 중립적인 방향이 민자통의 방향이 되어야 한다고 강조하였다.[37]

김달호의 사회대중당과 장건상의 혁신당, 최근우의 사회당은 1961년에

---

36) 김삼규, 「한국중립화는 가능한가」, 『세계』 1960. 8, 131~133쪽.
37) 민족건양회, 「민족통일방안대강」, 『한국사회변혁운동과 4월혁명』 2, 한길사, 1990, 318쪽.

대체로 남북협상론에 기울어져 있었는데, 사회당이 가장 강력히 통일과 관련된 주요 문제를 남북협상에서 풀어 나가자고 역설하였다. 1961년 5월 3일 사회당은 "조국통일은 민족자주원칙하에 남북협의와 국제적 협조로써 미·소 양대 세력에 예속되지 않고 평화통일로 한다"는 것에 합의하였다.[38]

1961년에 혁신계는 '중립화통일'을 명백히 제시하느냐 하지 않느냐에 따라 대체로 민자통계와 통사당계로 나뉘었다. 김일성 퇴진을 전제로 한 통일을 주장한 통사당은 민자통에 가입하지 않고 그 대신 중립화조국통일총연맹(중통련)을 조직하였다. 통사당은 민자통의 민주·자주·평화 통일 원칙이 공산세력에게 이용될 수 있기 때문에 명백히 '영세중립화'를 전제로 한 통일운동만 수용하여야 한다고 주장하였다. 또한 통사당은 냉전세력을 자극할 수 있다고 보고 통일논의를 가급적 자제하고자 하였다.

반제 반냉전의 기치는 감수성이 예민한 학생운동세력이 선명히 내걸었다. 11월 1일 300여 학생이 모인 서울대 민통련 발기인대회에서는 "우리는 이 민족이 하나같이 묶여온 노예의 쇠사슬을 절단할 마지막 사수파"라고 자신들을 위치 지워 기성세대를 철저히 부인하였다. 그리고 적색독재와 백색독재 및 제국주의, 파시즘 등을 일체 배격하고, 1. 기성세대는 분단의 책임을 통감하고 젊은 세대 발언을 억압하지 말 것, 2. 남한의 정당 사회단체는 남북총선에 대비하여 공산당과 대항하기 위하여 연합할 것, 3. 정부는 통일문제에 적극적 자세로 전환하고 장총리는 미국과 소련을 방문할 것, 4. 남북 간에 서신의 자유를 시행할 것 등을 제시하였다.[39] 냉전체제에 익숙한 반공주의자들로서는 어느 하나 충격적이지 않은 것이 없었다.

학생운동세력의 반제 민족해방론적인 시각은 2·8한미경제협정에 대한 반대 활동에서 더욱 두드러졌다. 1961년 2월 학생들은 전국한미경제협정반대투쟁위원회를 결성하여, 미국이 반민족세력과 결탁하여 조국을 분할

---

38) 노중선, 『4·19와 통일논의』, 사계절, 1989, 58쪽.
39) 『경향신문』 1960. 11. 2.

하였다고 지적하고, 미국뿐 아니라 일본의 경제적 재침 기도를 단호히 배격할 것을 정부에 촉구하였다.[40] 4·19 1주년을 맞아 예상과 달리 학생들은 시위를 자제하였지만, 서울대학생회의 '4·19 제2선언문'에서 제시한 반봉건·반외압세력·반매판자본의 3반운동은 기성세대의 주목을 받았다.

학생들의 남북협상론과 민족해방론의 시각은 쿠데타가 일어난 5월에 활짝 꽃을 피웠다. 5월 3일 서울대 민통련에서는 남북학생회담을 제의하였고, 5월 5일 민족통일전국학생연맹 결성 준비대회에서는 그것을 구체화하여 5월 안에 판문점에서 남북학생회담을 갖도록 하고, 정부는 이것에 모든 편의를 제공할 것을 요구하였다. 이날 발표된 공동선언문에서는 세계사 현단계의 기본적 특징은 식민지에서의 민족해방투쟁의 승리라고 규정하고, 알제리아·콩고·쿠바·라오스에서의 그것을 열렬히 성원한다고 밝혔다. 이 선언문에서는 해방 후의 매판성과 예속성은 통일세력 대 반통일세력 간의 모순으로 나타났다고 주장하였다.[41] 5월 13일 민자통에서는 남북학생회담 환영 및 통일촉진 궐기대회를 열었다. 쿠데타 3일 전이었다.

군부쿠데타는 통일운동 때문에 일어난 것은 아니었다. 쿠데타 주동자들은 1960년 8월 22일에 장면내각이 출범한 지 보름밖에 안된 9월 10일 서울 충무장에서 거사를 결의, 쿠데타준비 부서를 정하였으며, 처음 거사 D-day도 1961년 4월 19일이었다.[42] 그렇다고는 하지만 극우반공세력은 불안 속에 4월혁명기를 보냈다. 극우반공세력은 자유로운 세상에서는 견딜 수 없는 존재였으므로 강권통치로 대중을 억압하고 통일논의를 억제해야 자유롭게 활개칠 수 있었다. 긴장 완화 또한 그들의 생리와 맞을 수 없었다. 그렇지만 이승만정권이 붕괴됨으로써 어느 정도 자유가 있고 긴장도 완화되었다. 극우통치의 基幹이었던 자유당은 지탄 대상이 되었고, 민주당정부는 허약하였을 뿐만 아니라 분열에 시달렸다. 강권통치의 첨병인 경찰

---

40) 황건, 「민통련과 민족통일운동」, 『한국사회변혁운동과 4월혁명』 2, 161~162쪽.
41) 서중석, 「4월혁명운동기의 반미·통일운동과 민족해방론」, 『역사비평』 1991년 가을호, 152~153쪽.
42) 최창규, 『해방 30년사 4 - 제3공화국』, 성문각, 1976, 33~37쪽.

특히 사찰경찰 간부들은 다수가 숙청되었고, 경찰 역시 지탄의 대상이어서 사기가 떨어졌다. 피학살자유족회가 만들어지고 김구암살, 김성주고문살인 등의 진상조사 요구가 잇달았다. 혁신계가 다시 등장한 것도 걱정거리였다. 이런 상황에서 중립화통일논의가 벌어지더니 남북협상론과 반미민족해방론이 고창되었다. 분단 고착화에서만 기득권을 누릴 수 있는 극우반공세력으로서는 불안하지 않을 수 없었다. 북에서 연방제를 주장하면서 남의 통일운동을 적극 지지하고 나선 것도 불안을 가중시켰다. 통일운동세력이 북의 우월한 경제력을 이용하여 남의 빈곤을 없애고 경제 발전을 이룩하여야 한다고 외치는 것도 그러하였다. 극우반공세력은 통일운동에 예민한 반응을 보이면서 냉전체제로의 회귀를 바랐다.

장면 국무총리는 10월 하순에 맨스필드의 오스트리아식 중립화 통일은 위험한 발상이라고 일축하였다. 또한 정부 대변인은 서울대 민통련 발기모임이 있었던 11월 1일 장총리가 대국회시정연설에서 밝힌 정부의 통일방안은 '대한민국의 헌법절차에 의한' 유엔감시하의 총선거였음을 지적하고, 그것은 사실상 북한만의 총선거를 의미한다고 설명하였다.[43] 다음날인 2일 야간국회를 소집하여 국회의원들은 만장일치로 "대한민국헌법절차에 의하여 유엔감시하에 인구비례에 의하여 자유선거를 한다"는 결의안을 통과시켜 빈축을 샀다. 대한민국헌법절차에 의한 북한만의 선거는 자유당 국회에서 여러번 결의한 것으로, 4월혁명과 함께 사라진 줄 알았던 북진통일론의 변형이 다시 부활한 것이었다. 그리고 11월 2일 현석호 내무부장관은 개정된 국가보안법의 개정 또는 보강을 시사하였고, 이태회 검찰총장은 학생들 배후 내사를 언명하였다. 1961년 3월에 정부는 반공임시특별법과 데모규제법안을 제출할 것으로 알려졌다. 그러나 이 두 법은 세찬 반대로 입법화가 좌절되었고, 아이러니컬하게도 혁신계는 '2대 악법 투쟁'을 계기로 대중적 기반이 확대되었다.

---

43) 『민국일보』 1960. 11. 2 조간.

한편 제3세계의 도전에 직면하여 미국 유엔대사 스티븐스는 1961년 4월 11일 유엔정치위원회에서 유엔의 자격과 권한을 수락하면 북을 유엔에 참석토록 초청하자는 폭탄 선언을 하지 않을 수 없었다. 이 결의안이 가결된 뒤인 21일 장총리는 용공적인 통일보다는 현재와 같은 분단상태가 났다고 피력하여 물의를 일으켰다.[44] 또한 민통련의 남북학생회담 주장에 대하여 정부 대변인 신상초는 정부의 통일방안은 이정권 때와 다름없는 반공통일이라고 잘라 말하고, "따라서 원칙에 있어서 이정권 때의 통일방안과 민주당의 그것이 실질적인 차는 없고 그 표현이 다를 뿐"이라고 부연하여 설명하였다.[45]

이승만의 냉전 통치의 상속자는 장면이 아니라 박정희였다. 박정희는 이승만보다 더 폭력적이었고 더 철저한 장치를 마련하였다. 5 · 16 직후부터 혁신계, 청년 · 학생운동세력 등이 검거되어 5월 21일에는 2,014명이 체포되었다. 박정희는 "민족주의를 가장한 일부 몰지각한 용공분자들이 주창한 공공연한 중립화통일론은 적화통일을 기하려는 공산 음모의 책동에 농단된 것"이라고 주장하였다.[46] 쿠데타권력은 6월 22일 특별소급법으로 특수범죄 처벌에 관한 특별법을 공포하였던바, 혁신당 · 사대당 · 통사당 · 민자통 등 '반국가행위 단체'(따옴표는 필자)에서 활동하였거나, 교원노조 등에서 활동한 자, 4 · 19 이후 혼란한 정세를 틈타 억울한 학살 운운하며 위령비 건립, 학살자 처벌 등을 요구하였다는 유족회원들이 주요 대상이었다.[47] 특수반국가행위사건은 225건 608명이 수리되었던바, 인원에서 혁명검찰부 수리사건의 41.3%를 차지하여 부정선거원흉보다도 훨씬 많았고, 부정선거원흉들은 사형과 무기형을 선고받은 자들도 조기에 석방되었는데, 혁신계와 학생들은 장기간 복역하여야 했다.[48] 특수반국가행위에

---

44) 『경향신문』 1961. 4. 21 석간.
45) 『동아일보』 1961. 5. 7 석간.
46) 박정희, 「6 · 25와 국민의 새로운 각오」, 『최고회의보』 1963. 6, 5쪽.
47) 한국혁명재판사편찬위원회 편, 『한국혁명재판사』 2, 1962, 16~17쪽.
48) 서중석, 『조봉암과 1950년대』 하(개정판), 역사비평사, 2000, 799~800쪽.

대한 공소사실이나 판결문 – 양자는 거의 같은데 – 은 박정희 등 쿠데타 주동자들의 냉전 이데올로기에 의해 왜곡된 '민족의식'을 잘 보여준다. 민자통 관련자들에 대한 공소사실을 예로 살펴보자.

"1961년 2월 25일 민자통 결성대회를 빙자하여 북한괴뢰집단의 주장과 똑같이 불온사상을 선전할 것을 기도하고, '우리는 외세에 의존하는 사대노예들의 난무를 일체 배격하고 선건설 후통일론을 철저히 분쇄한다' 등의 용공적인 결의문과, '한국은 통일되느니보다 분단된 채 있는 것이 낫다. 왜냐하면 통일되면 적화할 우려가 있기 때문이다' 라고 한 것을 반박하여 '통일되면 적화된다는 것은 통일을 기피하는 이 나라 특권층들의 말 그대로를 본 뜬 망언이라고 밖에는 볼 수 없다' 는 내용의 미국대통령에게 보내는 메시지 등 (북괴의 – 필자) 위장평화통일론과 동일한 내용의 전단을 참가자 전원에게 살포하여 이를 지지함과 아울러 일반 국민에게 용공사상을 고취하고"[49]

쿠데타 주동자들은 냉전체제를 강화하기 위한 법적, 제도적 장치를 재정비·강화하였다. 1961년 7월 3일에는 반공법이 공포되었다. 이 법 제4조 제1항은 반국가단체를 찬양 고무 또는 동조하여 이롭게 하는 자는 처벌받게 되어 있었던바, 이현령비현령의 이 조항에 의하여 민족주의자나 진보세력이 아니더라도 누구든지 처단되게 되었다. 1962년 9월에는 국가보안법이 개악되었다. 그런데 반공법이나 국가보안법보다 훨씬 강력하고 무서운 장치가 무소불위의 중앙정보부였다.

박정희는 선건설론으로 통일논의를 금압하였다. 이승만시기에는 북진통일론이 그와 같은 역할을 하였지만, 박정희 집권기에는 그 방법을 계속 사용할 수 없어 민주당 정부 일각에서 주장하였던 선건설론을 가지고 통일문제에 대처하였던 것이다.

---

49) 한국혁명재판사편찬위원회 편, 앞의 책 4, 8쪽.

휴전협정 제3조 58절에는 한국인은 남이든 북이든 원하는 지역으로 돌아갈 수 있다고 되어 있는데, 이산가족은 분단이 가져온 비극이었다. 이산가족은 남한 내의 이산가족과 남북으로 헤어진 이산가족이 있다. 피난할 때, 월남할 때 남에서 이산가족이 된 사람이 적지 않았다. 남한 내의 이산가족은 정부가 만나게 주선해 주는 것이 어렵지 않았다. 그럼에도 불구하고 이 정권이든 박정권이든 하지 않았고, 결국 1983년에 KBS에 의해 이루어지게 되었다. 남과 북의 이산가족 상봉에 대해서도 박정희는 결코 호의적이지 않았다. 긴장이 완화되어 반공태세가 흐트러지고 통일에의 관심이 높아지는 것이 두려웠기 때문이었다. 신금단 부녀의 상봉과 그것이 터놓은 남북이산가족문제 논의, 통일논의의 물꼬에 대한 박정권의 대응이 그 한 예다.

400m, 800m 세계 신기록 보유자인 북의 육상선수 신금단이 1951년 1·4후퇴 때 눈내리던 겨울날 생이별하였던 아버지를 일본 東京올림픽 전날인 10월 9일 7분과 10분 두 차례 만났을 때 한국인으로서 찡하지 않은 사람은 드물었다.[50] 한국인을 울린 이 비극에 공화당의 이만섭의원 등 여야의원들은 판문점에 남북면회소를 마련하도록 하자는 대정부 결의안을 국회에 제출하기로 하여 큰 호응을 받았다. 그렇지만 박대통령은 신금단비극에서 보여준 북괴의 비인도적 처사를 규탄하는 운동을 벌이라는 지시를 내렸고,[51] 10월 17일 한국반공연맹에서는 100여 각급 학교 학생 등을 동원하여 '신금단 부녀 떼놓은 공산 만행 규탄대회'를 열었다. 그리고 10월 27일 여야 의원 46명이 남북가족면회소 설치에 관한 결의안을 국회에 제출하는 등 통일에의 열기가 높아가자, 정부는 통일문제연구소를 설치하겠다는 쪽으로 방향을 틀면서 면회소 설치를 묵살하는 태도로 나왔다. 10월 30일 대구에서 면회소 설치를 찬성한다면서 데모를 하였다고 유성환 등 전 도의원 2명을 집회시위에 관한 법률위반 혐의로 입건하였다.

---

50) 한 여론조사에 의하면 신금단 부녀의 상봉에 커다란 충격을 받았다가 89.5%, 감격스러웠다가 6.9%였다. 『조선일보』 1964. 11. 4.
51) 『조선일보』 1964. 10. 14.

이 시기에 『조선일보』는 통일문제에 관심을 보였다. '통일과 남북교류의 주체성 – 우선 길을 터봐야 한다'는 제하로 10월 27일부터 11월 6일까지 8회에 걸쳐 연재를 하였고, 서울의 오피니언 메이커를 대상으로 여론 조사를 하였다. 그 결과 남북한 가족면회소 설치에 적극 찬성 49.3%, 무방 25%가 나왔고, 통일문제 터부인가에 대해서는 필요하면 논의해야가 69.4%, 국시에 관련되니까 삼가야가 20.8% 나왔다.[52] 『조선일보』는 11월 7일 사설에서도 통일논의는 있어야 한다고 주장하였다. 북에서는 10월 31일 조국평화통일위원장 홍명희 명의로 혈육 간의 상봉과 각종 남북교류로 통일을 촉진하자고 제의하였다.[53]

이산가족 상봉 요구, 통일 논의에 대해서 박정희정권은 철권으로 응수하였다. 박대통령은 11월 3일 북을 능가 압도하는 단결과 군사적·경제적·정치적 실력을 배양해야 한다고 강조하였다. 6일에는 중앙정보부장 김형욱이 최근 대두한 "중립론 내지 남북교류론의 근원을 철저히 색출하여 분석 평가함으로써 반공국가의 안전을 보장하고 북괴의 간접 침략 기도를 분쇄할 것"을 다짐하였다. 11월 11일 검찰은 문화방송사장 황용주가 남과 북이 동시에 유엔에 가입하자는 등의 주장을 기고한 것을 문제삼아 구속하였다. 11월 하순에는 『조선일보』 편집국장 선우휘와 이영희기자가 11월 21일자에서 비동맹그룹 중 일부가 남북을 동시에 유엔에 가입시키려 한다고 정부 관계자가 말한 것을 보도하였다고 하여 구속되었다. 11월 말 국회는 한국의 민주주의와 전한국국민의 자유민권보존을 위협하는 통일방안은 이를 일체 배격한다는 결의안을 채택하였다. 남북가족면회소 설치 문제는 쑥 들어갔고, 통일논의는 다시 얼어붙었다.

---

52) 『조선일보』 1960. 11. 4.
53) 한국반공연맹 이사장 박관수 명의의 광고 「통일 대비 논의에 대한 우리의 제의」, 『조선일보』 1964. 11. 8. 이 광고문에는 북이 제의한 날짜가 11월 1일로 되어 있으나 일간 신문에는 10월 31일로 되어 있고 내용이 아주 소략하다. 홍명희의 직함도 신문에는 조국평화통일위원회 의장으로 되어 있다.

## 5. 극우 반공체제가 장기간 지속된 이유

남과 북은 극단적으로 대립하였고, 상대방에 대하여 증오감을 고취시켰다. 남의 경우 이승만과 박정희는 자신들의 권력 기반의 취약성, 민족적 약점 등을 반영하여 미국이 요구한 것보다 훨씬 더 적극적으로 냉전에 편승하여 남북 대립을 극대화하였다. 북도 비슷하였지만 같은 민족이라 하더라도 상대방이 용인할 수 없는 존재이기 때문에 외세를 빌려서라도 타도하려고 하였고,[54] 중도파 민족주의자건 반공주의자건 자신과 이질적인 존재라고 판단되면 그것을 눌러버려야 안심하였다. 상황이 이러하였기 때문에 반일감정 같은 것은 있어도 민족공동체 또는 민족정체성과 연결되어 있는 민족주의는 존립하기조차 힘들었다. 민족문화 또한 불모상태에서 꽃피지 못했다. 지식인과 문화인들은 눈치보면서 무사안일주의로 살아갔다.

송건호는 냉전적 사고를 승만이즘으로, 냉전보다 민족을 우위에 두는 사고를 백범이즘으로 불렀는데,[55] 백범·우사이즘은 승만·정희이즘에 의하여 크게 밀리는 형국을 보여주었다. 백범 장례식에 참석한 조문객 수가 말해 주듯, 또 5·30선거에서도 일정하게 드러난 바와 같이, 전쟁 전만 하여도 민족주의는 상당히 영향력이 있었다. 1950년대는 마치 친일파와 북진통일운동을 축으로 승만이즘이 전횡하는 것처럼 보였다. 그렇지만 1956년 정부통령선거에서 드러난 조봉암의 인기는 진보적 민족주의가 대중성을 확보할 수 있음을 입증하였다.

4월혁명기에 한국인은 갈림길에 놓여 있었다. 혁신세력은 비록 7·29총선에서 참패하였지만 1961년에 들어와 자체 정비를 하고 있었고, '2대 악법 반대투쟁'과 통일운동을 통하여 기반을 확대해갔다. 그렇다고 하여 혁신계의 몰락을 5·16쿠데타세력에 의한 대규모 투옥과 감시에만 돌릴 수

---

54) 이호재, 「냉전적 사고의 수정」(1973), 『한국외교정책의 이상과 현실』, 법문사, 1986, 506쪽.
55) 송건호, 「한국지식인론」, 『민족지성의 탐구』, 창작과비평사, 1975, 53~54쪽.

는 없다. 조봉암이 처형당한 후 혁신계는 계속되는 탄압과 생활고에 기진맥진한 상태였고, 청신한 이념과 지도력을 제시하지 못하였다. 송건호가 말한 대로 혁신계는 혁신되어야 했는데, 그러한 전환기에 쿠데타가 발생하였다.

왜 한국형 냉전체제인 극우 반공체제는 오랫동안 유지되었을까. 그것은 세계적으로는 냉전체제가 사라진 지 10년이 되었는데도 왜 한국에서는 극우반공 이데올로기가 아직도 극성을 부리는가에 대한 설명이 되기도 한다.

그것은 부분적으로 대규모 집단학살(Genocide)과 관련이 있다. 해방 후 민족혁명적 상황에서 활동한 많은 사람들이 보도연맹원 또는 요시찰자가 되어 공산주의자가 아닌데도 전쟁이 나자 집단학살되었다. 또 고창, 함평, 산청, 거창 등지에서는 수많은 사람들이 11사단에 의해 빨치산이 출몰하는 지역에 산다는 이유 하나로 집단학살되었다. 피학살자들은 유골도 수습하지 못하게 하였으며, 그 가족들은 '부역자'와 함께 감시의 대상이 되었고 연좌제에 묶였다. 평화통일을 주장하던 조봉암 또한 형장의 이슬로 사라졌다. 이러한 학살, 부역자 처리, 월북자 가족, '반정부적' 활동 등과 관련되어 있는 공포의 확산과 함께 사상의 자유, 양심의 자유가 제한된 극우반공 독재의 억압체제가 계속되었기 때문에, 한국인들은 진보세력 또는 비판적 세력과 가까이 있거나 그들의 주장을 듣는 것조차 두려워하였고, 극우 반공체제에 점차 순응하게 되었다. 학생들을 제외하면 민족주의세력 또는 비판세력은 무력해졌다.

대기업이나 관료, 경찰, 군은 말할 것도 없고, 중산층의 안정 희구도 반북반공냉전 이데올로기에 순응하게 만든 요인이었다. 그렇지 않아도 늘 정국이 불안하고 경제가 불안하여 걱정인데 북에서 사단을 일으킨다면 생업이 큰 위기를 맞을 수 있다고 느꼈던 것이다. 이러한 분위기는 박정희식의 근대화지상주의 또는 경제만능주의와 결합되기 쉬웠고, 그것에는 이웃이나 민족공동체는 외면한 채 어떻게 해서라도 나와 가족만은 잘 살아야 하겠다는 이기주의가 깔려 있었다.

극우 반공체제는 박정희식 근대화지상주의와 융합되었다. 한일협정의 체결과 한국의 베트남 참전에 의하여 동아시아 반공체제는 굳건한 틀을 갖게 되었다. 이로써 이승만집권기와는 달리 한국과 미·일 간에는 수직적인 군사·경제 체제로 표현되는 동아시아 반공체제가 형성되어 정치적·경제적으로 박정권을 굳건히 떠받쳐주었다. 이승만은 친일파를 동원하여 냉전체제를 강화하기 위한 일환으로 반일운동을 벌였는데, 박정희는 똑같은 목적을 위하여 친일정책을 폈다. 일제시기 동아시아 침략에서 주요한 역할을 한 기시(岸) 등은 친한파와 지한파가 되어 박정희정권을 적극 지원하였다.

극우반공세력은 냉전체제를 극단적으로 이용하여 장기간에 걸쳐 절대권력을 장악하였고, 이로써 분단체제라고 할 만한 사회가 형성되었다. 그와 대조적으로 중도파 민족주의세력이나 진보세력은 일제 강점하에서의 반제반봉건민족해방운동을 이어받아 민주화운동·통일운동을 폄으로써 어느 정도나마 이지러진 한국사회를 정화하고 도덕성을 회복하는 데 이바지하였다. 장준하가 1973년경에 "오늘의 강압적 정치제도는 동서 양극시대의 분단의 논리를 제도적으로 완결한 것들이다. 이것을 해결하지 않고서 내재화된 '분단체제'(따옴표는 필자, 분단체제라는 말은 아마도 이 시기에 장준하가 처음 사용하였을 것이다)를 뛰어넘을 수가 없다"고 지적하고, "민족의 통일운동이 있었기 까닭에 민족이 있었던 것"이라고 말한 것은[56] 황량한 냉전시기에 중도파 민족주의자나 진보세력이 이 땅에서 한 역할을 함축한 표현이 아닐까.

(『한국독립운동사연구』 15, 2000)

---

56) 장준하, 앞의 글, 1985, 45~48쪽.

# 국사 교과서 현대사 서술, 문제 많다

## 1. 머리말

필자는 1994년 이후 여러 차례 중·고교 국사 교과서 현대 또는 근현대 부문에 대한 글을 써달라는 청탁을 받았다. 그중에는 필자가 깊숙이 관련되어 있는 곳이어서 쓰지 못하겠다고 말하기가 쉽지 않은 경우도 몇번 있었다. 필자한테 그러한 청탁이 온 것은 현대사 전공자라는 것이 주된 이유였겠으나, 교육부의 의뢰를 받고 1994년 3월에 국사 교과서 개편 방향의 모색을 위해서 발표한 현대사 부문의 준거안(시안)이 극우언론사의 심한 모략을 받아 '화제'가 되었던 것도 한 이유였다.

그렇지만 필자는 1994년 3월 이래 현행 중·고교 국사 교과서를 분석하거나 비판한 글을 쓰지 않았다. 현대사와 관련된 사실과 진실은 특히 극우 이데올로그들이 물고 늘어진 부분일수록 연구자들에 의해 상당부분이 밝혀질 대로 밝혀져 있어 때로는 추악하게까지 전개될 수 있는 논쟁에 끼어들 필요가 없다는 판단도 없지 않았다. 그러나 그보다 글을 쓰지 않은 가장 중요한 이유는 올바른 태도는 아니었지만, 동양적 '의리' 또는 '정실' 때문이었다. 그해 준거안을 작성하는 데 관련된 분들이 필자 때문에 곤란하게 될지 모른다는 점도 있었고, 더 직접적으로는 현행 교과서(고교 국사 교과서는 1996년에, 중학교 것은 1997년에 초판이 나왔음) 필자와의 인간관계가 작용하였다.

지금 와서 글을 쓰게 된 데에는 몇 가지 이유가 있다. 현재 중학교 교과서 국사 부문 서술이 초안이 마련된 상태이고, 고등학교용으로 근현대 한국사 교과서가 얼마 안 있어 검정으로 나올 예정인바, 연구자·교사들의 비원(悲願)인 좋은 교과서가 나올 수 있도록, 늦기는 하였지만 발언을 할 필요가 있다고 생각한다. 또 최근에 중학교용 일본역사 교과서 가운데 일부가 크게 논란이 되고 있는데, 이 기회에 우리 교과서도 점검할 필요가 있다는 주장이 만만치 않게 나오고 있는바, 필자도 원칙적으로 이러한 주장에 동의하고 있다. 또한 전자와 후자는 상호 밀접히 관련되어 있다는 점에 주목할 필요가 있다. 평소에 일본 교과서 문제뿐만 아니라 한국 교과서 문제에 각별히 관심을 갖고 있는 필자는 최근에 일본 교과서 문제를 다루는 단체에서 어쨌든 '상임 대표'라는 직책을 맡게 되었는데, 그쪽에서 현대사 부문을 써 달라고 요청이 왔을 때, 빠져나갈 '핑계'를 찾지 못하였다.

한국 국사 교과서 분석과 관련하여 두 가지를 유념할 필요가 있다.

하나는 일본 극우의 책동을 경계하여야 한다. 박정희의 극우반공통치에 둘도 없는 협력자였던 산케이신문 등 일본 극우들의 저열한 범죄성은 자신들의 교과서 문제를 호도하기 위하여 이웃 나라의 교과서를 문제 삼는 데서도 드러나고 있다. 일본 교과서 문제의 핵심은 일제가 저지른 침략과 만행에 대하여 객관적이고 공정하게 기술하기를 거부하고, 그러한 침략과 만행을 근대화론, 정당방위론 등으로 합리화하고 나아가 미화하여 이른바 '일본정신'을 고취시키려고 한다는 데에 있다. 그것은 역사적 사실을 은폐하고 날조하여 과거에 저질렀던 피해와 상처를 다시 입히는 것임과 동시에, 일본인에게 군국주의적 정신을 불어넣어 동아시아의 평화와 선린 우호 관계를 파괴한다는 점에서 도저히 묵과할 수 없는 일이다. 사리가 이러함에도 불구하고 일본의 극우가 이웃 나라의 교과서를 볼모로 삼으려고 하는 것은 일본 군국주의의 저열함과 떳떳치 못함, 표리부동함을 또다시 폭로하는 것에 다름 아니다.

일부 일본인들이 한국군인의 베트남에서의 학살을 들고 나와 그것으로 일제의 학살 만행과 성노예 문제를 호도하려고 하는 태도도 떳떳한 행위가 아니다. 한국인은 한국인대로 반성을 하여야 하지만, 일본인들은 '특수(特需)'로 얘기되는 경제적 이익을 극대화하는 것에만 관심을 가져 한국전쟁과 베트남전쟁에서의 비인간적 행위에 대해서 방관을 하거나 조력하였던 점, –그것은 청일·러일전쟁, 제1차 세계대전, 15년전쟁과 일본의 부국강병과의 관련을 연상시킨다–일본 군국주의가 한국 군부에 미친 영향 등을 반성하여야 한다.

둘째는 중·고교 국사 교과서에 대한 책임은 그 교과서 필자가 져야 한다기보다 정부가 져야 한다는 점이다. 무엇보다도 국정 교과서라는 바로 그 점 때문에 교과서에 문제가 있다면 그것은 정부의 책임이 될 수밖에 없다. 그런데 그뿐만이 아니다. 필자는 1974년 최초의 국정 국사 교과서에서부터 현행 교과서에 이르기까지 5종류의 교과서를 비교해 보았지만, 체제나 서술의 전개가 그 이전에 나온 것과 흡사하며, 어떤 부분은 표현까지 거의 같은 대목이 적지 않다는 점을 발견하였다. 새 교과서 필자의 견해와는 상관없이 과거의 것을 답습하여 만들어진 것이다. 또 새 필자가 써놓은 것을 여러 사람이 개찬하여 원래의 내용이 훼손되거나 변형된 것도 적지 않다고 한다.

필자가 중·고교 국사 교과서의 문제에 대한 책임을 정부가 지지 않으면 안된다고 생각하는 데에는 다른 이유도 있다. 국정이라고 하면 국가의 능력이나 성의가 평가될 수밖에 없다. 그러한 국정 교과서가 국내외의 상황이 크게 바뀌었는데도 그 이전 것을 많은 부분 거의 그대로 답습하거나 하고, 내용이 왜곡되어 있거나 오류가 보이고, 문장이 성의없이 기술된 부분이 있다면, 또 도표·지도·사진 등 삽화가 매너리즘에 빠져 오랜 기간 사용한 것을 또 사용하였거나, 성의를 들여 제작한 것이라고 보기 어렵거나 오류가 있는 것을 그대로 사용하였다고 한다면 그 국가의 위신은 크게 훼손될 수밖에 없다. 현재의 중·고교 국사 교과서는 준거안을 작성하여서 새 교과서가 출판되기에 이르기까지 다른 곳, 다른 사람한테 떠넘길 수가 있어 책임 소재가 불분명하다는 것도 문제다.

필자는 준거안을 작성하기 위한 최초의 회의가 1993년 여름쯤에 열렸을 때, 각 시대마다 준거안을 작성하는 데 복수 이상이 참여하게 하고, 근현대는 논란도 많고 사실 확인도 중요하기 때문에 지금까지 이루어진 학술 업적을 최대한 포섭하기 위해서도 2, 3명 또는 그 이상이 참여하여야 한다는 것을 강조하였다. 특히 현대는 종래대로 정치사 위주로 기술하게 되면 부정적인 측면이 많이 노출될 수밖에 없다는 점도 고려하여 사회의 변화, 문화와 예술, 과학과 교육, 스포츠 등이 다양하고 풍부하게 기술되어 현대사에 호감을 가질 수 있도록 하여야 하며, 그러기 위해서는 돈이 들더라도, 예컨대 예술 부문만 하더라도 국악과 민속·음악·미술·연극·마당극 부문마다 전문가들한테 위임을 하여 그것을 최종 정리하는 방법을 택했으면 좋겠다고 제안한 바 있었다. 지금은 필자가 현대사 부문 준거안을 작성하면서 받은 수고비가 50만 원이었는지 100만 원이었는지도 기억나지 않지만, 정부가 뚜렷한 이유도 밝히지 않고 계속 한국사 교과서의 검정으로의 전환을 미루면서 국정을 고집하여 왔는데, 그 국정 교과서에 쏟은 성의는 너무나 미약하다는 느낌을 받은 것은 필자 한 사람뿐일까.

정부 또는 관계 기관이 교과서 편찬에 성의가 적다는 것은 중학교용과 고교용을 비교하여 보아도 한눈에 알 수 있다. 정치사의 경우 소절의 제목까지 같은 것이 많아 도대체 중학교의 것과 고교의 것이 어떠한 차별성이 있는지 알 수가 없게 되어 있다. 어떤 경우는 중학교용이 더 상세한가 하면, 중학교용에서 비교적 적절히 기술된 것이 고교용에서는 그렇지 않은 것이 있고, 그 역도 적지 않게 있어 어리둥절하게 만드는 경우가 적지 않다.

## 2. 현대사 서술 전반에 걸친 논의 - 분단국가주의의 과잉 노출

한국은 미·소의 냉전이 본격화되기 이전에 좌우의 대립이 극심하였고, 냉전의 시기에는 한국전쟁의 영향도 있고 해서 다른 지역에서 유례를 찾기 힘들 만큼 냉전 이데올로기가 극단적으로 강요되었고, 냉전의식이 심하였다. 또한 그러한 냉전 이데올로기 냉전의식에 안주하여 기득권을 유지하고 확대하려는 세력에 의해 전세계적으로는 냉전체제가 해체되었는데도 극우 반공 이데올로기가 기승을 부렸다. 이러한 상황에서 반세기 동안 한국은 정통론이나 국시, 그것과 표리관계에 있는 반공주의에 의하여 군국주의자나 파시스트들의 국가주의 또는 민족지상주의와 성격을 크게 달리 하는 분단·반공국가주의가 출현하여 한국인들의 삶과 의식을 규정하였다. 이러한 국가주의는 자신의 행위는 어떠한 수단 방법을 동원해서라도 성스러운 존재, 불가침의 성역으로 만들고, 상대방은 어떠한 경우에도 철저히 제거하고 섬멸하여야 할 악의 화신으로 공격하도록 하였다.[1] 이와 같은 분단국가주의의 제약하에 놓이게 되면 현대사는 대단히 일면적이고 왜소하고 빈약하며 단순하게 처리되어, 폭넓고 풍부한 역사인식, 다원적이고 다층적인 현대사회의 이해가 어렵게 된다.

필자는 피압박민족 또는 피억압민족과 일체성을 가진 민족의식, 형제애, 동포의식의 다른 표현으로서의 민족의식, 개방적인 열린 민족주의 또는 시민적 민족주의, 강대국 국가주의의 틈바구니에서 자신의 정체성을 살리려는 민족주의, 외세에 대하여 자주성을 견지하기 위하여 요청되는 '민족 대단결', 자신의 문화를 창조적으로 발전시켜 세계문화에 기여하는 민족문화의식이 필요하다고 생각한다.

---

1) 분단시대 역사인식의 주조를 이루고 있는 정통론과 국가주의에 대해서는 서중석, 「통일시대의 역사인식」, 『한반도 통일논의의 쟁점과 과제』, 한신대학교 출판부, 2001, 183~187쪽 참조.

### 1) 정부·관 중심의 서술

해방 3년사가 신탁통치 중심으로, 정부 수립 초기가 6·25전쟁 중심으로 서술이 되어 있다면, 그 이후의 역사는 정부와 관 중심으로 서술되어 있다. 지면이 제한되어 있는 것이 큰 요인이겠지만, 국민 또는 인민이나 민간인들의 행위 또는 활동이 현대사에서 찾아보기가 힘들고, 다원적인 사회에서 볼 수 있는 여러 사회계층이나 사회단체들의 움직임이나 목소리도 드러나 있지 않다. 또한 진보적인 정치세력의 활동이나 어쨌든 현대사에서 중요한 역할을 한 학생운동, 재야운동, 사회운동도 살아 있지 않고 아예 언급조차 없는 경우가 적지 않다. 심지어 야당이나 국회의 움직임 곧 정당정치나 의회정치, 이와 직결되어 있는 중요 선거 행위도 조금밖에 서술되어 있지 않다. 서술되어 있는 것은 4·19혁명 등 중요 사건을 제외하면 지면의 제한 때문이기도 하겠지만 정치사는 이승만정부, 장면정부, 박정희정부, 전두환·노태우정부, 김영삼·김대중정부 등 정부의 활동, 그것도 주로 이승만이나 박정희 등의 활동이 서술되어 있다. 그래서 1950년대 이후 정치사에 나오는 인물 이름은 역대 대통령과 장면 국무총리 외에는 찾아보기가 어렵다. 경제나 통일, 사회, 문화, 교육, 학술 등도 정부 활동이 주로 서술되어 있고, 그것의 일환으로 관과 관련되어 있는 서술이 적지 않다는 것이 눈에 띈다. 일찍이 중세 봉건사회의 유물로 비판받아 온 왕조사관, 그것도 신하나 양반도 배제된 왕 중심의 역사관이 새로운 형태로 등장하였다는 지적이 나올 수 있을 듯하다. 현대사가 대통령 중심 ─ 형식은 정부 중심이지만 실제는 대통령 중심으로 되어 있다 ─ 으로 서술되어 있는 것은 검토될 필요가 있다.

고교 국사 교과서의 경우 박정희정부의 국정 운용 또는 국정의 주요 목표 등에 대한 서술, 새마을운동이나 국민교육헌장 등에 대한 서술도 신경이 쓰이지만, 1980년대 이후의 경우 국정 지표를 나열한 것은 이해하기 어렵다. 전두환정부의 경우 "정의 사회의 구현, 복지사회의 건설 등을 통치 이념으로 내세웠으며, 경제 안정과 수출 증대에 힘썼다"(208쪽)로, 노태우정부의 경우 "국정지표를 민족 자존, 민주 화합, 균형 발전, 통일번영으로 설정하였으며, 지방자치제를 부분적으로 실시하였다"(208쪽)로, 김영삼정부의 경우 "깨끗한 정부, 튼튼한 경제, 건강한 사회, 통일된 조국 건설을 국정지표로 설정하여"(208쪽)로, 김대중정부의 경우 "국정 전반의 개혁, 경제 난국의 극복, 국민 화합의 실현, 법과 질서의 수호 등의 국가적 과제를 제시하고"(209쪽)로 쓰여 있다. 국정 지표라는 것이 단적으로 전두환정부의 '정의 사회의 구현'이 말해 주듯, 정권이 이데올로그들을 동원하여 만든 상징조작으로, 그것이 실제로 국정에 반영된 것과는 거리가 있고, 심지어 정반대의 경우도 있는데, 교사들로 하여금 어떻게 가르치라고 한 것인지 알기가 어렵다. 더욱이 가뜩이나 지면이 부족한데, 전두환정부나 김대중정부의 경우 전체 서술의 3분의 1을 국정지표에 할애한 것도 이해하기 어렵다.

통일에 대한 서술의 경우 예컨대 고교 교과서를 보면, 앞 부분에서 1970년 이후의 것만 기술하였는데 거의 전부가 박정희정부의 통일제의를 액면 그대로 써놓았다. 1980년대의 경우도 똑같아 거의 전부가 정부의 제의 등 정부의 활동을 그대로 써놓은 것으로 되어 있다. 이승만정권의 북진통일론과 조봉암·진보당의 평화통일론, 4월혁명기의 통일운동, 1960년대의 통일논의 억압도 일체 언급이 없고, 유신체제의 성립과 7·4공동성명과의 관계, 평화공존을 말하면서 박정희가 극단적으로 반공·반북 선전과 공세를 편 것이나 분단과 정권 안보와의 관계에 대해서도 한마디도 적혀있지 않다. 이러한 역사를 배우게 될 경우 학생들은 왜 남쪽에 흩어져 있는 이산가족 상봉조차 1980년대에 와서야 KBS에 의해 비로소 이루어지게 되었고, 남북이산가족 상봉도 비슷한 시기가 되어서야 최초로 있게 되었는지를 알 수가 없지 않을까.

정부와 관 중심의 역사 기술은 '학술연구활동', '문예활동'에서도 보인다. 고교 교과서의 경우 국사편찬위원회나 한국정신문화연구원의 활동(225쪽), 세종문화회관 문예진흥원 예술의 전당(227쪽) 등에 대한 서술이 그 예이다.

## 2) 서술의 불균형

정부와 관 중심으로 서술되어 있다는 것은 현대사의 서술이 다른 어느 시기보다도 불균형을 이루고 있다는 것을 말해 주는 것이기도 하다. 그와 같은 심각한 불균형은 국가주의 이데올로기에 의한 제약을 기본 요인으로 보아야 할 것이다.

예컨대 중학교 교과서의 경우 1절인 「광복과 분단」은 미·소의 주둔에 관하여 소절이 하나 있고, 미군정하에서 혼란이 있었다고 거듭 강조한 서술과 북한에 진주한 소련군이 공산화 활동을 벌였다는 서술이 각각 한 소절을 차지하였다. 그것을 제외한다면 해방 3년사의 기록은 길게 쓰여진 '신탁통치의 문제' 만이 있을 뿐이다. 한국사에서 대단히 역동적이었고, 시기 구분에서도 현대의 기점으로 일제 강점기나 그 이전과는 모든 면에서 판이하게 달라진 것이 많은 해방 3년사가, 이 때문에 1990년대 이후에 나온 두툼한 박사학위 논문만 하여도 20편 내외를 헤아리는데, 왜 8·15해방이 현대의 기점이 될 만큼 한국사에서 대단히 중요한 시기였는가는 기술하지 않고, 두 교과서에 의해 모두 부정적인 서술로 끝나고 만 것은 학생들에게 어떠한 역사 인식을 심어줄 것인가. 부정적인 부분만 하더라도 미군정의 현상유지정책, 그것의 일환인 친일파 보호 육성정책과 직접통치, 이승만·한민당의 단정운동에 대해서는 언급을 하지 않았다. 통일민족국가를 건설하기 위한 좌우합작운동도 마찬가지다.

중학교 교과서의 2절 「대한민국의 수립과 발전」도 불균형이 심하기는 대동소이하다. 소절 '대한민국의 수립' 은 유엔의 활동이 가장 많은 지면을 차지하고 있다. 6·25전쟁과 관련해서는 신탁통치 부분과 마찬가지로 구체적인 과정까지 자세히 언급하는 등 과도하게 지면이 할애되었지만, 그럼에도 불구하고 역사에서 가장 중시하고 있는 배경과 전쟁 중의 여러 사건, 그리고 영향이 제대로 다루어지지 않았고, 미국의 역할도 거의 언급되지 않았다. 전쟁의 과정에 대한 묘사를 할애하여 친일파처단 등 제헌국회의 활동이나 1950년대의 정치 상황이 역동적으로 묘사되었더라면 하는 아쉬

움이 있다. 이 절에서 1950년대의 정치는 한 쪽도 차지하지 못하였고, 그것도 이승만의 행위와 정치혼란이 주로 언급된 반면, 4·19혁명은 역시 그것의 과정 등이 과다한 지면을 차지하였다. 그런가 하면 또다시 역동적인 시기였던 4월혁명기의 서술은 장면정권의 활동에 한하여 약간 언급하였을 뿐이다.

중학교 교과서에서는 사회와 문화, 교육 등의 서술이 더욱 중요시될 수도 있는데, '교육과 문화의 발전'이라는 소절에서 반 쪽도 못되게 취급하였다. 그렇지만 서울올림픽대회는 박스로 취급해서 놀랍게도 한 쪽이나 다루었다. 반세기가 넘는, 그것도 가장 내용이 풍부한 20세기 후반기의 문화와 교육에 대한 서술이 전부 합해서 서울 올림픽 대회 서술의 반절도 못된다는 것을 학생들이 이해할 수 있을까. 마지막 절인 '통일을 위한 노력'도 4월혁명기의 통일운동을 포함하여 1950, 1960년대의 통일논의가 일체 언급되지 않았고, 닉슨독트린 이후의 통일정책을 정부의 활동을 중심으로 하여 다루었다.

고교 교과서에서의 불균형 문제는 앞에서 부분적으로 다루었고, 중학교의 경우에서 시사가 되었으므로 생략한다.


### 3) '민족' 등의 과다 사용

아무리 국사 교과서라고 하지만, 민족이라는 말이 지나치게 많이 사용되었다. 현대사에서 민족의 사용 빈도는 앞 부분에 많고 뒷 부분으로 가면 적어진다. 민족이 얼마나 많이 사용되었는가는 현대사의 첫 페이지를 펴보면 알 수 있다. 중학교 교과서의 경우 '8·15광복'이 첫 소절인데, 16행에 민족이 7회나 나오고 있다(162쪽). 고교 교과서의 경우도 한국현대사는 중학교용과 똑같은 제목인 '8·15광복'으로부터 시작되는데, 불과 12행에 10회나 나온다(190~191쪽). 한 행에 한번 씩 나오고 있는 것이다. 민족은 한국인으로 바꿔 쓸 수가 있고, 상당 부분은 생략하고 쓰지 않아도 무방하게 되어 있다.

민족이 무엇을 가리키는지, 남과 북에 사는 한국인을 가리키는지(1민족 2국가), 남에 사는 한국인만 가리키는지(2민족 2국가), 그중에서도 반공 한국인만을 가리키는지가 불분명한 경우도 있다. 예컨대 중학교 교과서에 쓰여 있는 "대한민국은 역사상 우리 국토에 우리 민족의 손으로 세운 최초의 민주공화국이다. 일제의 침략으로 나라를 잃은 이래, 우리 민족이 염원하던 우리의 정부가 수립된 것이다."(170쪽) "판문점에서 휴전회담이 진행되었다. 이때, 우리 겨레는 완전 통일이 아닌 휴전에 반대하였으나,"(174쪽) 등에 나오는 민족 또는 겨레는 남과 북의 한국인 모두를 가리킨 것으로 보기가 어렵다.

고교 교과서에서 홍익인간은 우리 민족이 간직해 온 민족정신의 원류이며, 우리나라 건국의 기본 이념이기도 하다고 설명하고, 이 정신은 민주주의의 이념과 부합된다고 주장하면서, 홍익인간과 관련지어 8행이나 기술한 것(222쪽)도 과도한 분량이고 과도한 주장이다. 위와 같은 기술은 안호상이 편술한 『일민주의의 본질』을 상기시키거니와,[2] 송건호는 1960년대에 홍익인간이나 일본의 팔굉일우(八紘一宇) 같은 것을 건국이념이라고 생각하는 지성 – 정신상태 – 은 결코 참된 의미에서의 지성이 아니라고 지적하고, 홍익인간 같은 것이 지도이념이 된다고 생각하는 사회일수록 사상의 복고현상이 심하다고 비판한 바 있었다.[3] 『삼국유사』의 단군신화에 나오는 홍익인간을 가지고, – 이 홍익인간이라는 말은 어느 지역 어느 시대에도 있을 수 있는 말이기도 하다 – 이승만정권 초기의 이데올로그들 주장이나 권위주의정권에서의 주장을 1990년대에도 수용하여, 민족정신의 원류, 건국의 기본이념이라고 한 것은 일본군국주의의 영향을 받은 일민주의와 마찬가지로 퇴행성(退行性) 국가주의로 이해될 수도 있다는 점을 생각해 봐

---

2) 이승만정권 초기 국가이데올로기로 제시된 일민주의에 대해서는 서중석, 「이승만정부 초기의 일민주의」, 『진단학보』 83 ; 서중석, 「이승만정권 초기 일민주의와 파시즘」, 『1950년대 남북한의 선택과 굴절』, 역사비평사, 1998 참조.
3) 송건호, 「민족지성의 반성과 비판」(사상계, 1964), 『민족지성의 탐구』, 창작과비평사, 1975, 91~92쪽.

야 할 것이다.

'전통적 가치관'을 강조하는 것도 논란이 될 수 있다. 이 점은 국민교육 헌장의 강조와 맥을 같이하는데, 예컨대 고교 교과서에는 다음과 같이 서술되어 있다.

"전통적으로 우리 사회는 인격과 염치를 중하게 여기면서 예절을 숭상하였다. … 일부 사람은 기본 예절을 무시하고 공중도덕까지 경시하는 풍조가 생겨났다."(「올바른 가치관의 정립」, 220쪽)
"서구문화의 무비판적인 수용은 전통적인 가치관의 혼란을 가져왔다."(「현대문화의 동향」 개요, 221쪽)

이제는 예절 대신 시민사회의 규범 같은 용어로, 전통적인 가치관 대신 시민사회의 가치관 등으로, 전통문화 대신 한국문화 또는 민족문화 등으로 사용하면 '올바른 가치관의 정립' 등은 소절의 제목까지 포함하여 그 내용이 달라질 것이다. 또 가치관에 혼란이 온 것은 친일파의 청산 등 일제 잔재의 청산이 제대로 되지 않고, 국가주의를 내세운 극우 권력의 비도덕성과 퇴행성, 그리고 가치관이 배제된 박정희의 근대화지상주의와 깊숙이 연관되어 있다는 점도 완곡하게나마 지적할 필요가 있지 않을까.

### 4) 극우 권위주의정권의 미화와 관련하여

중학교용이건 고교용이건 이승만정권과 유신체제에 대해서는 상당히 강한 비판을 하고 있다. 그럼에도 불구하고 미화하지 않았나 하는 부분이 발견되는 것 역시 국가주의적 사고와 무관한 것이 아닐 것이다.

우선 이승만정권에 대한 기술을 보자. 중학교 교과서의 경우 "6·25전쟁을 겪은 후, 이승만대통령은 전후 복구와 민심 수습을 위하여 노력하였고"(175쪽)라는 구절이 있고, 고교의 경우 "자유민주주의체제를 지키기 위해서 반공을 강조하였으며"(203쪽)라는 구절이 있다. 이승만은 전쟁을 한창 치르고 있는데도 국헌을 문란시키면서까지 계엄령을 선포하고 국회의원 등을 체포하여 발췌개헌안을 통과시켰다(1952). 그야말로 자유민주주의를 형해화하고 파괴한 것으로, 민심 수습과는 거리가 먼 행위였다. 그 이후에 이승만이 민심에 역행하는 통치를 얼마나 심하게 자행하다가 파국에 이르게 되는가는 중학교 교과서(175쪽)에도 고교 교과서(203쪽)에도 묘사되어 있다. 이렇게 볼 때 두 교과서 모두 앞뒤가 모순되는 서술을 하였다. 유신정권도 전두환정권도 자유민주주의체제를 철저히 파괴하면서 자유민주주의체제를 수호하기 위하여 민주화운동을 단연코 뿌리 뽑겠다고 공언을 했던 것을 상기할 필요가 있다.

장면정권시기의 혼란과 장면정권의 무능을 과도하게 강조한 것도 5·16 군부쿠데타에서 10·26에 이르는 박정권을 옹호하는 것으로 비춰질 수 있다는 점도 짚고 넘어갈 필요가 있다. 박정권은 쿠데타를 강변하기 위한 구실로 통일운동과 함께 과도하게 장면정권시기의 혼란과 장면정권의 무능을 각종 교과서와 홍보 매체 등을 통하여 끊임없이 선전하였다.

중학교 고교 두 교과서 모두 장면정권이 자유민주주의를 위하여 노력하였다고 기술하였으나, 혼란과 민주당 내의 갈등이 강조되고 있다(각각 177, 204쪽). 그러나 두 교과서 모두 직접적으로 그것을 5·16과 연관시켜 설명하는 데에는 신중을 기하고 있다. 그런데 고교의 경우 "사회적으로는 자유만을 주장하면서 자제할 줄 모르는 일부 국민들의 과도한 욕구 분출로 시위가 계속되었으며, 사회의 무질서와 혼란이 지속되었다"라고 기술(204쪽)한 것에 이어, 박정희 등이 사회적인 무질서와 혼란을 구실로 군사정변을 일으켰다고 기술(205쪽)하여 해석에 혼란을 줄 수 있게 하였다.

4월혁명기의 데모는 주로 4월에서 6월 사이에, 곧 4월혁명(4·26) 직후에 집중적으로 일어났으며, 7월 이후의 하반기에도 국회의사당 난입사건 등이 있었다. 그러나 1961년에 들어가 시위는 현저하게 줄었으며, 4·19 1주년을 맞이해서도 침묵시위 정도가 있었을 뿐이었다. 비교적 규모가 큰 데모가 '2대 악법' 반대투쟁이었는데, 이것도 4월 중순에 들어가면 약화되었다. 문제는 4월혁명기의 시위 또는 혼란이 박정희 등이 역설한 것처럼 그렇게까지 심한 것은 아니었고, 1961년에는 현저하게 빈도수가 줄어들었으며, 그 시기에 1964년에서 1990년대 초에 걸친 대규모 학생시위는 찾아보기 어려웠다는 점 못지않게, 왜 극우세력이 4월혁명기에 심한 불안감을 느꼈느냐에 있다. 그리고 그보다 더 중요한 것은 왜 그러한 시위가 일어났느냐 하는 점이다.[4] 고교 교과서에는 10·26 이후의 혼란에 대하여 "그것은 오랜 기간 동안의 권위주의 통치가 몰고 온 후유증 때문이기도 했다"라고 기술하였고(207쪽), 노태우정부와 관련된 기술에서도 그와 비슷한 내용이 있는데(208쪽), 구태여 한국전쟁기의 대규모 양민학살을 상기하지 않더라도, 4월혁명기의 시위는 이승만통치의 후유증과 직결되어 있었음에도, 왜 혼란만 강조하고 그 배경은 서술하지 않았는지 아쉽다.

박정희정부에 대한 서술 가운데 '미화'로 이해될 수 있는 부분은 의외로 많다. 한일협정에 대해서도 중학교 교과서에는 한일회담 반대 데모가 치열하게 일어났던 사실은 외면하였고, 두 교과서 모두 오늘날의 한일 문제에 직결되어 있는 한일협정의 문제점은 언급하지 않은 채 그것을 긍정적으로 평가하였다(각각 178, 210쪽). 베트남전 참전에 대해서 "공산주의의 침략을 받고 있던 베트남을 지원하기 위해서 국군을 파병하였다"(각각 178, 210쪽)라고 기술한 것도 검토할 필요가 있지 않을까.

유신체제를 강한 톤으로 비판하고 있으면서 국민교육헌장, 정신문화연구원, 새마을운동 등을 미화한 것은 어떻게 보아야 할까. 고교 교과서에는 "교육의 중앙집권화와 관료적 통제는 지속되었다. 이 시기에 국민교육헌장이 선포되었는데, 이는 우리 사회의 교육이 나아가야 할 방향을 밝힌 것으로 민족적 정통성과 현대의 과학정신, 그리고 실사구시가 우리 교육의 지향목표임을 밝히고 있다"(223쪽)라고 쓰여 있는데, 그러면 왜 유신체제하

---

4) 김동춘, 「4·19시기는 혼란기였나」, 『바로잡아야 할 우리 역사 37장면』 2, 역사비평사, 1993 참조.

에서 교육헌장 폐기 투쟁이 전개되었는지, 그리하여 현행 국사 교과서에는 맨앞 표지 뒷면에 쓰여 있던 그것이 삭제되기에 이르렀는지 이해하기 어렵다. 그것은 1974년 유신고교국사 교과서에서 "국민정신의 지표를 정하여 민족자주의식을 높이고"(231쪽)라고 간단히 기술한 것과도 대조된다.

국민교육헌장의 첫머리는 "우리는 민족중흥의 역사적 사명을 띠고 이 땅에 태어났다"라고 되어 있거니와, 그것은 개인은 전체에 따라야 한다는 전체주의적 사고로 해석될 수 있다. "공익과 질서를 앞세우고" 등등의 표현도 그러하고, '경애'라는 말도 상하관계를 강조한 봉건적 덕목으로, 일제 군국주의나 유신체제에서 충효사상을 고취한 것을 연상시키는 구절이다. 총체적으로 국민교육헌장은 일제강점기의 '황국신민서사'와 용도가 비슷한 점이 엿보이고, 군국주의 사고와도 연결되는 것으로, 국민의 사상을 획일화하여 전체주의 또는 국가주의 권력에 순응하도록 하기 위한 것이었다. 그것은 이 시기에 있었던 삼선개헌, 민주공화당의 친정체제화, 중앙정보부 탄압에 의한 언론의 순응화, 사법부의 무력화 등 유신체제 전단계에 있었던 여러 현상의 하나로써 나타났던 것으로, 교육의 관료적 통제에 그치지 않고, 공무원 심지어 사병까지도 외우게 만들었던 데에서 알 수 있듯이 전국민을 사상적으로 통제하고 획일화하기 위하여 창안된 것이다.[5]

정신문화연구원은 어떻게 서술하였는가. 고교 교과서에는 "또 이 시기에 우리 나라의 정신 문화와 전통적 가치를 연구하고 바람직한 민족사회의 미래를 밝히기 위해서 한국정신문화원이 발족되었다"(223쪽)라고 쓰여 있다. 지면 관계로 간단히 얘기하면, 국민교육헌장이 유신체제 전단계의 교육·사상 획일화 및 유신체제에서의 교육·사상 획일화를 사명으로 하여 이 땅에 태어났다고 한다면, 정신문화연구원은 다른 활동도 하였고 지금은 달라졌으나 유신체제를 지탱하고 수호할 이데올로기의 산실로써 태어난

---

5) 홍윤기, 「박종홍철학 연구 – 철학과 권력의 퇴행적 결합」, 『역사비평』 2001년 여름호, 184~203쪽 참조.

것으로 알고 있는 사람들이 많다.

새마을운동에 대해서도 두 교과서 모두 과도하게 큰 비중을 두어 미화하였다. 새마을운동은 농촌을 변화시킨 점에서 주목받을만 하지만, 역시 위로부터 하향식으로 일어났고, 획일화를 특징으로 하고 있으며, 유신체제의 통제·포섭정책과 긴밀한 관계에 있다.[6] 또 새마을운동으로 소득이 증가하여 농촌이 그렇게 살기가 좋아졌다면 왜 1970년대에 너나없이 농촌을 떠나려고 했으며, 1980년대 초반기에 황폐화된 채 빚더미를 안게 되었는가도 설명해 주어야 하지 않을까.

더구나 고교 교과서에서 도시새마을운동을 일으켜 이웃끼리 협동하는 기풍을 일으키는 일에 힘을 쏟았고, 또 공장새마을운동으로 작업장 내에서의 인간관계를 이룩해서 생산성을 높이려는 움직임도 전개하였다고 기술(217쪽)한 것은 이해하기 힘들다. 도시새마을운동이건 공장새마을운동이건 일제 말기 애국반을 상기시키는 반상회처럼 모두 다 유신정권이 주민, 노동자를 통제하기 위해서 만든 것이었다. 공장새마을의 경우 1971년 말에 출현한 국가보위법과 똑같이 극단적으로 노사협조주의를 강조하여 노동자들을 기업주 및 국가권력에 예속시키는 것에 주안점을 두었다.

현행 국사 교과서는 모두 박정희정권의 경제발전에 주목하였다. 학생들에게 경제 발전 같은 중요 사항을 역사적 배경과 원인, 경제 발전의 문제점 등과 함께 종합적으로 인식하게 하는 것은 중요하다. 그렇지 않고 한 개인이 그러한 발전에 중요한 영향을 미친 것처럼 서술하는 것은 정확한 설명도 아니거니와, 학생들의 역사감각을 단순화시키고, 파시즘적 지도자론에 빠지게 할 수도 없지 않아 있다. 그런 점에서 1990년에 초판이 발행된 고교 국사 교과서는 다른 것에 비하여 장점을 지니고 있다. 이 교과서는 한국전쟁 이후 1950년대의 경제적 발전이 문제점과 함께 정리되어 있고, 경제

---

6) 박진도·한도현, 「새마을운동과 유신체제」, 『역사비평』 1999년 여름호 ; 지수걸, 「일제의 군국주의 파시즘과 '조선농촌진흥운동'」, 『역사비평』 1999년 여름호 참조. 두 글은 특별기획 「1930년대와 1970년대 관제동원운동의 비교연구」로 함께 묶여 있다.

개발계획도 이승만정부, 장면정부 때의 것을 이어받은 것을 제시하였으며, ─이 점은 현행 고교 교과서에 계승되었다─1960년대 이후 경제계발계획의 문제점도 지적되어 있다(190~192쪽).

현행 교과서는 어떠한가. 고교의 경우 「3. 민주주의의 시련과 발전」 개요에서 "박정희정부는 경제성장과 국력 신장을 위하여 적극 노력하였다. 이에 따라 경제는 급속하게 성장할 수 있게 되었고"라고 기술되어 있는데(202쪽), 이처럼 특정 인물과 경제 발전을 연결지어 설명하는 것은 그뒤에도 나온다(205쪽 등). 1960~1980년대의 경제 성장은 국내적 요인과 국제적 요인에 의해서 가능하였다. 국내적 요인으로는 신분차별이 없어지고 평준화된 것, 농지개혁이 이루어져 농민이 해방되고 지주계급이 소멸한 것, 1950년대에 교육열로 한글세대가 육성되어 대규모 산업예비군을 가지게 된 것, 테크노크라트의 형성 및 통계능력 등 국가 능력의 강화, 기업가 능력의 제고를 기반으로 하면서, 이승만정권 후기, 장면정권 때 경제발전이 일정한 단계로 들어가고 있었던 점 등을 들 수 있다. 국제적인 요인으로는 1960~1980년대 세계자본주의의 확장기에 한·미·일 안보체제와 직결된 미·일의 대한 경제협력, 저유가, 국제유동자본의 증가, 한일협정 체결, 베트남파병 등이 기본적으로 작용한 것이다. 장개석이나 프랑코의 경우와 마찬가지로 박정희 때문에─그것도 한 요인이지만─그러한 성장이 있게 된 것이 아니었다.

### 5) 반공·반북이데올로기에 의한 제약

냉전의식 또는 분단국가주의 사고가 많이 작용한 부분이 사회주의나 북에 대한 서술이다. 몇 가지 예만 제시해 보겠다.

중학교 국사 교과서에서는 해방 직후 소련군 사령부가 민족주의세력을 제거하고 공산주의자들을 지원하여 공산주의정권이 수립되었다고 기술하였다(165쪽). 우선 민족주의세력을 제거하였다는 것이 무엇을 가리키는지 명확히 할 필요가 있다. 일부 연구에 따르면 이 시기 소련군은 각 도의 인민정치위원회 또는 인민위원회 등을 좌우 동수로 구성하게 하였고, 위원장은 대개의 경우 민족주의자를 앉혔으며, 조만식 등 민족주의자들도 활동한 것으로 되어 있다. 공산주의정권이라는 것이 언제 구성된 무엇을 가리키는지 명시했으면 좋겠다. 이 기술에 이어, 그것에 대한 반발이 적지 않아 신의주 등 각지에서 의거가 일어났다고 쓰여 있는 것으로 보아, (신의주사건은 11월 23일임) 11월 19일 구성된 행정 10국을 가리키는 것으로 보이는데, 일부 연구에 의하면 이 것은 결코 정권이라고 부를 만한 것이 못되었고, 실질적인 정치적 중앙으로 서 조직된 것이 아니고 후원적 성격이 강했으며, 실질적인 권력은 여전히 각 도의 인민위원회에서 행사하였다고 한다.[7] 또 이 시기는 우익인사도 행정 10 국에 끌어들이려고 하여 행정국위원장에 조만식이 추대되었다고 하며(사양 하여 공백), 불분명한 점이 있지만 무소속과 조선민주당계도 포함되어 있었 다. 민족주의자들에 대한 중요한 탄압은 신의주사건 직후에 있었다.[8]

고교 교과서에는 해방 직후의 상황과 관련하여 "또 이 시기에는 공산주의 자들의 사회교란으로 각지에서 유혈충돌이 빚어지기도 하였다. 북한에서는 소련군의 진주로, 자주적으로 독립국가를 수립하려던 민족주의인사들의 활 동이 금지되었으며"(192쪽)라고 기술되어 있다. 앞 부분의 경우 전후 문맥 을 볼 때 신탁통치 문제가 일어나기 전, 곧 1945년도의 남한사태로 파악되 는데, 그렇다면 이해에 "공산주의자들의 사회 교란으로 각지에서 유혈충 돌이 빚어지기도 하였다"는 것이 무엇을 가리키는지 명확하지 않다. 1945 년에는 유혈충돌이 많지 않았다. 이해에 발생한 유혈사태로는 11월 15일 남 원에서 전라북도 경찰부장 김응조가 남원인민위원회 위원장 등을 체포하자 민중들이 항의하였고, 이때 미군 발포로 사망자 3명, 부상자 50여 명이 난 것이 널리 알려져 있다. 김응조는 관동군 등에서 활동한 악질 친일파였다 고 한다.[9]

---

7) 김주환, 「해방후 북한의 인민민주주의혁명과 사회주의혁명」, 『해방전후사의 인식』 5, 한길사, 1989, 261쪽 ; 박재권, 「해방직후 소련의 대북한정책」, 『해방전후사의 인식』 5, 373쪽.
8) 자세한 것은 김용복, 「해방직후 북한 인민위원회의 조직과 활동」, 『해방전후사의 인식』 5, 215~216쪽 참조.
9) 서중석, 『한국현대민족운동연구』, 역사비평사, 1991, 262~263쪽.

또 이 교과서에서는 1946년 2월에 구성된 임시인민위원회가 사실은 공산주의정부로서 북한만의 단독정부를 수립한 것이었다고 기술하였다(198쪽). 임시인민위원회에 대한 연구는 『해방전후사의 인식』 5에 수록된 여러 논문과 다른 논문들이 있고, 그중에는 위와 같이 주장한 논문도 있다. 그런데 단독정부라는 표현과 관련해서 생각해 볼 점이 있다. 주지하다시피 미군정은 직접통치를 하였으나, 소군정은 친일파를 제거하고 간접통치를 했던바, 그것의 한 예로 임시인민위원회가 지적되고 있다. 미국은 파시즘 침략국가 일본과 독일에서는 간접통치를 했는데, 한국에서는 오히려 해방된 민족의 입장을 무시하고 일·독과는 대조적으로 직접통치를 하였다. 또 이미 북에 단독정부가 들어섰다면, 무엇 때문에 임시정부를 구성하기 위하여 그 이후에 미·소가 두 차례나 미·소공동위원회를 열었으며, 미국이 왜 북에 단독정부가 들어섰다고 비판하지 않았는지도 논란이 될 수 있다. 또한 이것은 이 교과서에서 이승만의 단정운동을 기술하지 않은 것과 대조를 이룬다. 그와 함께 1947년 2월 북에 성립된 북조선인민위원회와는 어떻게 다른가도 설명이 되어야 할 것이다.

대단히 제한된 지면인데도 북이 남한까지 공산화하려고 했다는 대목이 자주 나오는 것은 피하는 것이 어떨까 하는 생각이 든다(195, 198쪽에 각각 두 번 나옴). 195쪽에서 소련이 남한까지도 공산화하려 하였기 때문에 유엔임시위원단의 입북을 거절하였다는 표현도 어색하게 느껴질 수 있다. 이 시기는 유엔에서건 다른 곳에서건 미국의 주장은 소련이 반대하고 소련의 주장은 미국이 반대하였는데, 특히 한반도에서 그런 면이 심하였다. 소련이 유엔임시위원단의 입북을 반대한 이유는 미국이 한반도 문제를 유엔에 이관시킨 것을 반대한 것과 궤를 같이하고 있다. 또 같은 쪽에서 유엔에서 우선 선거가 가능한 지역에서만이라도 총선거를 실시할 것을 결정하였다고 기술하였는데, 총회와 소총회는 권한이 다르다. 이 때문에 한국문제 처리에 대한 권한 문제는 유엔소총회와 유엔임시위원단 내에서도 논란이 되었는데,[10] 소총회라고 명기하여야 하지 않을까.

북의 국호와 관련하여 중학교 교과서에는 "1948년 9월에는 북한공산정권이 공식적으로 수립되었다"(171쪽)라고 쓰여 있고, 고교용에는 "소련의 지시로 북조선인민위원회를 인민공화국으로 고치고 정부의 수립을 공포하였다"(198쪽)라고 쓰여 있다. 소련의 지시라는 말도 어색하게 느껴질 수 있지만, 북조선인민위원회를 인민공화국으로 고쳤다는 주장은 양자의 차이를 묵살한 표현이 아닐까 하는 생각이 든다. 필자가 이 부분에서 말하고 싶은 것은 1974년의 고교 교과서에도, 1979년의 고교 교과서에도 '소위 조선민주주의 인민공화국'이라고 표기하였고(각각 226, 293쪽), 현행의 두 교과서가 쓰여질 무렵에는 두 교과서에 쓰여져 있는 대로 남북기본합의서 등이 마련된 시점이었는데, 학생들이 북한의 정식 국호도 모르게 한다는 것은 고려해 봐야 했을 일이 아니었던가 하는 점이다.

고교 교과서 197쪽에 실려 있는 지도는 1990년에 나온 고교 교과서에도 실려 있는 것을(177쪽), 글자만 몇 자 바꾼 것이다. 이 지도에 나와있는 서울철도소요사건은 날짜가 부정확하게 쓰여 있는데(1946. 9. 23), -부산철도노동자들의 파업은 9월 23일이지만, 9월총파업이 본격적으로 시작된 서울철도노동자들의 전면 파업은 9월 24일이었다- 단천백호단 반공의거 '계획'(따옴표는 필자)처럼 전문가조차 잘 모르는 것이 지도에 들어 있고 호칭도 논란의 여지가 있다면 바꾸는 것이 어떠했을까 하는 생각이 든다. 이 지도에는 '신천반공의거'(1950. 10. 13)가 들어 있는데, 믿기 어렵지만 미군이 점령한 다음날인 10월 18일부터 신천군에서 전체 주민의 4분의 1인 3만 5천여 명이 학살되었다고 북이 주장하고 있는 것도[11] 어느 정도는 생각해 봐야 하지 않을까.

---

10) 구드리치, 「유엔에서의 한반도 문제 처리 과정」, 『분단 전후의 현대사』, 일월서각, 1983, 389~390쪽.

11) 김한길, 『현대조선역사』, 서울 일송정, 1988, 289쪽 ; 임재동 · 최정미, 「미국의 전쟁 전략과 전쟁정책」, 『한국전쟁의 이해』, 역사비평사, 1990, 224쪽.

## 3. 왜곡, 부정확한 기술·오류

왜곡이나 오류 등의 문제와 관련해서는 1) 앞과 뒤의 서술이 모순되거나 맞지 않는 것, 2) 사실을 왜곡해서 기술한 것, 3) 부정확하게 기술하였거나 잘못 기술한 것, 4) 평가가 잘못된 것 등이 있는데, 이보다 더 심각한 문제는 5) 마땅히 함께 기술하여야 하는데, 분단국가주의 또는 정권 홍보에 유리한 것만 기술하고 불리한 것은 기술하지 않음으로써 왜곡하는 경우이다. 이 다섯 가지 중 4)항은 어렵지 않게 발견되고 있고 5)항도 자주 볼 수 있는 현상이다. 이곳에서는 주로 2)항과 3)항을 중심으로 고찰해 보기로 하자. 1)항은 앞에서 지적한 바 있는데, 또 하나의 예로 분단과 관련된 서술을 들 수 있다.

미·소 양군이 북위 38도선을 경계로 하여 점령하였고, 각각 군정을 실시하였으며, 자신한테 유리한 체제를 수립하기 위하여 노력한 것은 사실이다. 또한 얼마간 시일이 경과하면서 38도선을 왕래하기가 힘들어진 것도 사실이며, 전기 공급과 우편물 교환 등을 제외하면 남북 간에 왕래가 거의 없었던 것도 사실이다. 그런데 이 중 상당 부분은 연합국이 한국문제에 대하여 구체적인 합의를 보지 못한 채 우선 자국의 이익을 실현시키기 위하여 점령을 한 데서 나타난 현상이었다. 이 때문에 모스크바 삼상회의 결정 4항에는 미·소 양군사령부가 2주일 이내에 남북 간의 긴급한 문제를 해결하고 두 점령지의 행정·경제 문제를 논의하기 위하여 회의를 열도록 되어 있다. 1947년 7월에 제2차 미·소공동위원회가 난항을 겪기 이전까지는 한반도에 통일임시정부를 세우겠다는 것이 미국과 소련의 기본 정책이었다. 또 해방직후 한국인은 미·소 양군의 주둔을 분단으로 보지 않았고, 당연히 통일민족국가가 세워질 것으로 알았다. 미·소 양군의 점령은 분명히 분단으로 가게 하는 면이 강했고, 시간이 흐름에 따라 분단으로 진행되어갔으나, 미·소 양군이 점령하면서 바로 분단된 것은 아니었고, 분단은 1948년에 두 정부가 들어섬으로써 확고해진 것이었다.

필자가 이 부분과 관련해서 문제 삼는 것은 고교 교과서 1)「4. 현대사회의 발전」 단원개관에서 "한반도에 주둔한 미·소 양군의 38도선 분할로 남북이 분단되어 통일된 민족국가를 이루지 못하였다"(186쪽)라고 기술한 것, 2)「1. 현대사회의 성립」 개요에서 "미군과 소련군이 한반도에 주둔하여 38도선으로 남북을 분단시켰기 때문에 통일민족국가의 수립은 쉽지 않았다"(187쪽)라고 기술한 것, 3) 소절로 '국토의 분단'을 설정하고 "군정이 민족분단을 점차 고착시키는 방향으로 나아가게 되었다"(191쪽)라고 기술한 것, 4) 그 뒤의 소절 '신탁통치문제'에서 "38도선을 경계로 한반도가 분단되고 남과 북에 미군과 소련군의 군정이 실시되고"(192쪽)라고 기술한 것, 5)「2. 대한민국의 수립」 개요에서 "미군과 소련군의 한반도 진주와 38도선 분할로"(194쪽)라고 기술한 것 등이다. 우선 짧은 지면에 같은 사항이 다섯 번이나 기술된 것도 문제지만, 더 큰 문제는 다섯 사항이 똑같은 행위를 기술하고 있는데도 불구하고 각각 의미가 상당히 다르게 표현되어 있으며, 그와 같이 각각 다르게 표현된 것은 그 만큼 부정확함이나 오류를 내포하고 있음을 의미한다는 점이다. 어떻게 같은 사항을 이와 같이 다르게 표현할 수 있을까. 그와 함께 필자는 분할점령이 분단보다는 정확한 표현이라고 생각하며, – 그러나 1)항도 그러하지만 5)항은 문장이 부정확하다. 미군과 소련군이 38도선을 경계로 국토를 분할 점령(또는 진주)하였다고 기술하는 것이 정확하다. – 그리고 1)항보다는 2)항이 더 부정확하지 않으며, 3)항이 비교적 정확한 표현이라고 생각한다. 또 1), 2), 4)항에서 '분단'이라는 말을 썼는데 그것은 이 교과서에서 미국과 소련이 비록 실패하였지만 임시정부 수립을 위하여 모스크바에서 삼상결정이 이루어졌고 두 차례에 걸쳐 미·소공위가 열렸다고 기술한 점과 – 삼상결정과 미·소공위는 결코 미·소 양군에 의한 '분단'을 타개하기 위한 것이 아니었다는 점을 명확히 인식하여야 한다 – 논리적으로 맞지 않는 서술이라는 점이다.

중요한 사항의 기술 누락, 왜곡, 부정확한 기술·오류, 편파적 평가, 앞뒤의 모순 등이 가장 잘 나타나 있는 대표적 사항이 신탁통치 문제의 기술이다. 이 부분은 고교 국사 교과서보다 중학교의 것에 더 잘못된 것이 많다. 좀 길지만 중학교 교과서의 해당 부분 '신탁통치문제' 165~167쪽(거의 전문을 순서대로 기술하였음)을 인용하고 부정확한 부분이나 고려해야할 점을 지적하기로 하자.

### 1) '신탁통치문제' 기술의 문제점

| 교과서 해당 부분 | 부정확하거나 고려해야 할 점 |
| --- | --- |
| 1) 1945년 12월에 모스크바에서 미국, 영국, 소련의 3국외상회의가 개최되었다.(165쪽) | 모스크바삼상회의 결정에서 아주 중요한 부분이 제1항에서 조속히 일제 잔재를 청산하고 조선의 발전에 필요한 모든 조치를 취하기 위해 민주주의 임시정부를 수립한다고 한 점이다. 좌익도 이 부분을 가장 중시하였고, 신탁통치를 받지 않아야 한다고 생각하였던 여운형 등 중도좌파와 김규식, 김병로, 안재홍, 원세훈 등의 중도 우파도 이 때문에 적극 미·소공위에 협조하였다. 민족국가의 건설은 1항을 실현시킴으로써만 가능하게 되어 있었던 것이다. 이 부분이 고교 교과서에는 들어있으나, 이 교과서에서는 '신탁통치문제'의 뒷 부분에 가서야 나온다. |
| 2) 이 회의에서는 한반도에 미군과 소련군의 대표로 구성되는 미·소공동위원회를 설치하고, 또 한국에 대하여 최고 5년간 미국, 영국, 중국, 소련의 4개국이 신탁통치를 실시한다고 결정하였다.(165쪽) | 미국이 신탁통치 실시를 주장하였다는 점은 대단히 중대한데, 이를 누락시켰다. 신탁통치 실시는 카이로회담 이래 미국의 기본정책이었고, 그리하여 해방 후 10월에 와서 구체화되었으며, 12월 모스크바회의에서 번즈 미국무장관이 제출한 것도 유엔헌장 79조 등과 연관되어 있는 신탁통치방안이었다. 그러나 몰로토프 소련 외상은 번즈안에 대하여 임시정부안을 골자로 한 수정안을 제출하여, 임시정부 수립안에 신탁통치안이 덧붙여진 방안에 삼국외상이 합의하였다. |
| 3) 신탁통치란, 강대국이 독립할 능력이 없는 나라를 일정기간 동안 통치하는 것을 말한다.(165쪽) | 모스크바 삼상결정 신탁통치안의 가장 큰 특징은 신탁통치안의 구체성이 결여되어 있다는 점이다. 이 결정 3항에는 미·소공위가 조선임시정부와 협의하여 제안을 마련하고, 그것을 4국신탁통치 협약을 작성하기 위하여 미·영·소·중 제국정부와 협의한 후 제출하게 되어 있었다. 곧 신탁통치안의 구체안은 미·소공위와 4국이 마련하지만, 조선임시정부의 의견을 듣게 되어 있었다. 이 때문에 이승만·한민당이 미·소공위에 협조할 의향을 보였을 때 『동아일보』는 3상회의 결정과 반탁은 별개라고 주장하였 |

| | |
|---|---|
| | 다. 삼상회의에서는 신탁통치를 결정하지 않았고, 최후의 결정은 4개국 심의를 거치게 되어 있을 뿐만 아니라, 장차 수립되는 '조선임시정부'와 협의할 것을 특기하였다는 것이다.[12] |
| 4) 이러한 신탁통치안은 우리의 역사와 민족의 역량을 무시하고 또 우리 민족이 염원하는 독립을 지연시키는 것이었다.(166쪽) | 신탁통치안은 구체성이 결여되어 있었으나, 우리 민족의 자주 능력을 부인하는 것이므로 중도우파와 중도좌파에서는 받지 않도록 하여야 한다고 주장하였다. 그렇지만 그것은 임시정부를 구성한 이후 반대하여야만 민족국가 건설이 가능하다고 주장하였다. 다시 말해서 국제관계를 볼 때 현실적으로는 미·소공위가 성공해야만 민족국가 건설이 가능하였기 때문에, 오로지 임시정부 수립 이후에 있게 될 신탁통치에만 관심을 기울여 반대를 하면 통일민족국가 건설은 어렵게 될 수밖에 없었다. 이 때문에 일각에서는 분단보다는 5년 이내의 신탁통치를 받아들이는 방법도 고려해야 한다고 생각하였다. |
| 5) 이에 우리 민족은 신탁통치반대운동을 맹렬히 전개하였다.(165~166쪽) | 북의 주민과 좌익을 따르는 민중들은 대부분 반탁운동을 벌이지 않았다. 관공리, 경찰 등 친일파들이 정치적인 이해관계로 반탁운동을 벌인 점도 생각해 볼 필요가 있다. |
| 6) 광복 후, 독립정부의 수립을 고대하던 국민들은(166쪽) | 광복이라는 말도 정확히 써야 하지만, 아직 미군정 통치하에 있는데 국민이라고 쓰는 것은 부정확한 용어법이다. |
| 7) 신탁통치의 결정을 민족에 대한 모욕으로 받아들였다. 그리하여 민족지도자들이 중심이 되어 신탁통치반대국민총동원위원회를 결성하였고,(166쪽) | 신탁통치반대국민총동원위원회는 중경임시정부 측 리더십 아래 주로 중경임시정부 추대를 지지하는 우익 지도자들이 결성하였다. 중경임정 측은 중경임정추대를 주장하며 반탁투쟁을 벌였다. 곧 반탁투쟁은 중경임정 추대와 표리 관계에 있었다.[13] |
| 8) 이를 계기로 반탁운동은 전국적으로 확산되었다.(166쪽) | '남한 각지로'라고 기술하는 것이 더 정확하다. |


12) 설의식(동아일보 주간), 「'삼상'과 '반탁'은 별개 – 5호성명과 우리의 각오」, 『동아일보』 1946. 5. 4. 이와 비슷한 반탁의 전향논리에 관해서는 안재홍, 「자력 건설과 자주건국」(1946. 4. 8 방송), 『민세 안재홍전집』 2, 지식산업사, 1983, 112~116쪽 참조.
13) 서중석, 앞의 책, 308~312쪽.

| | |
|---|---|
| 9) 처음에는 공산주의자들까지 반탁운동에 참가하여(166쪽) | 공산주의자들은 처음에 모스크바삼상회의 결정을 잘 모르고, 종래에 미국이 주장하였던 신탁통치안을 반대하였으나, 반탁운동이라고 할 만한 모임을 갖지는 않았다. 그러면서도 1945년 12월 30일을 전후해서는 민족통일전선을 주장하면서 반파쇼공동투쟁위원회를 결성하여 김구·중경임정 측의 반탁투쟁에 대항하였다. 반탁투쟁은 처음부터 반소·반공 투쟁, 중경임정추대운동으로 전개되었는데, 여기에는 모략 선전도 작용을 하였다. 12월 24일경부터 『동아일보』는 반소기사를 게재하였고, 26일에 이승만은 소련이 신탁통치안을 주창하고 있다고 시사하는 방송을 하였다. 반탁운동에 큰 영향을 준 27일자 신문보도에서는 소련이 신탁통치안을 주장하고 번즈미국무장관은 이것에 반대하여 즉시독립을 주장하는 훈령을 받았다고 주장하였다. 정반대의 주장이었다.[14] |
| 10)민족적 단합의 계기가 마련되는 듯하였다. 그러나 그들은 소련의 지령에 따라 곧 태도를 바꾸어 신탁통치안을 지지하였다.(166쪽) | 1946년 1월 2일 조선공산당이 모스크바결정 지지로 선회한 이유에 대하여서는 소련의 지령설 등 여러 주장이 있다.[15] 남의 조선공산당의 지지이유와 김일성, 김두봉 등 북의 좌익의 지지이유의 차이를 포함하여 조선공산당이 지지로 선회한 이유는 여러 가지로 분석할 수 있다.[16] 조선공산당이 인민들의 민족적 감정을 무시하고 신탁통치를 찬성한 데는 소련 등 연합국에 대한 과도한 기대와 함께 현실을 도외시한 원리주의적 판단도 작용하였다. |
| 11) 이처럼 신탁통치 문제를 놓고 남한에서는 민족주의진영이 반탁운동을, 공산주의진영이 찬탁운동을 지지함으로써 좌우대립이 치열해졌고, 의견의 일치를 볼 수 없었다.(166쪽) | 찬탁과 반탁으로의 이분법은 주로 우익에서 주장하였다. 특히 북의 공산주의자들이 그러하였지만, 공산주의자들은 신탁통치를 수용하였으나, 모스크바결정을 지지한 가장 큰 이유는 임시정부 수립에 있었다. 중도좌파는 더더욱 그러하였다. 따라서 우익의 반탁과 좌익(여운형·백남운 등의 중도좌파 포함)의 모스크바결정 지지가 더 객관적인 표현이라고 볼 수 있을 것이다. |

---

14) 서중석, 앞의 책, 306~309쪽 참조.
15) 박헌영이 1946년 1월 5일 이후에야 평양에 왔다는 주장에 대해서는 중앙일보특별취재반, 『조선민주주의인민공화국』, 중앙일보사, 1992, 205쪽 참조.
16) 조선공산당의 지지 이유에 대해서는 서중석, 앞의 책, 317~321쪽 참조.

| | |
|---|---|
| 12) 한편, 북한에서는 반탁을 주장한 조만식이 소련군 당국에 의해 연금되었으며, 민족진영의 반탁운동은 금지되었다. 신탁통치안에 대한 우리 민족의 격렬한 반대운동에도 불구하고,(166쪽) | 반탁운동은 우익을 중심으로 전개되었으며, 1945년 말과 1946년 1월 초중순이 가장 치열하였다. 그 뒤 반탁운동은 1947년 초에 있었고, 그해 6, 7월에 다시 있었지만, 규모가 작았다. 1947년에 이승만은 단정운동을 맹렬히 벌였다. 이 시기 이승만의 반탁운동은 반소반공운동이자 단정운동의 일환으로 전개된 것이었다. |
| 13) 신탁통치 문제와(166쪽) | 미·소공위에서는 임시정부를 수립하기 위한 문제를 다루었고, 신탁통치 문제는 그 이후에 다루게 되어 있었다. 1946년 이후 미국은 신탁통치를 받지 않을 수도 있다고 시사하였다. |
| 14) 한국임시정부의 수립문제를 논의하기 위한 미·소공동위원회가 서울에서 개최되었다. 이때 소련 측은 찬탁을 주장하는 단체들만으로 임시정부를 수립할 것을 고집하였고,(166~167쪽) | 찬탁을 주장하는 단체라는 표현보다 모스크바 삼상결정을 지지하는 단체라고 표현하는 것이 더 적절하다. 소련이 반탁세력을 제외하자고 주장한 이유는 반탁운동이 모스크바결정을 반대하는 것이라는 점 때문이었는데, 실제로는 반탁투쟁이 반소반공운동의 형태로 전개된 것도 큰 이유였다. |
| 15) 미국 측은 모든 정치단체들을 참여시킬 것을 주장하였다.(167쪽) | 미국은 반탁운동세력 외에 급조된 유령단체까지도 일단 협의대상에 넣자고 주장하였다.[17] |
| 16) 이리하여 두 차례에 걸쳐 개최되었던 미·소공동위원회는 양측의 주장이 대립하여 아무런 성과도 거두지 못한 채 결렬되고 말았다.(167쪽) | 16) 1947년 6, 7월에 미국이 마샬플랜을 마련하고 대소봉쇄정책을 펴는 등 미·소 간의 냉전이 격화된 것이 주된 이유였으므로 이러한 점도 포함되어야 한다. |
| 17) 미·소공동위원회가 결렬되면서 독립정부를 수립하려는 우리 민족 앞에는 많은 어려움이 가로놓이게 되었다.(167쪽) | 이 기술은 적절하지만, 그러면 12)의 신탁통치안에 대한 우리 민족의 격렬한 반대운동이 있었다는 말의 해석이 문제가 될 수 있다. |

고교 교과서의 '신탁통치문제' 기술은 모스크바결정에 임시민주정부 수립을 포함시키는 등 중학교 교과서보다는 적절한 기술이 있으나, 큰 테두리에서는 비슷하다. 왜 중학교 교과서에 고급지식을 필요로 하는 이 부분에 대한 서술의 비중이 고교 교과서에서보다 큰지도 의문이다.

### 2) 기타 부분

이 절과 앞에 절에서 지적하지 않은 왜곡, 과장과 부정확한 기술·오류 등을 고찰해 보자.

* 중, 162쪽에서 우리 민족의 독립운동과 독립의지를 인정하여 연합국의 지도자들도 카이로회담과 포츠담선언에서 우리 민족의 독립을 약속하였다는 기술보다는 고, 191쪽에서 앞 부분의 전제가 없이 카이로회담에서 적당한 시기에 한국을 독립시킬 것을 결의하였고, 포츠담선언에서도 재확인되었다고 기술한 것이 비교적 사실에 더 가깝다. 카이로회담·테헤란회담에서 루스벨트는 한국을 장기간(30~40년) 신탁통치하에 둘 것을 염두에 두었던 바, 그것이 '적당한 시기'로 표현되었다. 포츠담회담에서는 한국문제가 거의 거론이 되지 않고 카이로회담에서의 합의를 재확인하는 데 그쳤다.[18]
* 고, 190쪽에서 "건국강령은 보통선거를 통한 민주공화국의 수립과 정치, 경제, 교육의 균등 등을 규정하였다"라고 기술하였는데, 중경임시정부에서 제정한 건국강령에는 "보통선거제도를 실시하여 정권을 균(均)히 하고, 국유제도를 채용하여 이권을 공히 하고, 공비(公費)교육으로써 학권(學權)을 균히"한다로 되어 있다.[19] 곧 정치의 균등이 다름 아닌 보통선거제인데, 교과서에서는 그것을 따로따로 기술하여 정치의 균등이 보통선거제가 아닌 다른 어떠한 것을 가리키는 것처럼 이해할 수 있도록

---

17) 심지연, 「미·소공동위원회연구」, 청계연구소, 1989, 359~384쪽 참조.
18) Soon Sung Cho, 『*Korea in World Politics 1940~1950*』, 캘리포니아대 출판부, 1967, 13~44쪽.
19) 권태억 외, 『근현대 한국 탐사』, 역사비평사, 1994, 291쪽.

되어 있다.

* 고, 190쪽에서 "조선민족혁명당이 이끌었던 조선의용대를 흡수하여 한 국광복군을 보강하고 항일전쟁을 더욱 적극적으로 이끌었다"라고 기술 하였는데, 조선의용대는 민족혁명당 조선청년전위동맹 및 그 밖에 여러 단체가 참여한 것으로, 그것을 포괄하는 단체는 민족전선연맹이기 때문 에[20] 논란의 여지가 있다. 이 때문에, 또 한국광복군에 참여한 병력은 조선의용대의 소수 잔류부대였기 때문에, '조선의용대 잔류뷰대를 흡수 하여'라고 기술하는 것이 더 정확하다. '항일전쟁을 더욱 적극적으로' 라는 표현도 논란의 여지가 있다.

* 고, 191~192쪽에서 미군정의 활동을 긍정적으로만 기술하였다.

* 중, 164쪽에서 이승만이 귀국할 무렵 정당이 난립하여 큰 혼란이 있는 것으로 두 번이나 기술하였는데, 그것은 하지 주한미군사령관이 인민공 화국에 대항하기 위하여 '정당은 오라'는 정책을 썼기 때문이며,[21] 실 제 이 시기에 강력한 정당은 한민당, 국민당, 조선공산당 등 서너 개였고 나머지는 거의다가 정당이라고 할 만한 것이 아니었다.

* 고, 194쪽에서 "1948년에 우리 국민의 총의에 의한 선거로 수립된 대한 민국은 역사적으로 대한민국의 임시정부의 법통을 이어받았으며, 경제 적으로는 자본주의를 기본으로 삼았다"고 기술하였는데, 1948년 5·10 선거는 남에서 최초로 치러진 보통선거였다는 점에서 역사적 의의가 크 지만, 분단 정부를 수립할 단독선거여서 반대가 많았다.[22] 또 대한민국 이 수립되기 이전에 국민이라는 말을 쓴 것도 적절하지 않다. 김구는 제 헌국회가 대한민국임시정부의 법통을 계승하지 않았다고 주장하였는 데,[23] 임시정부의 법통을 이어받았다는 부분도 논란의 소지가 있다. 법

---

20) 염인호, 『조선의용군의 독립운동』, 나남 출판, 2001, 66~75쪽 참조.
21) 최장집, 「한국의 초기 국가 형성의 성격과 구조, 1945~1948」, 『산업사회연구』 2, 1987, 92~93, 96쪽 참조.
22) 단선 반대의 여론에 대해서는 『조선일보』 1948. 4. 15 참조.
23) 『경향신문』 1948. 6. 8.

통 대신 헌법 전문에 쓰여져 있는 대로 독립정신을 계승하였다고 표현하는 것이 더 적절할 것이다. 대한민국의 헌법은 전문과 제84, 85, 86, 87, 88조 등의 경제조항에 명기되어 있는 바와 같이 사회주의적 균등의 원리를 채택한 것이었다.[24] 이것이 자유주의 중심의 자본주의로 바뀐 것은 1954년 사사오입개헌에서였다.

* 중, 169쪽에 미·소공위 결렬 후 미국이 4대국 회의를 주장하였지만, 소련이 거부하여 한국의 독립 문제를 유엔에 상정하였다고 기술하였는데, 미국의 4대국 회의 제안이나 한국문제의 유엔 이관은 분단의 절차를 밟는 조치였다. 또 9개국으로 유엔임시위원단을 구성하였다고 기술하였는데, 우크라이나공화국 등이('등'이 빠지는 것이 정확하다─필자) 거부하여 한국에는 1948년 1월에 6('8'이 정확하다─필자)개국만 왔으므로, "9개국으로 구성된"은 삭제하는 것이 적절할 것이다. 같은 쪽에서 남북협상을 북한 공산주의자들의 술책에 이용당하는 결과를 초래하였다고 기술한 것은 김규식, 김구 등이 사실상 외면한 연석회의와 김규식, 김구 등을 중심으로 하여 열린 남북협상을 구별하지 못한 데에서 나온 평가가 아닐까.

* 고, 195쪽에 미·소공위 실패 후 "이승만 등의 정치지도자들은 시급히 독립국가를 수립하여 모든 국민의 열망을 성취해야 한다고 주장하였다" 라고 기술하였는데, 뒤의 주장은 이승만의 주장으로 김구, 김규식 등의 주장과 성격이 다르다. 이승만은 단독정부를 시급히 수립하자는 것을 이와 같이 주장하였다.

* 중, 170쪽에 5·10선거로 대한민국의 제헌국회가 구성되었다고 기술하였는데, 대한민국 국호는 제헌국회에서 6월 이후 헌법 초안이 심의될 때 비로소 결정되었다.

* 고, 196쪽에 제주도 4·3사건을 공산주의자들이 일으킨 무장폭동으로 규정하고, 진압과정에서 무고한 주민들까지도 희생되었다고 기술하였는

---

24) 유진오, 『憲法解義』, 명세당, 1949, 176~177쪽 ; 서중석, 『조봉암과 1950년대』 상, 역사비평사, 1999, 338~339쪽.

데, 제주도 4·3사건의 배경이 전혀 언급되지 않았으며, 3만 명 내외의 양민이 학살된 것을 '무고한 주민들까지도'라고 표현한 것은 적절하다고 보기 어렵지 않을까. 여순사건이 과도하게 길게 서술된 것, 이 사건 기술에 양민학살을 포함시키는 문제 등도 검토해야 할 것이다.

* 중, 172쪽에서 제주도에서는 대규모의 유혈사태가 일어났다고 기술하여 고교 교과서의 그것보다는 사실에 가깝지만, 미군정과 제주 4·3사건과의 관계가 드러나 있지 않고, 제주 4·3사건이 정부 수립 이후에 일어난 것으로 이해할 수도 있게 되어 있다.

* 고, 198쪽에서 "정부는 또 농민들에게 토지를 배분해주기 위해 농지개혁법을 제정하였다(1949)"라고 기술하였는데, 정부는 1949년에 제헌국회에서 통과시킨 농민적인 농지개혁법을 소멸되었다고 통고하였다가 국회에서 다시 가결하여 보내자 할 수 없이 공포하였지만, 실시하지 않고 있다가 소장파가 제거된 이후인 1950년 1월에 개정법률안을 제출하여 국회에서 통과되었다.[25] 따라서 '정부' 대신 '제헌국회'가 더 정확한 표현일 것이다.

* 고, 198쪽에서 북에서 "토지개혁법을 제정하여 무상몰수 무상분배를 단행하였는데, 이는 실제로는 모든 토지를 국유화한 것이었다"라고 기술하였는데, 북의 토지개혁은 사유제를 기본으로 하였고, 그리하여 토지개혁 후 자작농제가 보편화되었다. 토지개혁으로 1정보 이상 2.5정보 이하를 소유한 농가가 전체의 44.3%를 차지하였고, 2.5정보 이상도 24.9%였으며, 3.5정보 이상을 소유하게 된 농민도 무려 6.3%였다.[26] 부농 또는 대농도 적지 않았던 것이다. 또 같은 쪽에서 남녀평등법을 제정해서 여성 노동력까지 산업현장에 동원하였다고 기술한 것은 과도한 표현이 아닐까. 남녀평등법은 당시의 남존여비 관습을 볼 때 중요한 의미도 가질 수 있다.

---

25) 서중석, 『한국현대민족운동연구』 2, 역사비평사, 1996, 143~153쪽.
26) 김성보, 『남북한 경제구조의 기원과 전개 – 북한 농업체제의 형성을 중심으로』, 역사비평사, 2000, 173~186쪽.

＊중, 172쪽에서 북이 "무력 남침 준비를 서둘렀다. 그들은 소련과 비밀군
사협정을 맺어 군사력을 증강시켰다"라고 기술하였는데, 이러한 기술은
대단히 반공적인 다른 국정 국사 교과서의 어디에도 나오지 않고, 현행
고교 교과서에도 나오지 않는다. 이 시기에 북은 소련과 '비밀군사협정'
이라고 할 만한 협정을 체결하지 않았다. 또 같은 쪽에서 6·25전쟁 직
전 "남한은 각지에서 발생한 소요사태와 파업 등으로 사회가 안정되지
못한 상태였으며"라고 기술하였는데, 빨치산은 동계토벌작전으로 거의
전멸상태였고, 이 시기에는 특별한 소요사태가 없었다. 또한 어용노조의
궐기대회는 있었어도 파업이라고 할 만한 것도 찾아보기가 쉽지 않다.[27]
위의 기술에 이어 "인구의 급격한 증가로 인한 식량부족으로 경제적으
로 매우 어려웠다"라고 기술하였는데, 그것은 해방 직후의 상황 기술에
적절할 것이다. 더구나 그것에 이어 "정당과 사회단체의 난립으로 정치
적으로도 불안정한 실정이었고"라고 기술한 것은 사실과 거리가 있다.
5·30선거에는 야당인 민주국민당과 여당격인 대한국민당, 그리고 사
회당, 한국독립당, 대한노농당, 민족자주연맹 등에서 후보를 냈으나, 무
소속이 압도적으로 많이 당선되었으며 중도파 민족주의자들의 진출이
눈에 띄었다.[28] 따라서 무소속과 중도파 민족주의자들의 국회 진출로
이승만정권이 정치적으로 불안정하였다고 기술하는 것이 적절할 것이
다. 이 시기 사회단체는 반관반민의 어용단체로 일사불란하게 이승만의
수족 노릇을 하였다.

＊중·고교 교과서 모두 이승만대통령이 북진통일을 외치면서 실제로는
남침 당일까지도 전쟁에 충실히 대비하지 않았고, 전쟁이 일어난 직후에
도 적절한 대책을 수립하지 않고, 전쟁 당일부터 피신할 생각을 하였다
는 점 등이 전쟁에 미친 영향은[29] 기술하지 않았다.

---

27) 한국노동조합총연맹, 『한국노동조합운동사』, 1979 해당 부분 참조.
28) 대한민국선거사편찬위원회 편, 『대한민국선거사』 1, 중앙선거관리위원회, 1973, 458~459쪽.
29) 서중석, 『조봉암과 1950년대』 하, 역사비평사, 2000, 668~676쪽 참조.

* 한국전쟁에서 미국의 역할이 제대로 기술되지 않았다. 중, 173쪽과 고, 199쪽에서 유엔안전보장이사회가 긴급소집되어 한국파병을 결의하였다고 기술하고, "미국을 비롯한 우방 16개국"(중), "미국·영국·프랑스 등 16개국"(고)이 유엔군을 구성하여 군대를 보냈다고 기술하였는데, 유엔안전보장이사회에서의 한국파병 결의안은 미국결의안이었으며, 한국전쟁에서 미군은 유엔군의 대부분을 차지하여 공군의 98% 이상, 해군의 83.8%, 지상군의 88%를 차지하였다고 할 정도로,[30] 미국의 역할은 중요하였다. 이 전쟁을 남북전쟁 또는 6·25전쟁이라고 부르는 것이 부적절한 한 가지 이유도 이처럼 이 전쟁은 미국과 중국의 역할이 지대하였고, 국제전의 성격이 강했기 때문이다. 그런데 미국의 역할을 적절히 기술하지 않고 미군을 유엔군의 한 일원으로만 기술한 것은 적절치 않다. 또 전쟁 과정을 자세히 쓰면서도 맥아더사령관에게 군사작전권을 이양하였다는 기술이 없는 것도 부자연스럽다.

* 고, 199쪽에서 "국군과 유엔군은 평양을 함락하고 그해 겨울에는 압록강까지 진격하였다"라고 기술하였는데, 압록강변의 혜산진까지 진출한 것은 11월 21일로 겨울이라는 말은 논란이 될 수 있으므로, 다른 적절한 기술을 하는 것이 더 좋을 것이다. 11월 25일부터 중국군이 대규모 공격을 가하여 미군은 대타격을 받고 급속히 후퇴하였다.[31]

* 중, 174쪽에서 국군이 압록강 두만강 부근까지 진격하였으나 - 두만강 부근까지라고 표현한 것은 과장이다. 그것은 같은 쪽에 있는 지도를 보더라도 명백하다 - 중공군이 인해전술로 밀고 내려왔다고 기술하였다. 그러나 이 시기 중국군의 병력은 18만 명 정도였으며,[32] 이 시기에는 실제 병력과 화력에서 유엔군과 국군이 더 강했고 많았다.[33] 따라서 '인

---

30) 박명림, 「한국전쟁의 전개과정」, 『한국전쟁연구』, 태암, 1990, 90쪽.
31) 박명림, 앞의 글, 106~110쪽.
32) 이광일, 「한국전쟁의 발발 및 군사적 전개과정」, 『한국전쟁의 이해』, 역사비평사, 1990, 161쪽.
33) 박명림, 앞의 글, 107쪽.

해전술'은 정확한 묘사라고 보기가 어렵지 않을까 생각된다. 중국군의 유명한 인해전술은 1951년 5, 6월 전선이 현재의 휴전선 부근에서 교착 상태에 빠진 이후에 자주 나타났다.

* 중, 174쪽의 지도에는 '중공군의 불법개입'이라는 말이 두 번 나온다. 그런데 같은 쪽의 본문에는 "뜻하지 않은 '중공군의 개입'으로"라고 쓰여 있다. 어째서 본문보다 지도에 더 긴 말이 나올까. 이유는 간단하다. 현행 중학교 교과서 필자는 1990년판에 "뜻하지 않은 중공군의 불법 개입으로"라고 쓰여진 것(165쪽)에서 '불법'이라는 말을 제외시켰는데, 편집자가 1990년판의 지도(166쪽)를 그대로 넣은 것이다. 국정 국사 교과서 편집이 얼마나 무성의하게 이루어졌는가를 보여주는 한 예다.

* 중·고 교과서 모두 한국전쟁 시기에 있었던 보도연맹원 대학살 등 당시의 학살에 대하여 언급하지 않고 있으나, 이 문제의 기술도 신중히 검토하여야 할 것이다. 더욱이 고, 199쪽에 전쟁 이전 빨치산들이 양민을 학살하였다고 쓰여진 것을 감안할 때 그러하다. 전쟁 이전 군경에 의한 양민의 학살도 상기하여야 할 것이다.

* 고, 200쪽에서 "이 전쟁으로 남한의 사상자수만 해도 150만 명에 달하였고"라고 기술하였는데, 150만 명이 군인과 민간인 모두를 포함한 것인지, 공산군 측도 포함시킨 것인지 알 수 없다. 누구를 가리키는지 명시했으면 좋겠고, 논란이 많은 부분이므로 간단히 근거를 제시해도 좋을 것 같다.

* 고, 203쪽에서 전쟁 후 이승만정부는 "미국 등 우방국가와의 외교에 힘을 쏟았다"라고 기술하였는데, 이승만정부는 일본과도 사이가 나빴고, 영국과도 사이가 좋지 않았으며, 독자적인 길을 걷는 제3세계 국가들을 적대시하였다는 점도 고려하여야 할 것이다.

* 고, 203쪽에서 전쟁기간 동안 "후방에서도 공산군의 침투를 막기 위해 계엄을 실시하였다"라고 기술하였는데, 널리 잘 알려진 1952년 5월 25일 부산에 선포된 비상계엄령(계엄사령관 원용덕)은 악명높은 부산정치

파동의 시작으로서, 명목은 공비의 침투를 막기 위해서라고 내세웠지만, 실제로는 국회의원들을 체포하는 등 국회를 압박하기 위해서였다.

* 고, 205쪽에서 "정치활동정화법을 제정하여 구정치인들의 정치 활동을 전면적으로 금지시켰다"라고 기술하였는데, 1962년 5월 30일에 발표된 정치활동정화법자 가운데 적격 판정 신청자 2,958명 중 1,336명이 '구제'되었고, 1963년에도 계속 추가 해금 발표를 하여, 대다수의 혁신계와 일부 구정치인만이 1963년에 치러진 총선에 입후보할 수 있었다.[34]

* 고, 189쪽에서 "닉슨은 베트남에서 미군을 철수하고 공산중국의 유엔가입을 승인하였다"라고 기술하였다. 그런데 중국의 유엔 가입은 1971년 10월에 이루어졌고, 미국이 베트남전의 전면정지를 발표한 것은 1973년 1월이었으며, 이해 3월 29일 미군이 베트남에서 최종 철수하였다. 레어드 미국방장관은 1972년 12월에도 북폭을 전면 재개한다고 발표한 바 있다. 따라서 '미군을 부분적으로 또는 일부 철수하고'라거나 '미군을 철수하기 시작하고'라는 기술하는 것이 정확하다.

* 고, 210쪽에서 1972년에 김일성은 "강력한 국가권력기관인 중앙인민위원회의 위원장이 되었다"라고 기술하였는데, 어디에도 이러한 사실은 나오지 않는다. 1972년의 조선민주주의인민공화국 사회주의 헌법 제7장 중앙인민위원회 제101조에는 "중앙인민위원회 수위는 조선민주주의인민공화국 주석이다"라고 쓰여 있다. 위원장이라는 직책은 보이지 않는다.

* 고, 214쪽에는 광복 직후 "북으로부터 전기 공급마저 중단되었기 때문에"라고 기술하였는데, 전기 공급 중단은 1948년 5월 14일에 발생하였다.[35]

* 고, 227쪽에서 "체육에 대해서 우리 정부는 광복 이후부터 깊은 관심을 가지게 되었다"라고 기술하였다. 원래 광복이라는 뜻은 중국에서도,[36]

---

34) 최창규, 『해방 30년사』 4, 성문각, 1976, 117~121쪽.
35) 서중석, 『남북협상-김규식의 길, 김구의 길』, 한울, 2000, 231~232쪽.
36) 光復은 舊業을 회복함(민중서관, 『한한대자전』, 1965, 126쪽), 잃었던 국권을 도로 찾음(장삼식, 『대한한사전』, 진현회관, 1979, 122쪽) 등의 뜻을 가지고 있다.

한국독립운동자 사이에서도 빼앗긴 나라를 되찾는다는 것이었으나, – 필자는 용어를 편의적으로 쓰는 것은 되도록 피하고 정확히 사용해야 한다고 생각한다. – 현행 중고교 국사 교과서에는 1945년 8월 15일 광복이 되었다고 기술되어 있다(고교 교과서 1974, 1979년판에는 광복이 아니라 해방으로 표기되어 있음). 대한민국 정부는 1948년에 수립되었으므로 위의 기술은 부정확하다고 볼 수 있다.

## 4. 중·고교 한국사 현대부문의 서술 방향

현대사는 어려움이 많았고 연구가 일천하기 때문에 국정 국사 교과서에서 현대사를 학문적, 교육적으로 제대로 서술한다는 것은 지극히 어려웠다. 당시의 상황을 반영하여 왜곡이나 착오가 생기는 것을 피하기가 쉽지 않았다. 그러나 이제는 우리도 성숙한 모습을 보여주어야 하지 않을까. 21세기 또는 새천년을 맞았다고 이야기만 할 것이 아니라, 새로운 시도가 필요하다. 이에 필자는 새 중·고교 한국사 현대사 부문의 서술 방향을 몇 가지 제안하고 싶다.[37]

가. 현대사 부문에 지면을 할애하여야 한다. 현행 고교 국사 교과서의 맨 마지막 절에는 "우리가 역사를 공부하는 이유는 단순히 지난날을 되돌아보려는 것만은 아니다. 그보다는 지난날을 되돌아봄으로써 오늘의 우리 현실을 올바로 자리매김하려는 것이며, 그것을 바탕으로 세계를 향하여 보다 적극적인 삶을 전개하려는 데에 있다"(229쪽)라는 구절이 있는데, 오늘의 현실을 올바로 자리매김하고 세계를 향하여

---

37) 이 부분은 1994년 3월 18일 서울시립대학교 대학본부 대회의실에서 기자 – 일간지 기자는 한 사람밖에 본 적이 없지만 – 등 방청인들한테 발표한 것을 뼈대로 하였다. 필자는 그때 준거안을 일일이 낭독하는 것보다는 현대사의 서술 방향을 제시하는 것이 좋겠다고 생각하였다.

적극적인 삶을 전개하는 데 더 직접적으로 중요한 시대가 바로 현대라는 점도 생각해야 하겠지만, 지금까지 현대사가 너무 심하게 왜곡되어 있고 연구되지 않은 데다가, 인문사회과학에서도 별다른 관심을 보이지 않기 때문에, 현대사 교육은 주로 역사 쪽에서 해야만 하게 되어 있다. 해방된 지 50년이 지나[38] 일제 강점 35년보다도 훨씬 긴 세월이 흘렀는데, 현대사의 비중은 미약하다. 그것은 근대와 비교해서도 뚜렷하다. 물론 교과서 발행 시기가 최근으로 올수록 현대사의 비중이 조금씩 늘어나, 1974년 고교 교과서가 근대(1863~1945년, 총 82년) 54쪽에 현대(1945~1974년, 총 29년) 12쪽으로 근대의 22%, 1979년 고교 교과서가 근대 66쪽에 현대(1945~1979년, 총 34년) 16쪽으로 24%, 1982년 고교 교과서가 근대 96쪽에 현대(1945~1982년, 총 37년) 24쪽으로 25%, 1990년 고교 교과서가 근대 100쪽에 현대(1945~1990년, 총 45년) 34쪽으로 34%, 1996년 고교 교과서가 근대 120쪽에 현대(1945~1996년, 총 51년) 46쪽으로 38%를 차지하고 있다.

지금까지 현대사가 연구되지도 교육되지도 않은 이유는 여러 가지로 고찰할 수 있는데,[39] 북한의 역사를 기술하고, 사회 · 문화 · 교육 부문을 어느 정도 기술하려면 현대사의 비중은 지금보다 훨씬 더 커져야 할 것이다.

나. 남과 북이 이해하고 화해 · 협조하기 위해서는, 그리고 통일 지향의 역사를 갖기 위해서는 북한의 역사에 대해서도 기술하여야 한다. 그 비중은 현대사의 3분지 일 또는 5분지 일 정도가 좋을 것이다. 1950년대 이후 북한에 대하여 현행 고교 교과서는 「(4) 통일을 위한 노력」에서 13행(210~211쪽)을, 중학교 교과서 역시 「4. 통일을 위한

---

38) 현행 고교 국사 교과서는 1996년에, 중학교 것은 1997년에 초판이 나왔다.
39) 현대사 연구를 제약한 조건에 관해서는 서중석, 「1980년대 이후 진보적 연구자들의 남한현대사 연구의 동향과 전망」, 『한국의 '근대'와 '근대성' 비판』, 역사비평사, 1996 참조.

노력」에서 26행(192~193쪽)이 할애되었을 뿐인데, 어째서 중학교 교과서 서술이 고교의 그것보다 두 배나 되는지도 그 이유를 알 수 없다. 특별히 유념할 것은 남과 북이 이해하고 화해 · 협조하여야 한다고 해서 현행 교과서처럼 기술하는 것은 검토를 할 필요가 있다. 한국전쟁에 관한 기술을 포함하여 어떤 사항이건 실사구시의 정신으로 기술하여야 한다.

다. 해방된 지 반세기가 지난 성숙된 모습으로 현대사를 기술하여야 한다. 그것은 철저한 실사구시 정신을 요구한다. 물론 중 · 고등학교 학생들한테 지나친 충격을 주는 문제, 역사교육의 교육적 측면 등을 충분히 고려하여야겠지만, 중요한 사실을 빠트려 역사 인식을 오도하거나 왜곡된 주장을 하는 것은 피해야 한다. 그 정도 자신도 없이 어떻게 세계를 향하여 우리의 삶을 전개할 수 있겠는가. 그런데 한국인들이 어느 정도는 성숙된 모습을 보였어야 했을 해방 50년을 맞이해서는(1995년) 연초부터 극우가 이승만 살리기에 열을 올렸고, 정부 수립 50주년을 맞이해서는(1998년) 박정희신드롬 키우기에 열을 올렸다. 그런가 하면 한국전쟁 50주년(2000년)을 맞이해서도 학문적 토론조차 별반 없었다.

라. 현대사가 가야 할 기본 방향을 민주주의와 자유, 평등, 개성이 살아 숨쉴 수 있는 다원화 사회와 복지사회, 그리고 분단체제의 극복과 통일 지향에 두어야 한다. 따라서 민주화운동을 중시하면서 이와 대립된 현상, 곧 독재 또는 권위주의 등에 대해서는 정권 홍보 차원을 넘어 객관적으로 이해하도록 하여야 한다.

마. 사회사 문화사에 큰 비중을 두어야 한다. 이것은 오늘날의 역사 흐름에도 조응하는 것이지만, 하향 평준화 사회를 지양하고, 자신이 살고 있는 사회와 문화에 대한 이해의 폭을 높이는 데도 절실히 요청된다.

바. 세계사와의 관계를 형식적으로만 강조하고 실제로는 세계사와 한국사가 따로 존재하는 것처럼 서술되기도 하였는데, 한국의 구체적인

역사와 연결하여 서술하여야 한다. 또 한국사는 세계사의 한 부분으로 세계사의 큰 흐름에 따라가게 되어 있지만, 세계사의 흐름과 일정 기간 차이가 나는 움직임을 보이기도 하기 때문에 이 점도 주목해야 한다. 왜 한국에서는 미·소의 냉전보다 좌우·남북의 갈등이 먼저 시작되고, 세계 어느 지역보다도 냉전의식이 극단적인 형태로 표출되었는가도 이해하게 하여야 한다. 한국전쟁도 세계사와의 긴밀한 관계 속에서 파악하도록 하여야 하며, 1950, 1970년대의 한국정치와 남북관계도 세계사와 관련지어 파악하도록 서술하여야 한다. 세계적 규모에서 냉전체제가 끝났는데, 왜 한국에서는 그렇지 않은가도 이해시켜야 한다. 그것은 1960~1980년대의 경제 발전이 한국에서만 나타난 현상이 아니라, 동아시아와 동남아시아에서도, 그리고 이탈리아, 스페인 등 남유럽에서도 거의 같은 시기에 일어난 현상이라는 점을 이해시켜야 한다는 것을 의미하기도 한다.

이 글을 계기로 하여 더 좋은 한국사 교과서가 만들어질 수 있도록, 이 글에 대한 비판을 포함하여 많은 논의와 비판이 있기를 바라마지 않는다.

(『역사비평』, 2001년 가을호)

# 중·고교 국사 교과서와 반공국가주의

## 1. 머리말

2001년은 3, 4월경부터 연말까지 일본 역사 교과서 문제로 많은 논란이 있었다.[1] 이 논쟁에는 정부나 학계, 언론뿐만 아니라, 한국에서건 일본에서건 많은 시민단체가 자발적으로 참여하였다. 후소샤 발행 역사 교과서의 채택이 아주 저조하였던 것은 일본 시민단체의 반대운동이 중요한 역할을 하였다. 두 나라에서 많은 시민단체가 참여하였다는 점은 과거의 일본 역사 교과서 문제와 차이를 보이는 것으로, 앞으로 한일 양국인의 연대가 여러 면에서 커질  것임을 시사한다.

지난해에 일본 역사 교과서가 논란이 되었을 때, 한국 교과서도 잘못된 것을 바로잡아야 한다는 주장이 적지 않게 개진되었다. 중·고교 한국사 교과서의 경우 논란이 된 역사는 짧지 않다. 유신정변이 일어나기 직전인 1972년 3월 대구에서 열린 '총력안보를 위한 전국교육자대회'에서 대통령

---

[1] 문제가 된 교과서는 일본의 '새로운 역사 교과서를 만드는 모임'에서 만든 후소샤(扶桑社) 발행 중학교 역사 교과서를 가리킨다. 이 역사 교과서는 일본 문부과학성에 檢定 신청을 한 白表紙本과 문부과학성 검정 절차를 밟아 발행된 교과서 모두가 문제가 되었다.

박정희는 올바른 국가관에 입각한 국사교육의 필요성을 강조하였으며, 그리하여 유신 이듬해인 1973년에 한국사 교과서의 국정화가 추진되어, 1974년 신학기부터 '국난극복과 주체적 민족사관에 투철한' 국정 국사 교과서가 사용되었다.[2] 그렇지만 이 국정 교과서는 즉각 강력한 비판에 직면하였다. 『창작과비평』에서는 특집으로 「'국사' 교과서의 문제점」을 다루었다.[3]

중·고교 한국사 교과서는 특히 '국정'이 문제가 되었다. 國定化는 이미 서슬이 시퍼런 유신치하에서 국정 교과서를 만들기 위하여 조직된 '국사교육강화위원회'(1973. 7)에서도 반대하였지만, 그 뒤로도 국정에서 검정으로 바뀌어야 한다는 주장이 끊임없이 제기되었다. 예컨대 1993년에 중·고교 '국정' 교과서의 준거안을 만들기 위하여 조직된 '국사교육내용전개준거안 연구위원회'에서는 회의 벽두부터 다수 의견으로 제시되었다.

중·고교 '국정' 교과서의 사관 또는 이데올로기나 부적절하고 부정확한 내용에 대한 비판은 중·고교 교사단체, 역사관계 학술지 등에서 계속 있었고, 교육대학원 역사관계 논문 등으로도 다루어졌다. 교육대학원 논문에는 국정 교과서의 삽화 등도 문제점으로 지적되었다. 『역사비평』에서는 제2호(1988년 봄)에서 교사좌담으로 「교육현장, 잘못된 역사인식 많다」를 다루고, 3호(1988년 여름)에서 국정 교과서 분석(남지대, 「고교 국사 교과서 근현대편의 서술과 문제점」 등)을 시도하는 등 여러 각도에서 국정 국사 교과서의 문제점을 고찰하였다.

중·고교 국사 교과서의 문제점은 2001년에 일본 역사 교과서가 논란이 되면서부터 크게 부각되었다. 역사단체와 사회단체 등으로 구성된 일본교과서바로잡기운동본부 주최 제2차 심포지엄에서는 '역사교육 정상화를

---

2) 남지대, 「고교 국사 교과서 근현대편의 서술과 문제점」, 『역사비평』 1988년 여름호, 289쪽.
3) 『창작과비평』 1974년 여름호의 이 특집에는 강만길 「史觀과 敍述體裁의 검토」, 김정배 「상고사에 대한 검토」, 이우성 「고려시대에 대한 검토」, 이성무 「조선전기에 대한 검토」, 송찬식 「조선후기에 대한 검토」 등이 실려 있다.

위한 새로운 교육과정과 교과서제도 모색'이라는 주제 아래 현행 국사 교과서와 역사교육의 문제점을 전반적으로 살펴보았다(2001. 8. 10).『역사비평』2001년 가을호에서는 170쪽에 걸쳐 역사교육과 국사 교과서 현대사 서술의 문제점을 짚었다. 한국사연구회에서는 2001년 마지막 학술발표회로 '한 · 일 역사 교과서의 문제점과 전망'을 다루었다.

한국 중 · 고교 국사 교과서에 대해서 일본에서 문제 제기가 없었던 것은 아니지만, 외국의 학술회의에서는 다루어지지 않았다. 그러나 2001년이 끝나가는 12월 22일 일본 도쿄대에서 '한일합동 역사연구심포지움 – 교과서문제'라는 제하로 열린 학술회의에서는 일본교과서 문제를 더 비중있게 다루기는 하였지만, 한국의 교과서에 대해서도 발표와 토론이 있었다.[4] 이제는 국제학술회의에서도 한국 국사 교과서 문제가 다루어지게 된 것이다. 더욱이 도쿄대 학술회의에서 한국의 역사 교과서 문제를 발표한 와세다대학의 李成市는 고대사 서술을 놓고 볼 때, 한국에서 신랄히 비판해 온 후소샤의 역사 교과서와 한국의 중 · 고교 국사 교과서는 성격이 비슷하다고 결론을 내려 한국 측 참석자들을 곤혹케 하였다. 늦었지만, 이제는 일본 교과서를 떳떳이 비판하기 위해서는 한국 국사 교과서도 철저히 분석하지 않을 수 없게 되었다.

이 논문은 한국 근현대사를 중심으로 살펴보았다. 필자가 한국현대사 전공자이기 때문이지만, 국사 교과서 중 근 · 현대사, 그중에서도 현대사가 특히 문제가 심각하고, 일본교과서와 부딪치고 있는 부분 중 근대사가 문제가 많기 때문이다. 이 글은 2001년에 나온 중학교 국사(하)와 역시 2001년에 나온 고등학교 국사(하)를 분석의 대상으로 하였다.

이 논문에서는 우선 지난해 일본 교과서에서 제기된 문제점이 국사 교과서에는 없는가를 전반적으로 살펴보겠다. 유념할 점은 비록 일본 교과서와

---

4) 이 학술회의에는 한국 측에서 역사학회 한국사연구회 등 5개 역사 단체 대표가, 일본 측에서는 조선사연구회 일본사연구회 등 5개 역사 단체 대표가 참여하였다.

국사 교과서에 쓰여진 방식이 비슷한 바가 있더라도 그것을 똑같은 위치에 놓고 비판하는 것은 신중을 기해야 한다는 것이다. 예컨대 일본 교과서에 쓰여진 고대사 서술과 국사 교과서에 쓰여진 고대사 서술이 비슷한 성격이 보인다고 하더라도, 일본과 한국은 경우가 다르다는 것을 간과해서는 안된다. 일본의 경우 고대사를 학문적 근거가 박약한데도 과장하여 서술한 것은 인종주의적인 민족우월의식의 발로에 다름 아니다. 그리고 그것은 근대에 들어와 이웃 나라에 대한 침략을 '自衛' 등으로 합리화하는 의식과 맥락을 같이한다. 그런데 국사 교과서에 고대사가 과장되어 서술되어 있는 것은 일본의 경우와는 대조적으로 일제침략기에 일본 官學者들에 의해 고대사가 심각하게 훼손된 점에 대한 비판,[5] 망국민들을 결집시키고 자긍심을 갖게 하기 위하여, 또 만주 독립운동기지 건설과 관련하여 고대사를 중시하였던 전통[6] 등이 깔려 있다. 그러나 그렇다고 해서 국사 교과서는 괜찮다는 것은 있을 수 없다고 생각한다.

이 논문은 2001년 12월 15일 한국사연구회 학술발표회에서 발표한 것을 改稿한 것이다.


## 2. 일본 역사 교과서 문제가 시사하는 국사 교과서의 문제점

후소샤 발행 일본 교과서의 문제점과 관련지어 국사 교과서 근현대사 서술의 문제점을 논의할 경우 극단적인 반공이데올로기의 소산인 분단(반공) 국가주의가 가장 큰 논란의 대상이 될 수 있다. 이 일본 교과서에서 가장 크게 문제가 되고 있는 부분이 일본 내셔널리즘 또는 일본 국가주의에 영향을 받아 일본의 침략과 만행을 은폐 또는 왜곡하고 있다는 점이다. 이 일

---

5) 김용섭, 「일본·한국에 있어서의 한국사 서술」, 『역사학보』 31, 1966, 138쪽.
6) 서중석, 『신흥무관학교와 망명자들』, 역사비평사, 2001, 59~63쪽.

본 교과서는 기존의 '自虐史觀'에 의해 일본의 영광와 역사를 '자학적'으로 이해하여 일본을 침략국가로 비판한 것을 '비판'하고, 일본인에게 자긍심 또는 우월감을 갖게 하기 위하여 쓰여졌다. 그리하여 침략을 '진주' 또는 '점령' 등으로 서술하고 731부대, 일본군 성노예, 침략지역에서의 학살 등에 대해서 쓰지 않거나 크게 축소해서 썼다. 심지어 남경대학살에 대해서도 『白表紙本』에서는 "남경을 '점유'하였다(따옴표는 필자)"라고만 표현하였다. 일본국가주의는 일본군국주의와 뗄 수 없는 밀접한 관계가 있다. 예컨대 「대동아전쟁」의 장에서 침략행위를 '大戰果', '승리' 등으로 묘사하면서, "일본의 전쟁 목적은 自存自衛의 아시아를 구미의 지배로부터 해방시키고 '대동아공영권'을 건설하는 것에 있다고 선언하였다"라고 기술하였다. 또한 『백표지본』에서 주로 공산주의자들을 탄압하는 데 적용된 치안유지법에 대하여 언급조차 하지 않았던 것도 일본극우내셔널리즘의 성격과 무관하지 않다는 점을 유념할 필요가 있다.[7]

한국의 분단국가주의는 일제의 군국주의 침략을 찬양하고 황국신민화운동에 앞장섰던 친일파들의 해방 후 활동이나 행적과 관련이 있으며, 동아시아 주민의 보편적인 연대 이념이 될 수 있는 민주주의와 대립적인 면이 있다. 극단적인 반공이데올로기인 분단국가주의를 견지하였던 유신정권 신군부정권의 정권이데올로기나 홍보수단으로서 국사 교과서가 이용된 측면이 있었던바, 그 부분이 아직도 불식되지 않았다는 점도 유의해야 할 것이다.

후소샤 발행이 아니더라도, 일본 교과서 문제가 발생할 때 자주 언급되는 부분이 일제의 한국 침략이 소홀히 취급되었거나 왜곡되어 있다는 점이다. 그런데 이 점과 관련하여 한국 교과서도 여러 가지로 문제점이 지적될 수 있다. 우선 1904년 한일의정서의 강요에서부터 1910년 일제의 강점에

---

7) 中村政則, 「일본역사교과서(扶桑社刊)에 보이는 역사서술과 역사관」, 『일본 역사교과서의 실태와 문제점』(발표문 모음집), 한국독립운동사연구소, 2001 참조.

이르기까지의 과정이 너무나 소략하게 기술되어 있다. 고교 교과서의 경우―이하 '고교'로 쓸 것임―1쪽 8줄밖에 되지 않는데(132~133쪽), 이것은 독립협회에 대한 서술의 2분의 1밖에 안된다. 을사조약 내용과 그것이 강제된 과정도, 고종퇴위 과정도, 정미7조약과 그 이후의 침탈과정도, 한일합병조약에 대해서도 조금밖에 알 수 없게 되어 있다. 옛 교과서나 개설서가 이 부분을 자세히 기술하였던 것과도 좋은 대조를 이룬다.

을사5조약 등의 내용이나 통감부에 대해서도 잘 알 수 없게 되어 있거니와, 1904년에서 1910년에 이르는 침탈과정에서 한국인이 한 역할이 거의 언급이 되어 있지 않다. 중학교 교과서에서도―이하 '중학교'로 쓸 것임―한국인에게 무척 낯익은 5적이라는 말이 나오지 않고 다만 9줄로 되어 있는 '국권의 침탈' 부분에 "일제는 이완용을 중심으로 한 친일내각에 대한 제국을 일제에 합병하는 조약을 강요"(122쪽)하였다는 문구가 들어 있을 뿐이다. 이 글에서도 이완용이 매국한 행위는 언급하지 않았다. 고교의 경우 '의병 항전의 확대'에서 나철 등이 5적 암살단을 조직하여 5적 등 매국노를 처단하려고 했다는 대목이 나올 뿐(97쪽) 정작 1904~1910년 '국권의 침탈' 과정을 다룬 곳에서는 5적이라는 말도 이완용 등 매국노에 관한 기술도 일체 나오지 않는다. 일제의 국권 침탈과정에서 한국인의 '협력'이 없었다는 것은 납득이 되기가 어려운 일이고 5적이 매국행위를 했다는 것은 다 아는 사실인데, 그것을 숨긴다는 것이 과연 교육적인 태도일까.

일제 강점기 친일파의 반민족행위에 대하여 언급이 거의 없는 것도 정상적인 것으로 보이지 않는다. 특히 일제 말에는 일제의 군국주의 침략전쟁을 '聖戰'으로 찬양하면서 내선일체를 고창하여 민족의식의 말살에 앞장선 인사들이 있었는데, 이들에 대해서는 언급을 하지 않고, '일제 측'의 황국신민화운동에 대해서만 자세히 서술하고 있다. 고교의 경우조차도 '문학활동'에서 이광수, 최남선 등이 일제에 동원되어 협력하였다는 구절(182쪽)이 유일하다. 해방 후의 친일파 처단과 탈식민화에 대해서도 소략하다. 1945~1970년대의 정치와 사회를 설명하는 데 친일파 문제를 제외한다면 제대로 한국현대사가 이해될 수 있을까.

여러 일본 교과서에서 일본군 성노예를 제대로 다루지 않았다고 항의하였는데, 그 점은 국사 교과서도 비슷하다. 중학교에 "이때 여성까지도 정신대라는 이름으로 끌려가 일본군의 위안부로 희생되기도 하였다"(151쪽)라고, 고교에 "여자들까지 정신대라는 이름으로 끌려가 일본군의 위안부로 희생되기도 하였다"(136쪽)라고 둘다 다 앞 문장에 附隨하여 쓰여져 있을 뿐이다. 두 교과서의 서술이 거의 똑같다는 점도 유의할 필요가 있다.

일제의 침략과 관련하여 '수탈', '약탈' 등의 표현이 많이 나오는 것은 약화시키는 것이 좋을 듯하다. 일제 침략하에서 산업화가 이루어졌다는 점을 기술하고 있지만, 예컨대 고교 「2. 민족의 시련」에서 (2)의 제목이 경제약탈로 되어 있고, 하부 소제목이 '토지의 약탈', '산업의 침탈', '식량의 수탈'로 다 되어 있고 내용도 그렇게 되어 있는 것은 지나치게 단순화시켜 역사를 이해하게 하는 것이 아닌가 하는 지적을 받을 수 있다. 이 부분과 관련하여 역사를 동태적으로 이해할 수 있도록 경제문제건 사회문제건 변화의 측면에 유의하여 서술할 필요도 있다. 사소한 것이지만, 교과서에서 '마음대로'와 같은 표현은 안 쓰는 것이 좋을 것 같다. 고교 '국권의 피탈' 132쪽에는 "또, 한국정부를 위협하여 일본군이 전략상 필요한 지역을 마음대로 사용하고" "그러나 실제로는 협약에도 없는 군부, 내부, 학부, 궁내부 등 각 부에도 일본인 고문을 두어 한국의 내정을 마음대로 간섭하였다"라고 쓰여 있다. 134, 135쪽에도 '마음대로'라는 표현이 잇달아 나온다.

'민족'이라는 말이 많이 나오는 것도 생각해 볼 필요가 있다. 고교의 경우 상권이건 하권이건 머리말에 한국사 교육의 방향을 세 가지로 제시하였는데, "첫째, 민족사는 주체적으로 이해하여야 한다", "둘째, 민족사는 발전적으로 이해하여야 한다", "셋째, 민족사는 구조적으로 이해하여야 한다"(각각 1~2쪽)로 되어 있다. 한국인은 상대적으로 단일성이 강하고 대체로 한국사는 민족사와 일치되기 때문에 민족사 또는 민족이라는 말을 쓰는 것이 부당하다고 볼 수는 없지만, 객관적인 서술과 관련하여 신중히 사용할 필요가 있다. 위의 머리말은 민족사 대신 한국사라는 말로 바꾸는 것이 낫지 않을까. 현대사의 경우 중학교의 것은 '8·15광복'이라는 제목의 소절로 시작되는데, 16행에 민족이라는 말이 7번 나왔다(162쪽). 고교도 똑같은 제목의 '8·15광복' 12행 서술에 무려 10회나 사용되었다(190~191쪽).[8]

한국은 베트남파병을 논외로 한다면 외국을 침략하지는 않았다. 그렇지만 일제강점기에 일어난 萬寶山事件(1931) 때의 화교 박해와[9] 같이 외국인에게 위해를 가한 일이 있는 것은 어디엔가 기술되어야 할 것이다. 또 베트남전쟁과 관련하여 중학교에 "일본과의 관계를 개선하여, 한·일협정을 조인하였다(1965). 그리고 공산침략을 받고 있는 베트남을 지원하기 위해 국군을 파병하기도 하였다"(176쪽)고 서술한 것이나, 고교에 "일본과의 국교를 정상화함으로써(1965) 한국, 미국, 일본의 3국 관계에 새로운 협력체제를 이룩하였고, 공산주의의 침략을 받고 있던 베트남을 지원하기 위하여 국군을 파병하였다(1965)"(210쪽)라고 서술한 것은 달라져야 할 것이다.

---

8) 민족이라는 말을 많이 사용하였다고 하여 민족주의자라고 보는 데에는 어려움이 따른다. 열등의식이 개재된 부분도 있다고 생각되며, 사대주의 또는 외세의존성을 은폐하기 위한 것으로 이해될 수 있는 부분도 있다. 한말 일제의 침략이나 일제 말 황국신민화운동, 군국주의 침략전쟁과 관련하여 친일파를 비호하는 행위, 분단체제를 옹호하는 듯한 서술 등은 민족주의와 거리가 있다. 민족이 남한의 주민만을 가리키는 뜻으로 사용된 경우도 있다. 서중석, 「냉전체제와 한국 민족주의의 위상」, 『한국독립운동사연구』 15, 2000 참조.

9) 만보산사건은 일제의 만주침략(9·18만주사변) 전야에 발생한 사건으로 일제의 만주 침략 책략과 연관이 있다. 한국인이 만주에서 박해를 받고 있다고 하여 반감이 고조되고 있던 터에, 만주 장춘 부근의 만보산 三姓堡에서 한국인의 수전 개간을 위한 用水路 공사 중지를 중국농민이 요구하면서 충돌이 발생하였던바, 이 사건이 국내에 과대하게 보도되고 유언비어가 난무하면서 한국인이 각지에서 화교를 습격하였다. 인천에서는 7월 2일부터, 서울에서는 3일부터 수차례에 걸쳐 화교를 습격하였다. 평양에서는 수천 명이 방화하고 상점을 파괴하였다. 화교에 대한 폭행은 부산, 원산, 신의주, 의주, 안변, 사리원, 개성, 해주, 진남포, 공주, 황주, 흥남 등 전국 각지에서 일어났다. 이 폭동으로 인한 중국인 사망자 수는 자료마다 다른데, 리튼보고서에는 사망자 127명, 부상자 393명, 재산피해액 250만 圓 정도로 나와 있다. 한국인은 1명이 사망하였다. 方友淸, 「朝中人충돌사건의 원인과 진상보고」, 『彗星』 1931. 8 ; 朴永錫, 「만보산사건연구」, 아세아문화사, 1978, 98~101쪽 ; 昭和史硏究會, 『昭和史事典』, 일본 東京 講談社, 1984, 114쪽.

## 3. 정부의 무성의

정부는 '국정 국사 교과서'를 계속 고집했지만, 교과서를 제작하는 데 성의는 기울이지 않았다. 국사 교과서가 한번 제작되면 5년 또는 그 이상에 걸쳐 수백 만 명의 중 · 고교 학생들이 사용하여야 하는 것인데도 불구하고 얼마나 무성의하게 만들어졌는가는 곳곳에서 볼 수 있다.

국사 교과서와 일본 역사 교과서를 펴보면 연표, 지도, 사진 등 각종 삽화에서 한국 것이 성의가 부족하다는 느낌을 갖지 않을 수 없게 한다. 삽화에서 한국 것이 얼마나 성의가 부족한가 몇 가지 예를 들어보자.

고교 교과서(상)에서 첫 번째로 나오는 연표에는 선사시대와 국가 형성기의 연대가 실려 있는데, '다른 나라' 란에 웬일인지 중국 것만 들어 있다(12쪽). 그렇지만 이 책에서 두 번째로 나오는 고대사회 연표에는 '다른 나라' 란에 서양, 중국, 일본 것이 고루 들어 있다(38쪽).

또 다른 예를 보자. 중학교 3쪽에서 58쪽 사이, 고교 11쪽에서 64쪽 사이에는 두 교과서에 '남한산성 수어장대', '탕평비', '조선후기의 상업과 무역활동'(지도), '정약용'(초상화), '北學議'(서적 앞면) 등 똑같은 것이 무려 5개나 들어 있다. 이 밖에 내용은 다르지만 '모내기' 와 '市場圖' 도 중복되어 들어간 느낌을 준다. 각각 다르기는 하지만 '대동여지도' 와 '청화백자' 가 두 교과서에 모두 들어가 있고, 정선과 신윤복의 그림, 민화도 그렇다. 그런가 하면 중학교 62쪽에 '이양선' 이라고 하여 들어간 똑같은 사진이 고교 73쪽에는 '미국군함 콜로라도호(신미양요)' 라고 쓰여 있어 혼란까지 일으키고 있다.

그렇지 않아도 중학교 교과서와 고교 교과서가 별 차이가 없다는 비판을 지금까지 무수히 들어왔다. 그리고 그러한 잘못된 교육이 한국사 교육을 기피하게 하는 한 요인으로 지적되었다. 그런데 내용뿐만 아니라 지도, 사진 등 삽화까지 똑같거나 비슷한 것이 많다는 것은 국사 교과서 저작 당국이 얼마나 무성의한가를 단적으로 말해 준다 하겠다. 문제는 한국의 문화가 어떠한 수준이길래 유일 국정 교과서에 중복되는 것이 그렇게 많느냐는 생각을 학생들에게건 외국인에게건 줄 수 있다는 점이다. 한국문화가 그렇게도 빈약할까. 중학교 129쪽에는 '2·8독립선언서'가 들어 있는데, 똑같은 것이 고교 144쪽에도 수록되어 있다. '대한독립선언서', '3·1독립선언서' 등 여러 독립선언서가 있는데도 왜 두 교과서에 같은 독립선언서를 넣어 독립운동 이해의 폭을 좁혀놨을까.

한국사를 빈약하고 왜소하게 만든 주범이 정부라는 것은 두 교과서의 서술 편집에서도 나타난다. 근대로의 이행시기를 소제목만 보면, 중학교는 '흥선대원군의 개혁정치'·'병인양요'·'신미양요와 척화비'·'강화도조약'·'개화사상의 보급'·'개화정책의 추진'·'위정척사운동'·'임오군란'·'갑신정변' 등으로, 고교는 '흥선대원군의 정치'·'병인양요와 신미양요'·'강화도 조약과 개항'·'각국과의 조약 체결'·'개화정책의 추진'·'위정척사운동의 전개'·'임오군란의 발발'·'개화당의 형성과 활동'·'갑신정변과 그 의의' 등으로 되어 있다. 목차만 가지고 볼 때, 중학교에는 '개화사상의 보급'이 짤막하게 들어가 있고, 고교에는 '개화당의 형성과 활동'이 비교적 길게 들어가 있으며, 두 글이 위치가 다르다는 것을 제외하면 대동소이함을 알 수 있다. 아무리 이 시기의 주된 역사흐름이 위와 같기 때문에 두 교과서가 비슷할 수밖에 없다고 하더라도, 관계 부문 연구자들이 머리를 맞대고 논의를 할 수 있게 하였더라면 상당 부분 달라질 수 있지 않았을까.

현대사의 첫 부분인 해방 3년 시기를 보자. 중학교에는 '8·15광복'·'국토의 분단'·'미군정하의 남한'·'북한의 공산화'·'신탁통치문제' 등으로, 고교에는 '광복직전의 건국준비 활동'·'8·15광복'·'국토의 분단'·'신탁통치문제' 등으로 되어 있다. 중학교에 들어 있는 '미군정하의 남한'·'북한의 공산화'가 오히려 고교에는 빠져 있어 놀라운 감을 주지만, 고교 교과서를 넘겨보면 '건국 초기의 국내정세'·'북한정권의 수립'이라는 제목으로 다른 항목에 들어가 있어 양자의 차이는 '편집기술' 정도가 아닌가 하는 생각이 들게 한다. 두 교과서에 차이가 있다면, 고교에 '광복직전의 건국준비 활동'이 들어 있는 정도가 아닐까.

주지하다시피 근대로의 이행기와 해방은 어쨌든 한국사회를 혁명적으로 변화시켰다. 해방의 경우 민족혁명이 일어난 것이었을 뿐만 아니라, 사상 처음으로 제한적이지만 민주주의체제를 갖게 되었고, 인간의 기본권과 여성의 권리가 상당 부분 보장되었다. 경제적으로도 커다란 변화를 보였다. 그런데 해방 이후의 혁명적인 변화에 대해서 거의 서술이 없고 – 실제는 부정적인 서술이 대부분이다 – 좌우합작운동 등 주체적인 민족통합운동과 개혁운동에 대해서도 언급이 없으며, 친일파 · 극우반공세력의 퇴행적 활동에 대해서도 역시 언급이 없다. 현대사에 대해서 긍지를 갖기도 어렵고 사실과 진실을 배우기도 쉽지 않은 것이다.

성의와 노력을 다하여 제작하여 학생들이 호감을 가질 수 있는 교과서가 되어야 할 터인데 그렇게 되지 못한 것은 정부의 무책임성, 관료주의, 그와 연결된 예산 관련 정책 때문이다. 교과서를 정성을 기울여 만들기 위해서는 예산의 뒷받침이 있어야 한다. 준거안을 만들거나 교과서집필을 의뢰하였을 때, 다른 부분도 그러하겠지만, 특히 현대사는 제대로 기술하기 위해 많은 전문적 노력이 동원되어야 한다. 현대사는 사회 · 문화 · 학술 부문의 준거안이나 교과서 집필을 할 때, 해당 부문 전문가들의 도움을 받지 않으면 안되게끔 되어 있다. 또 사학계에서건 정치학계에서건 현대부문 준거안이나 집필의뢰는 책임대표를 포함하여 3~5인에게 상당한 기간을 주어야만 수준이 있는 것이 나올 수 있게 되어 있다. 그런데 교과서 전체 준거안 작성 전문가에게 지급되는 총비용이 학술진흥원에서 한두 사람이 받을 수 있는 연구비밖에 안되는 수준이라면, 어떠한 준거안이 생산될지는 짐작하기가 어렵지 않을 것이다. 또 한 시대를 한두 사람에게 집필을 의뢰하면서 일반 언론사 원고료의 절반도 안되는 비용을 지불하려고 한다면, 그 교과서에서 무엇을 기대할 수 있을까. 지도, 사진, 연표 등 삽화도 마찬가지다. 충분한 비용을 지불해야만 국내외를 돌아다녀 채집하고 힘들여 작성해서 훌륭한 삽화가 들어갈 수 있다.[10]

따지고 보면 예산도 관료주의와 연결되어 있지만, 교과서의 서술과 삽화의 배치는 관료주의를 반영하는 면이 많다. 앞에서 중학교와 고교의 것이 소제목 등이 비슷하고 삽화가 똑같거나 비슷한 것이 많다고 지적하였는데, 이것도 무사안일의 관료주의와 무관하지 않다. 또 앞에서 일본군 성노예나 베트남파병에 대한 서술이 두 교과서가 같거나 비슷한 것을 유의하여 보았는데, 현대사의 경우 이처럼 두 교과서가 서술이 비슷한 것을 찾아내는 것은 시간이 걸리는 일이 아니다.

중학교 것과 고교 것이 소제목에서 서술까지 같은 것이 많을 뿐만 아니라, 현행 교과서가 1990대 전반기에 사용하였던 것과 비슷한 것이 많은 것도 정부와 관료주의에 책임을 물어야 할 것이다.

1974년 교과서는 문교부가 지은이 겸 펴낸이로 되어 있다. 이른바 국정 교과서인 것이다. 그런데 1979년 교과서는 저작권자는 문교부이지만 편찬자는 국사편찬위원회 1종 도서연구개발위원회로 되어 있고 그 점은 현행 교과서도 마찬가지다. 혹자는 국사편찬위원회 1종 도서연구개발위원회가 편찬자이기 때문에 국정 교과서가 아니라고 주장하기도 한다. 그렇지만 중고교 국사 교과서는 한 가지 종류밖에 없으며 검정 교과서가 아니라는 점에서, 그리고 저작권자가 문교부 또는 교육부로 되어 있다는 점에서 사실상 국정이라고 볼 수밖에 없다. 또 편찬하는 방식은 바뀌었다고 볼 수도 있겠지만, 문교부가 편찬자일 경우와 실질적으로 차이가 있느냐면 그렇다고 답하기가 어렵게 되어 있다. 단적으로 말해서 교과서의 서술은 1974년의 경우처럼 필자들한테 집필을 의뢰하지만, 집필 의뢰를 받은 필자는 당국이 제시한 틀 안에서 서술을 하지 않으면 안되게끔 되어 있다. 현대사의 경우 연구가 진행되는 것에 따라 사실이 새롭게 밝혀진 것이 적지 않고 집필 의뢰를 받은 필자가 중시하는 부분이 있는데도 불구하고, 그리고 현대사의

---

10) 신병철, 「국정 국사 교과서 개발 과정과 국정 교과서 제도의 문제점」, 『역사교육 정상화를 위한 새로운 교육과정과 교과서제도 모색』(발표문 모음집), 일본교과서바로잡기운동본부, 2001, 5쪽 참조.

중간 틀-예컨대 「1. 현대사회의 성립」이나 「2. 대한민국의 수립」 등-안에서 그것을 기술하는 것은 무방할 것 같은데도 불구하고, 당국이 제시한 틀에 그것이 나와 있지 않으면 서술하기가 어렵게 되어 있다. 이것은 한국적 상황과 밀접한 관계가 있는 관료주의와 깊숙이 연관되어 있다.

필자가 다른데도 불구하고, 중학교와 고교 것뿐만 아니라, 1990년대 전반기에 나온 교과서와 2001년에 나온 현행 교과서도 같거나 비슷한 것이 적지 않다. 근대사뿐만 아니라, 바뀌어야 할 부분이 많을 수밖에 없는 현대사도 그러하다.

1990년에 초판이 나온 고교 현대사의 첫머리 「(1) 대한민국의 수립」은 '건국준비 활동', '민족의 광복', '국토의 분단', '신탁통치문제', '대한민국정부의 수립' 등 5개의 소제목으로 나뉘어 있다. 그런데 1996년에 초판이 나오고 2001년에 발행된 고교 현대사의 「(2) 한국의 현대사회」-다른 단원과 마찬가지로 (1)은 동시대의 세계사를 다루고 있다-는 '광복 직전의 건국준비 활동', '8·15광복', '국토의 분단', '신탁통치문제' 등 4개의 소제목으로 나뉘어 있고 '대한민국 정부 수립'은 다음 절로 넘어가 있다. 두 교과서가 '대한민국 정부 수립'의 위치를 다르게 배치한 것을 제외하고는 실제로 같은 것을 알 수 있다. 이 틀 안에서는 해방의 역사적 의미나 좌우합작운동·남북협상 등은 자신의 영역을 차지할 수 없게 되어 있다.

1990년대 전반기의 교과서와 후반기의 교과서가 틀만 같은 것이 아니라, 서술도 비슷한 것이 많다. 전자에 나오는 '건국준비 활동'의 맨앞 부분 두 문단은 후자의 '광복직전의 건국준비 활동'에서는 세 문단으로 구성되었는데, 글자 한 자도 틀리지 않게 똑같다. 당국이나 필자의 판단이 작용하였겠지만 어떻게 필자가 다른데도 글자가 한 자도 틀리지 않게 똑같을 수 있을까. 더욱이 이 부분은 임시정부에 대한 과대 평가로 비판받을 수 있는데 말이다.

두 교과서는 그 다음 항목인 '민족의 광복'과 '8·15광복'의 서술에서도 비슷하게 서술되어 있다. 전자는 현대사 전공이 아닌 역사학자가 서술하였고, 후자는 현대사를 전공한 정치학자가 서술하였는데, 그리고 1990년대 이전과 이후의 해방 3년사 연구는 양적으로나 질적으로 큰 차이가 있는데,[11] 내용이 별 차이가 없다.

상황이 크게 바뀌었는데도 교과서가 그 이전의 것과 비슷한 것은 그러한 상황 변화에 가장 민감하다고 볼 수 있는 통일문제에서도 확인된다. 전자는 「(4) 통일을 위한 노력」에서 '적극 외교의 추진' · '북한의 변천' · '통일정책의 추진' 등으로 나누었는데, 후자도 거의 똑같이 「(4) 통일을 위한 노력」에서 '적극 외교의 추진' · '북한의 변화' · '통일정책의 추진' 등으로 나누었다. 두 교과서의 서술도 비슷한 것이 많다. 어느 것이나 박정희 유신정권, 전두환 신군부정권 등 1970년대 이후 역대 정권의 통일정책을 자세하게 서술하고 있지만, 이들 정권의 통일정책에 대한 비판은 찾아볼 수 없고, 야당이나 종교인 등 민간인의 통일운동이나 통일을 위한 활동도 찾아볼 수 없다. 그 반면 '북한의 변천', '북한의 변화'에서 북의 체제를 신랄히 비판하면서 북의 통일정책은 소개하고 있지 않다는 점도 특징이다.

1980년대 말 1990년대 초는 동유럽에서 사회주의체제가 몰락하고, 소련도 해체되어 냉전시대가 끝난 시기로 말해진다. 한국에서도 1987년의 6월민주대항쟁 이래 민주화가 급속히 진행되었으며, 통일운동과 통일논의가 활발히 전개되었고, 남북기본합의서가 채택되었으며, 남과 북이 유엔에 가입하였다. 이렇게 중요한 변화가 있었는데도 냉전시대의 반공이데올로기나 정권 홍보 차원의 서술이 담긴 교과서를, 1996년도 그렇지만, 6 · 15 남북정상회담이 있은 뒤인 2001년의 교과서도 답습하였다면 교사들이나 학생들이 답답하다고 생각하지 않을까.

냉전 이데올로기 또는 극우반공 이데올로기의 산물인 분단국가주의는 1990년대 이전의 교과서건 1990년대 전반기의 교과서건 근현대사 서술에, 특히 현대사 서술에 짙게 배어 있다. 이러한 교과서가 세계적 차원에서

---

11) 한국역사연구회 엮음, 『한국역사입문』 3, 풀빛, 1996, '제7편 현대사회' 참조.

냉전이 사라지고, 민주화가 크게 진전되고 남북관계가 의미 있게 변화한 시점인 1996년 이후에도 통용되고 있는 데에는 관료주의가 큰 몫을 한 것으로 판단된다. 중 · 고 두 교과서가 무성의한 편집이 적지 않고 비슷한 체제나 서술이 많은 것, 또 1990년대 이전의 것과 1990년대 전반기의 것, 1996년 이후의 것이 체제가 비슷하고 서술 또한 같거나 비슷한 것이 많은 것은 저작권자가 기획이나 비용의 뒷받침 등에서 무성의하였기 때문이기도 하지만, 더 큰 이유는 앞의 교과서를 따라서 하기만 하면 적어도 '사건'이 일어나지는 않을 것이 아니겠느냐는 무사안일주의와 무관하지 않은 듯하다. 예컨대 극우적 언론한테 지적을 받거나 표적이 되어 당하면 자신만 손해가 아니겠느냐는 기회주의적인 태도를 포함하여, 적당주의 또는 무사안일주의로 막중한 책임을 떠넘기려는 자세가 수준이 낮고 시대에 뒤떨어진, 그래서 교사와 학생이 싫증을 내기 쉬운 교과서를 제작하게 한 주요 요인의 하나인 것이다.


## 4. 정통론, 반공국가주의와 관련하여


반공이데올로기 또는 분단국가주의는 현대사뿐만 아니라 근대사에도 적지 않게 드러나 있다.

현행 교과서는 독립운동사 기술에서 그 이전의 것보다 진일보한 부분이 있다. 고교의 경우, 3 · 1운동 서술에서 그 이전 교과서와는 달리 운동의 확산을 3단계로 나누고, "두번째는 학생, 상인, 노동자층이 참가함으로써 시위운동이 도시로 확산된 단계이다. 학생들이 주도적 역할을 하였고, 상인, 노동자들이 만세 시위, 파업, 운동 자금 제공 등의 방법으로 적극 호응한 시기였다"(145~146쪽)라고 서술한 것은 3 · 1운동을 이해하는 데 도움을 줄 뿐만 아니라, 3 · 1운동, 나아가 독립운동의 폭을 넓혀 독립운동사 전체를 풍부하게 하였다.

그렇지만 낯설게 느껴지는 대목도 있다. 1994년 발행 고교 교과서에는 '3·1운동의 의의'에 "3·1운동을 계기로 상하이에 대한민국임시정부가 수립되었는데"(138쪽)라고 쓰여 있는데, 2001년 고교 교과서에는 역시 '3·1운동의 의의'에서 "3·1운동을 계기로 상하이에 정통정부인 대한민국임시정부가 수립되었는데"라고 하여 '정통정부'라는 말을 넣었다. 교사나 학생들은 갑자기 나온 이 말에 의아스럽게 생각하지 않을까. 정통정부가 대한민국임시정부라면 도대체 비정통정부는 무엇을 가리킬까. 분단국가주의와 밀접히 연관되어 있는 정통론에 너무 과잉 반응을 보이다 보니까 이같이 어색한 표현이 삽입된 것이다.

대한민국임시정부는 독립운동사에서 중요한 위치에 있지만, 과대한 서술은 오히려 임시정부 이해에 방해가 될 수 있고, 독립운동사의 폭을 좁혀 근대사를 빈약하게 만들 우려가 있다. 우선 체계가 문제다. 고교의 경우 「(2) 대한민국 임시정부의 수립과 활동」 부분에 1990년대 전반기의 교과서에는 나오지 않는 1930년대 초의 '한인 애국단의 활약'을 포함시켜 놓았다. 그리고는 「(3) 학생항일운동」이 나오고, 이어 「(4) 항일독립전쟁」을 기술하였는데, 이 (4)절 첫머리에 한인애국단의 활동시기와는 동떨어진 1910년대의 '독립운동기지의 건설'이 들어 있다. 또한 이 (4)절에는 '애국지사들의 항일의거'가 소절로 들어 있는데, 의열단과 한인애국단 등 주로 테러 등의 방법으로 의열투쟁을 전개한 독립투쟁을 서술하였다. 그리하여 또다시 '한인애국단의 활약'이 설명되고 있다. 1990년대 전반기 교과서처럼 한인애국단의 활동을 '애국지사들의 활동' 또는 '애국지사들의 항일의거'란에 비중을 두어 서술하면 될 일을 임시정부를 과도하게 중시하다보니까 이와 같이 체계가 어수선해진 것이다. 또 1910년 '독립운동기지의 건설'은 당연히 맨앞에 들어가야 한다.

지나치게 대한임시정부를 중시하고 진보적 민족주의자를 경원하다 보니까 '오해'를 받을 수 있는 서술도 하였다. '애국지사들의 항일의거'에서 김원봉이 이끈 의열단과 김구의 한인애국단이 활동이 두드러졌다고 기술하였으면서도, 그 뒤에서는 "국내에서의 의거로는 총독을 저격한 강우규, 종로경찰서에 투탄한 김상옥, 그리고 총독부에 투탄한 김익상과 동양척식회사에 투탄한 나석주 등의 활동이 유명해졌다"라고 기술하여 투탄자들이 어느 단체에 속해 있었는지 알 수 없게 하였다. '한인애국단의 활약'에서 윤봉길 등의 소속단체를 밝혔으면 마땅히 김상옥, 김익상, 나석주 등이 의열단에 속해 있었다는 것도 밝혀야 하지 않았을까. 의열단의 투탄 활동은 이 밖에도 많이 있었고, 1920년대 후반에는 장개석이 교장이었던 황포군관학교에 100명 가까운 의열단원들이 입학하여 1930년대 후반 이후 중국관 내에서 무장력을 형성하는 데 중요한 역할을 한 것을[12] 쓰지 않은 것도 독립운동의 역사를 크게 축소한 것이다. 무엇보다도 임시정부가 무력해져 침체 상태에 처해 있을 즈음인 1932년에 한국독립당 · 조선혁명당 · 의열단 등이 대일전선통일동맹을 조직하고, 1935년 의열단 · 한국독립당 · 조선혁명당 · 신한독립당 · 대한독립당 등이 해체하여 독립운동자들의 숙원이었던 민족 大黨인 민족혁명당을 조직하여 독립운동을 크게 진작시켰던 사실이[13] 전혀 기술되지 않았고, 1942년에 의열단 중심으로 축소된 조선민족혁명당이 임시정부에 참여하여 좌우합작정부로서 임시정부의 위상을 크게 높인 것도 일체 언급하지 않은 것은 독립운동을 '국정 교과서'가 그 만큼 훼손한 것이다.

　일제 강점기 독립운동은 민족주의자, 사회주의자, 무정부주의자 등에 의하여 이루어졌다. 사회주의자들은 무엇보다도 우선하여 민족해방운동을 전개하였고, 사회주의의 실현은 그 뒤에 이루어져야 하는 것으로 판단하였다. 많은 독립운동자들이 민족해방운동을 전개하는 유력한 수단으로 사회주의를 신봉하였고 소련의 지원을 기대하였다. 또한 사회주의와 무정부주의 등은 민족주의와 함께 이 시기 독립운동 이념에서 빼놓을 수 없는 위치에 있다. 1920년대와 그 이후에 청년운동과 농민 · 노동 · 형평 · 여성운동

---

12) 朴泰遠, 『若山과 義烈團』, 白楊堂, 1947 ; 염인호, 『김원봉연구』, 창작과비평사, 1993.
13) 강만길, 『조선민족혁명당과 통일전선』, 和平社, 1991 ; 김영범, 『한국근대민족운동과 의열단』, 창작과비평사, 1997.

등 사회운동이 활발히 전개되는 데 사회주의가 미친 영향은 지대하였다. 그럼에도 불구하고 교과서에서는 사회주의자나 무정부주의자들의 활동, 사회주의 등이 독립운동과 사회운동 등에 미친 영향에 대해서는 빈약한 서술밖에 하지 않았다. 신채호도 말년에는 무정부주의자였지만, 무정부주의자들의 의열투쟁에 대해서는 언급이 없고, 사회주의는 여기저기 끼워넣기 식으로 들어가 있으며 부정적 인상을 주려는 의도가 엿보인다. 이는 분단 국가주의에 얽매여 있기 때문이다.

먼저 사회주의운동은 분열을 일삼는다는 부정적 서술이 주목된다. 신간회 해체에 대해서도 그러한데, 사회주의운동의 전반적 평가와 관련되어 있는 고교 교과서의 서술을 보자.

> "사회주의운동은 그 노선에 따라 이해를 달리하는 계열이 있어 마찰과 갈등이 심화되어 갔고, 더욱이 민족주의운동과는 사상적인 이념과 노선의 차이로 인해 대립이 격화되어 민족운동 자체에 커다란 차질을 초래하였다."(162쪽)

사회운동의 경우 사회주의의 역할이 거의 언급되어 있지 않거나 이해하기가 쉽지 않게 쓰여 있으며, 부정확한 기록도 있다. 고교 163쪽에서 "1920년대 초에 사회주의사상이 유입된 이후 청년단체들은 민족주의계열과 사회주의계열로 나뉘었다. 이와 같은 청년운동의 분열을 수습하기 위하여 조직된 것이 조선청년총동맹이었다"라고 서술한 것은 사실과 다르다. 1922년에 민족주의계열의 청년조직은 크게 약화되었고, 사회주의계열의 서울청년회계가 주도권을 잡았던바, 사회단체의 대통합기였던 1924년에 서울청년회계와 조선공산당의 주류가 되는 화요회계의 청년단체 등이 만든 단체가 조선청년총동맹이었다. 한편 '농민운동' 란에서는 "전국적인 농민조직은 조선농민총동맹의 결성이 효시였다(1927)"(167쪽)라고 쓰여 있다. 이 단체가 사회주의계 단체라는 언급이 없는 것도 문제지만, 이 서술도 '오해' 받을 수 있다. 1922년경부터 농민·노동단체 주도권은 사회주의계열로 넘어갔거니와, 1924년에 한국 역사상 초유의 전국적 농민·노동단체로 조선노농총동맹이 탄생하였다. 사회운동에서 중요한 위치에 있는 이 단체는 사회주의운동의 진전에 따라 1927년에 농민총동맹과 노동총동맹으로 분립되었다. 그런데 노·농총동맹과 노동총동맹은 언급이 되지 않고 농민총동맹만 언급한 것이다.

고교에서 신간회가 '민족유일당운동'이란 소제목으로 여성운동, 소년운동 뒤에 배열되어 있는 것도 납득하기 어렵지만, 근우회 관계 인물로 金活蘭만 나와 있는 것(165쪽)도 공정하지 못하다. 김활란은 곧 근우회에서 물러났고, 사회주의자들이 근우회의 주도권을 잡았으며, 許貞淑은 근우회 간부로 광주학생운동에서 맹활약을 하였다. 조선어학회 활동에서 잊을 수 없는 인물인 李克魯도 빠져 있다. 6·10만세운동에서 중요한 위치에 있는 조선공산당이 언급되지 않는 등 사회주의세력의 관련이 부정확하게 처리되었지만, '광주학생항일운동'에서 사회주의계 활동을 전혀 서술하지 않은 것도 생각해 봐야 한다. 1929년 11월 광주에서 일어난 학생운동에도 사회주의계 조직이 중요한 역할을 했지만, 그해 12월에서 다음해 3월까지 서울을 비롯해서 전국적으로 규모가 큰 학생운동이 조직적으로 일어난 것은 일제자료와 여러 연구가 명백히 말해 주듯 '조직'이 있었기 때문이었다.[14] 일제 강점기에 어쨌든 중요한 역할을 하였던 조선공산당에 대하여 언급이 없는 것은 편파적이라는 비판을 받을 것이다. 조선독립동맹과 조선의용군에 대해서는 두세 줄이라도 언급했는데, 1930년대 만주항일빨치산 활동에 관하여 기술이 없는 것은 역시 옹졸한 처사로, 독립운동사를 축소시켰다.

중학교건 고교건 현대사 서술은 분단국가주의의 영향을 받은 서술이 너무 많다. 필자는 이 부분에 대해서 이미 비교적 상세히 분석한 바 있으므로,[15] 이 글에서는 몇 가지만 기술하기로 하겠다.

---

14) 조선총독부 경무국 편, 『광주항일학생사건자료』, 일본 : 名古屋 風媒社, 1979 ; 金貞和, 「1920년대 중반 이후 학생운동 연구 – 광주학생운동을 중심으로」, 『한국독립운동사연구』 13, 1999.
15) 서중석, 「국사 교과서 현대사 서술, 문제 많다」, 『역사비평』 2001년 가을호.

분단국가주의의 영향을 가장 많이 받은 부분이 해방 3년 시기의 서술이다. 해방 직후 "공산주의자들의 사회 교란으로 각지에서 유혈충돌이 빚어지기도 하였다"(고교, 192쪽)라는 식의 표현이나, 신탁통치에 관한 비교적 긴 서술(중학교 165~167쪽, 고교 192~193쪽)도 그러하지만, 남한까지 공산화하려고 했다는 표현의 중복 사용도 눈에 거슬린다. 고교 교과서 195쪽에는 "이미 소련은 북한에서 공산주의자들에 의한 사실상의 정부를 세워 통치체제를 확립하였으며, 이를 남한으로 확대하려고 노력하였다" "소련은 남한까지도 공산화하려 하였기 때문에", 198쪽에는 "북한에 진주한 소련군 당국자들은 북한에 공산주의정권을 수립하고, 나아가 남한까지도 공산화하려고 하였다" "북한공산주의자들은 남한을 공산화하려고 남침 준비 작업에 들어갔다"라고 쓰여 있다. 위와 같은 기술은 유신독재정권으로부터 귀가 아프게 들었던 말인데, 2001년에도, 그것도 제한된 지면에 여러 페이지에 걸쳐 중복하여 사용할 필요가 있을까. 북한에 관한 서술은 대개가 위와 같은 논조에서 벗어나 있지 못하다.

도대체 남북기본합의서를 주고받았고 유엔에 남과 북이 가입한 지 10년이 되었는데도, 북의 정식 국호까지 알 수 없게 교육시키는 것이 얼마나 설득력이 있을까. 중학교 171쪽에는 "1948년 9월에는 북한공산정권이 수립되었다"라고 쓰여 있고, 고교 198쪽에는 "북한의 공산주의자들은 소련의 지시로 북조선인민위원회를 인민공화국으로 고치고 정부의 수립을 선포하였다(1948. 9)"라고 기술하여 인민위원회와 인민공화국을 同格으로 놓았을 뿐만 아니라, 마치 북조선인민공화국으로 고친 것처럼 썼다. 그렇지만 1974년 유신시기에 나온 최초의 고교 국정 교과서에도, 역시 유신시기인 1979년 고교 교과서에도 '소위 조선민주주의인민공화국'이라고 쓰여 있다(각각 226, 293쪽). 역사의 후퇴도 이만저만이 아니다.

1987년 6월민주대항쟁 이래 제주도에서의 대학살, 전쟁 발발 직후 자행된 보도연맹원 대학살, 1950년 말과 1951년 초 11사단에 의하여 저질러진 고창, 함평, 거창, 산청, 함양 등지에서의 민간인 학살 등 주민집단학살

(genocide)에 대한 진상조사가 이루어지고 있고, 일부는 명예회복을 위한 입법화도 이루어졌지만, 최대 비극의 하나인 이러한 주민집단학살에 관하여 교과서가 어떻게 서술하였을까는 짐작할 수 있을 것이다. 그런데 고교 197쪽에는 '반공의거와 공산폭동'이라는 제목으로 지도가 들어 있다. 이 지도에는 '영등포 좌·우 노동자 충돌. 1947. 1. 25', '단천백호단 반공의거 계획. 1948. 3. 30' 등과 같이 전문가들한테도 낯선 것들이 있지만, 그 중에 '신천반공의거. 1950. 10. 13'가 눈에 띈다. 신천은 북한지역에서 제일 큰 규모의 학살이 있었던 곳이다. 북한은 신천군에서 중국군의 공격에 의해 미군 등이 철수할 때까지 10월 18일부터 전 주민의 4분의 1에 해당하는 3만 5천여 명이 학살되었다고 주장하고 있으며,[16] 아우슈비츠 수용소를 모방한 큰 전시관을 만들어 놓았다. 최근에 나온 황석영의 소설 『손님』은 바로 기독교계 반공청년들에 의하여 저질러진 신천대학살을 증언에 토대를 두어 쓴 것인데, 여러 가지 정황으로 보아 이곳에서 반공청년에 의한 대규모 학살이 있었던 것으로 판단된다. 그런데 교과서 지도에 반공교육용으로 '신천반공의거, 10. 13'만 들어갔다는 것은 어떻게 보아야 할까. 또한 이 지도는 부정확한 것까지 포함하여 1990년대 전반기 고교 교과서에 실린 지도(177쪽)와 똑같다는 점에서 앞에서 지적한 관료주의를 엿볼 수 있게 한다.

분단국가주의는 정치·경제·통일 부문에 관한 서술뿐만 아니라, 교육과 학술활동의 서술에서도 어렵지 않게 발견된다. '문예활동'을 보면 1945~1960년까지의 경우 좌익 문화 예술계에 대한 비난이 대부분이고, 한국인들한테 낯익은 전쟁문학이나 휴전 이후의 문학과 예술 활동에 대해서는 언급이 없는 실정이다.

몇백 만 명의 학생이 사용하는 교과서의 경우 오식이나 맞춤법이 틀린 것이 나와서는 안된다. 더구나 부정확한 주장이나 오류가 실린다는 것은

---

16) 『조선전사』 26, 과학·백과사전출판사, 1981, 129~132쪽.

용납되기 어렵다. 그렇지만 중학교나 고교나 현대사는, 해방 직후에서부터 한국전쟁에 이르는 시기의 서술이 더욱 심하지만, 틀린 것이라고 인정되는 부정확한 기술이 많고 명백히 틀린 것도 적지 않다. 특히 좌익이나 북한에 대한 기술은 부정확한 기술, 틀린 기술 외에도, 반공이데올로기에 의해서 왜곡되어 있거나 공정치 못하다고 볼 수 있는 기술이 아주 많다. 이 시기는 반드시 기술하여야 할 사항을 기술하지 않음으로써 사실을 왜곡하여 전달한 경우가 많다는 점도 각별히 주목할 필요가 있다. 필자는 중학교의 경우 '신탁통치문제' 기술에서 부정확하게 기술되었거나 문제를 삼을 수 있는 부분이 17개 항목이나 된다고 주장한 바 있다.[17] 이상하게도 중학교보다 오히려 서술 분량이 적은 고교의 '신탁통치' 경우 부정확하거나 왜곡된 기술은 지면 관계로 논외로 하더라도 틀린 부분이 적지 않음을 알 수 있다.

> * 모스크바 삼상회의에서 결정한 신탁통치는 "실제로 우리 민족에게는 식민지 지배와 크게 차이가 없는 것"(192쪽)이라고 서술하였다. 신탁통치는 그 내용이 어떻든 수천 년간 독립국가를 영위해 온 한국인으로서는 받아들이기 어려운 것이므로 반대해야 했지만, 일제의 식민지 지배와는 크게 달랐다. 모스크바삼상회의 결정은 먼저 한국인의 민주주의임시정부를 수립한 뒤(1항), 미·소공동위원회의 신탁통치 방안 제안은 미·영·중·소 정부의 공동심의를 받기 전에 임시정부와 협의하도록 되어 있다(3항). '후견'으로도 알려진 모스크바결정의 신탁통치조항은 그 내용이 아직 결정되지 않은 것으로 애매모호하였다. 이 때문에 임시정부의 활동이나 능력에 따라 융통성이 많을 수 있었고, 그 점에서 유엔헌장에 규정된 신탁통치와도 달랐으며, 원래 구상하고 모스크바회의에 제안하였던 미국안과도 다른 것으로, 임시정부  역할이 크게 부각된 것이었

---

17) 서중석, 앞의 글, 169~172쪽.

다.[18] 이 때문에 커밍스는 모스크바삼상회의 결정은 신탁통치에 관한 협정이 거의 아니라고 단정하였고,[19] 이승만과 한민당이 미 · 소공위에 협조할 의향을 보였을 때, 『동아일보』는 신탁통치는 4개국 심의를 거치게 되어 있을 뿐만 아니라, 장차 수립될 조선임시정부와 협의하도록 했기 때문에 삼상회의 결정과 반탁은 별개라고 주장하였다.[20]

* "이 소식이 전해지자 전국적으로 신탁통치반대운동이 치열하게 전개"되었다(193쪽)라고 서술하였다. 해방직후 전국은 한반도 전체를 가리켰는데, 북한에서는 일부 지역에서 반대운동이 약하게 있었다. 남한의 반탁운동도 지역마다 차이가 많았다.

* 미 · 소공위에서 한 소련의 주장은 "신탁통치를 지지하는 공산당만을 임시정부 수립에 참여시키려는 의도였다"(193쪽)라고 서술하였는데, 이것은 명백히 오류다. 소련은 여운형 등 중도좌파뿐만 아니라, 모스크바삼상결정을 중요시한 김규식 등 중도우파도 임시정부에 참여하는데 동의하였다.[21] 이와 유사한 연립정부의 구성은 비슷한 시기 동유럽에서도 있었다. 공산당만으로 임시정부를 구성한다는 것은 있을 수 없는 주장이다.

위의 세 가지 사항은 모두다 분단(반공) 국가주의와 연결되어 있다. 이하에서는 북한 국호 등 지금까지 제시한 것을 제외하고, 그 밖에 고교 교과서에서 오류로 인정되는 것을 제시하겠다.

---

18) 崔相龍, 『미군정과 한국민족주의』 나남, 1988, 203쪽 ; 이완범, 「한반도신탁통치문제 1943~1946」, 『해방전후사의 인식』 3, 한길사, 1987, 228~229쪽.
19) 커밍스, 『한국전쟁의 기원』, 프린스턴대 출판부, 1981, 217쪽.
20) 薛義植(동아일보 주간), 「'삼상'과 '반탁'은 별개 – 5호성명과 우리의 각오」, 『동아일보』 1946. 5. 4.
21) 제1차 미 · 소공위 개막을 앞두고 소련 수석대표 슈티코프가 소련공산당 중앙위원회에 제출한 임시정부 각료 후보는 여운형이 수상, 김규식 박헌영이 부수상, 김일성이 국방상으로 되어 있다. 김성보, 「소련의 대한정책과 북한에서의 분단질서 형성, 1945~1946」, 『분단 50년과 통일시대의 과제』, 역사비평사, 1995, 88~90쪽.

* 189쪽. "닉슨은 베트남에서 미군을 철수하고 공산중국의 유엔가입을 승인하였다" - 중국의 유엔 가입은 1971년 10월에 이루어졌는데, 미국이 베트남전 전면 정지를 발표한 것은 1973년 1월이었고, 이해 3월 29일 미군이 베트남에서 최종 철수하였다.

* 190쪽. "건국강령은 보통선거를 통한 민주공화국의 수립과 정치, 경제, 교육의 균등 등을 규정하였다" - 건국강령은 "보통선거를 실시하여 政權을 均히 하고, 국유제도를 채용하여 利權을 公히 하고, 公費교육으로써 學權을 均히 한다"라고 되어 있다. 곧 보통선거제가 정치의 균등을 의미하는 것으로, 보통선거와 정치의 균등이 따로 설정된 것이 아니었다.

* 197쪽. 지도 '반공의거와 공산폭동'에 '서울철도소요사건. 1946. 9. 23'이라고 쓰여 있다 - 서울철도파업은 9월 24일부터 있었고, 부산철도파업은 9월 23일부터 있었다. 많은 논문과 저서에서 9월총파업이라고 부르는 것을 서울철도소요사건이라고 쓴 것도 이상하다.

* 198쪽. "(북이) 토지개혁법을 제정하여 무상몰수 무상분배를 단행하였는데, 이는 실제로는 모든 토지를 국유화한 것이었다" - 북의 토지개혁 법령과 여러 연구 논문에 쓰여진 대로 사유제가 원칙이어서 토지개혁 이후에도 부농이 적지 않았고 大農도 있었다.

* 205쪽. "정치활동정화법을 제정하여 구정치인들의 정치활동을 전면적으로 금지시켰다" - 1962년 5월 30일에 발표된 정치활동정화법 해당자 중 적격판정 신청자 2,958명 가운데 1,336명이 '구제' 되었고, 그 이후에도 계속 추가 解禁이 있어 다수가 1963년의 대선과 총선에 참여하였다.

* 210쪽. 1972년에 김일성이 "강력한 국가권력기관인 중앙인민위원회의 위원장이 되었다" - 북의 1972년 헌법 제7장 중앙인민위원회 제101조에는 "중앙인민위원회 首位는 조선민주주의인민공화국 주석이다"라고 되어 있다. 중앙인민위원회 위원장이란 직제는 없다.

＊214쪽. 광복 직후 "북으로부터 전기공급마저 중단되었기 때문에" – 전기 공급 중단은 이 교과서에서 의미한 광복 직후가 아니라, 1948년 5 · 10 선거가 치러진 직후인 5월 14일에 발생하였다.[22]

필자는 두 가지 이유 때문에 위의 7개 항목을 제시하였다. 하나는 위의 7가지 사항 중 1과 5를 제외하면 직접적 · 간접적으로 분단국가주의나 정통론 또는 반공이데올로기와 관계가 있다는 점이다. 다른 하나는 놀라운 일이지만 위의 7군데 중 3군데가 1990년대 전반기 교과서의 오류를 그대로 글자조차도 거의 틀리지 않게 답습한 것이라는 점이다. 곧 2는 1990년대 전반기 교과서의 172쪽에 글자 한 자 틀리지 않게 나와 있으며, 3의 지도는 이 교과서 177쪽의 것과 똑같다. 6은 이 교과서의 186쪽에 거의 비슷하게 기술되어 있다.

분단국가주의의 영향을 받다보면 부정확하거나 틀리게, 그리고 왜곡해서 기술하기가 쉬운데, 또한 분단국가주의는 관료주의와 뗄 수 없는 관계를 맺고 있다. 바로 이 점이 중 · 고교 교과서 근현대사 편집과 서술 문제점의 핵심이 어디에 있는가를 말해 준다고 하겠다.

## 5. 전망

중고교 역사교육은 전망이 밝지만은 않다.

제7차 교육과정에 따르면 2003년부터 고교 2학년 학생들은 한국지리, 세계지리, 경제지리, 한국 근현대사, 세계사, 법과 사회, 정치, 경제, 사회 · 문화 등 9개 과목 가운데 둘 내지 세 과목을 이수하도록 되어 있다. 2003년부터 고교에서 한국 근현대사가 선택으로 바뀐 것이다. 일선교사

---

22) 1항에서 7항에 이르는 사항의 근거는 서중석, 앞의 글에 나와 있기 때문에 생략하였음.

들한테 물어보면 일본과는 달리 한국에서는 한국 근현대사를 선택할 학생들이 많지 않을 것이라고 말한다. 그리고 약화된 세계사 교육은 한층 더 약화되어 전반적으로 역사교육이 부실함을 면치 못할 것으로 내다보고 있다.

현행 고교 교과서는 머리말에서 "역사는 실제로 가까운 때의 모습일수록 보다 생생하게 우리의 가슴에 전달된다"(1쪽)라고 지적하고, 맺음말에 해당하는 「(4) 세계속의 한국」에서 "역사를 공부하는 이유는 … 지난날을 되돌아봄으로써 오늘의 우리 현실을 올바로 자리매김하려는 것이며, 그것을 바탕으로 세계를 향하여 보다 적극적인 삶을 전개하는 데에 있다"(229쪽)라고 피력하였다. 이 말을 따른다면 근현대사와 세계사는 중요한 과목임에 틀림없다. 또 근현대사는 앞으로도 계속하여 야기될 일본 교과서 문제와 가장 많이 부닥치고 있다. 이 때문에도 일본 교과서 문제에 대하여 적극적이고 주체적으로 대응하기 위해서는 근현대사를 선택에서 필수로 바꾸고 한국사 교육을 강화하여야 한다는 여론이 각계에서 제기되었으나, 정부는 아무런 반응을 보이지 않고 있다.[23]

더 중요한 것은 우리 역사에서 일제강점기, 해방 후의 어려움 등으로 가장 많이 훼손되고 왜곡되었으며, 기성세대건 피교육층이건 교육이 가장 안된 부분이 근현대사 그중에서도 현대사 부분이라는 점이다. 이 점은 각별히 유의하여야 한다. 또한 한국은 산업화 과정 등의 특징으로 어느 나라보다도 미국·일본·중국 등 세계 각국에 많이 나가 있고, 그러한 나라들과 밀접한 관련을 갖고 있는데도, 그러한 관련의 기본 바탕인 자신의 문화나 근현대사에 관한 이해가 매우 천박하여, 대외 관계나 외국 생활에서 창조적인 활동을 하는 데 기본적 제약이 되고 있다. 일본이 왜 세계사를 필수로 가르치고 일본사를 필수나 다름없이 가르치도록 유도하고 있는가를 한국 정부에서는 곰곰히 생각해 봐야 할 것이다. 근현대사는 유럽이나 북미처럼

---

23) 그 반면 유신체제 및 국민교육헌장과 뗄래야 뗄 수 없는 관계에 있는 국민윤리가 김대중 정부에 의해 필수로 지정되었다는 것은 도저히 이해하기 어려운 일이다.

동아시아에서 경제공동체를 형성하고 동아시아 민중들과 각종 연대 활동을 벌이는 데도 기본적인 지적 바탕이 될 수 있다.

근현대사와 관련하여 검정제도도 우려할 점이 있다. 우선 지금까지의 교과서 제작 관행을 볼 때 과연 공정하게 검정할 수 있을까가 우려된다. 또 필자들이 한쪽으로 치우쳐 서술할 가능성도 있다. 그렇지만 근현대사 검정에서 가장 크게 우려되는 것은 관료주의 등이 작용하여 이름만 검정이지 현행 교과서와 차이가 없고, 그래서 획일성을 벗어나기 어려운 교과서를 만들어내도록 요구하지 않을까 하는 점이다. 제7차 교육과정의 「근현대사 준거안」은 제6차 교육과정의 그것과 별차이가 없다. 장 · 절 단위의 제목도 그렇고 서술항목조차도 비슷하다.[24] 그 점은 준거안보다 구속력이 더 강할 것으로 보이는 제7차 교육과정에서도 확인된다. 예컨대 제7차 교육과정의 내용 체계 중 '민족독립운동의 전개'를 보면, '민족의 수난', '독립운동 결사의 조직', '독립운동 기지의 건설', '3 · 1운동', '대한민국임시정부', '6 · 10만세운동', '광주학생항일운동', '의열단과 애국단', '한국광복군' 등으로 되어 있다. 현행 교과서와 거의 차이가 없다. 그리고 현대사는 '8 · 15광복과 국토의 분단', '신탁통치반대운동', '미 · 소 공동위원회', '대한민국정부의 수립' 등으로 되어 있다.[25] 좌우합작운동 · 남북협상 등 중요한 것이 빠져 있는 것도 문제지만, 이렇게 구체적인 소절 제목을 제시하며 서술을 하도록 요구하는 것은 관료주의가 아니라면 이해가 되지 않는다. 이렇게 규제를 하면 학계의 중요한 연구 성과를 반영하기가 어렵고, 당국이 기피하는 부분이나 극우언론에 의해 논란이 될 수 있는 것은 서술할 수가 없다. 또한 지금까지의 준거안 작성이나 집필과정이 보여주었듯이 검정위원회의 구성이나 운영에서도 소극적인 방식으로 대응하려고 할 가능성이 많으며, 회의비 등 각종 비용을 낮게 책정하여 제대로 심사하

---

24) 지수걸, 「제7차 교육과정 '한국 근현대사' 준거안의 문제점」, 『역사교육 정상화를 위한 새로운 교육과정과 교과서제도 모색』, 2001, 14쪽.
25) 교육부, 「고등학교 교육과정 해설 – 사회」, 『교육부 고시 1997-15호』, 2001, 173~174쪽.

지 못하게 되는 결과를 가져올 가능성이 있다. 준거안이나 교육과정은 기본적인 틀만 제시하여, 다양한 시각과 생동감 있는 역사 서술이 되도록 배려하고, 검정주체도 개인이 아닌, 관련 학술단체 등에 배분하는 방식 등을 고려하여야 한다는 일선교사의 목소리를[26] 정부는 경청해야 할 것이다.

정부는 집필자나 발행주체에 과감히 연구비를 지급하는 방식을 고려할 필요가 있다. 근대사도 그러하지만, 현대사의 경우 정치사, 경제사도 연구가 되지 않았지만, 정부가 제시한 사회·문화의 여러 테마는 학술적인 연구가 아주 빈약하다. 집필자나 발행주체가 예컨대 학술·교육·언론·문학과 예술·종교·체육 등(교육부, 앞의 책자에 따랐음)의 반세기 역사를 잘 모르는데도 서술하는 만용을 부리지 않도록, 그래서 각 방면의 전문가들로부터 충분한 도움을 받을 수 있도록 하자는 것이다. 이와 같이 교과서를 만들 때에 비로소 교사나 학생들은 관심이나 흥미를 가지게 될 것이다.

제7차 교육과정의 준거안이나 교육과정을 볼 때 북한에 대한 서술은 분량도 현행교과서와 비슷하고 서술 내용도 분단국가주의에 의하여 왜곡된 현행 교과서와 다름이 없을 듯하다. 현행 고교 교과서는 머리말 앞 부분에서 "역사는 사실을 바탕으로 하는 학문이다. 따라서 과거에 있었던 사실은 부끄럽다고 하여 은폐할 수 있는 것이 아니며, 자랑스럽다고 하여 과장할 수 있는 것도 아니다. 그것은 거짓으로 역사를 꾸밀 수 없기 때문이다"라고 지적하였다. 앞으로의 교과서에는 이 원칙이 지켜져야 한다. 한국의 수준이 그 정도는 되었다고 보기 때문이기도 하지만, 실제로 남한 학자에 의한 북한사 연구는 남한사 연구보다 더 잘되었다고 필자는 생각하고 있다. 이들 북한사 전공자들은 공정하고 적절하게 북한 역사를 서술하고 검정할 것이다.

근현대사는 특히 세계사와 관련지어 설명하여야 한다. 역사교육의 기본 방향이 폭넓은 교양인이 되도록 하여 현재와 같은 수준을 넘어서서 한국과 세계를 이해하도록 함으로써 창조적이고도 적절하게 한국과 외국에서 활

---

26) 신병철, 앞의 글, 5~7쪽.

동할 수 있도록 하는 것이라면, 한국과 세계와의 관계에 대한 교육 비중이 커져야 한다. 이 점에서 현행 교과서의 틀을 과감히 벗어나는 방안을 검토할 필요가 있다.

한국사 교육은 정부나 학계에서 많은 노력을 기울여도 어렵게 되어 있다. 薄土의 문화 풍토를 반영하여, 근현대사 이해가 결핍된 상태에서 과도한 탈근대론 · 탈민족론이 '인기'를 얻고 있다. 인터넷에의 열중은 역사적으로 사물을 성찰하는 것을 방해하는 면이 있다. 세계화에의 몰주체적 추수도 그러하다. 북한의 느린 변화나 개혁, 짜증이 나지 않을 수 없는 북한 지도층의 행태도 역사에 대한 무관심을 증폭시키고 있다. 한국 사회는 장래성이 없으며, 바람직한 사회가 아니라는 생각을 많이 하고 있는 점도 걱정된다. 한 여론조사에 의하면 우리 사회가 살기 좋은 사회인가라는 질문에 대해 '그렇지 않다'고 답변한 사람이 무려 77.8%, 기회가 된다면 이민 갈 생각이 있는가라는 질문에 대해 '그럴 생각이 있다'는 답변이 50.8%(20대는 67.1%)였다.[27] 이런 상태에서 한국사와 문화에 관심 갖기는 어려울 것이다.

단절적이고 분절적인 근현대사 인식도 문제다. 일반인들만 그러한 것이 아니고 학계, 아니 역사학계에서도 그러하다. 고중세사 연구자뿐만 아니라 근대사 연구자도 현대사를 잘 모르고 관심을 갖지 않는 경우가 많다. 그런가 하면 현대사와 관련이 깊은 정치학자나 사회학자 등 사회과학도나, 인문학이 병들어가고 있다고 고통스러운 목청을 내는 인문학자들도 근대사를 잘 모르고 있고, 또 접근하려고 하지도 않는 듯하다. 그렇다고 이들이 자신이 살고 있고, 학술활동의 직접적인 대상일 수 있는 현대사는 잘 아느냐면 그렇지도 않다. 역사교육의 위기는 학계에서부터 비롯된 것은 아닐까.

(『한국사연구』 116, 2002)

---

27) 『동아일보』 2001. 4. 12.

# 2부

역사교육 · 국민 · 여성

정현백

# 역사교육과 평화교육의 만남
## - 서독의 사례를 중심으로

### 1. 문제제기

2000년 6월 15일 「남북공동선언」이 발표되면서, 한국 현대사는 새로운 국면에 접어들었다. 이웃 국가의 국민보다도 우리에게는 더 낯설고 먼 존재, 아니 보다 정확히 말하자면 우리를 가장 위협하던 '적'으로 간주되던 북한 사람들이 이제는 함께 공존해야 할 동포로 인식되기 시작하였다. 물론 보통의 국민들에게는 이런 급작스런 변화가 가져다 준 혼란도 적지 않았다. 정상회담 기간 동안 그간 '뿔 달린 괴물'로 간주되었던 김정일위원장이 별안간 브라운관의 스타로 떠오르기 시작하였고, 초등학교 학생을 둔 부모나 교사들은 어쨌든 이 급작스런 변화의 간극을 메워주어야 했다. 정부 차원에서 혹은 NGO단체들을 중심으로 '남북화해'와 '평화공존체제 실현'을 슬로건으로 하는 통일교육이 활발하게 일어나기 시작하였다. 더불어 민간단체를 중심으로 한 통일교육에는 평화교육적 요소가 첨부되었는데, 여기에서는 편견의 해소, 상호 존중, 다름의 수용, 상호대화와 협력, 남북 문화의 공존, 타협과 양보의 수용, 관용과 갈등해소 테크닉 등이 강조되었다.[1]

---

[1] 서구적인 평화교육에 가장 가까운 프로그램을 시행하고 있는 곳은 한겨레신문 통일문화재단에서 하고 있는 '남북어린이 어깨동무' 프로그램이다. 여기에서는 시청각 자료와 함께 '문화

　　그러나 이렇게 통일과 평화교육이 강조되는 다른 한편에서는 2000년의 일 · 미가이드라인 체결이라든지 미국에 의한 ABM조약의 폐기나 MD체제와 같은 대규모 미사일설치계획 등이 잇따라 발표되고 있다. MD체제가 현실화될 경우, 남한에는 다시 미사일이 배치되고, 동북아에도 신냉전시대가 도래할 가능성이 크다. 이런 대규모의 군비체제 강화 시도에 대해서 소수의 통일운동이나 평화운동단체를 제외하고는 그 심각성을 인식하는 경우는 드물다. 다시 말하면 언론이나 국민의 '평화에 대한 감수성'은 거의 부재한 실정이다. 한편으로 통일의 열망과 열기는 뜨거우면서도 핵심적인 평화이슈에 대해서는 '불감증'을 드러내는 혼란상이 우리 정치의식의 현주소이다.

　　이 글은 1970~1980년 사이에 활발하였던 평화연구나 평화교육의 다양한 실험을 서독 역사학계나 역사교육학자들이 수용하면서, '역사적 평화교육'을 이론적으로 정리하고 실천으로 옮기고자 하였던 노력들을 소개하고자 한다. 이런 역사가와 역사교육학자들의 시도는 냉전기의 막바지에 일어난 평화운동과 그 엄청난 대중적 지지에 힘입어 등장한 점에서는 21세기 초두에 있는 우리 현실에 비추어 분명 '역사적 비 동시성'이 존재하는 것이 사실이지만, 그것이 전달하고자 하는 문제의식에 있어서만은, 우리 현실의 요구에도 절실히 부응한다는 점에서, 서독 평화교육의 관점과 방법론을 국내에 소개하는 것은 여러모로 시사적인 의미가 있다고 생각한다. 특히 현행의 통일교육이 남북 간의 화해 · 공존이라는 협소한 틀에 초점이 맞추어진 채, '인류사회가 공동으로 직면한 심각한 재앙의 극복'이라는 문제의식과는 거리를 두고 있다는 점에서 평화교육에 대한 소개의 필요성은 더욱 절실해진다. 이 글에서는 1) 서구를 중심으로 일어난 평화연구와 평화

---

이해지'를 통한 북한 이해교육을 실시하고 있다. 이를 위하여 이장원, 『참교육과 남북화해 시대의 통일교육, 전교조 남북화해시대 통일교육자료집』과 이장원, 「통일 · 평화교육의 실례: 학교 통일교육」, 『평화를 만드는 여성회 21세기 한반도 평화 · 통일교육 방법론과 프로그램 개발을 위한 국제 심포지엄 자료집』, 2000. 11. 7, 32~55쪽 참조.

교육의 문제의식과 독일에서의 수용 그리고 이에 상응하는 독일 역사학계의 변화조짐들, 2)역사적 평화교육의 관점과 이를 둘러싼 논쟁, 3)역사적 평화교육의 구체적 내용과 방법론을 주로 소개하고자 한다.

## 2. 평화연구, 평화교육 그리고 역사학

평화연구는 1950년대 중반부터 미국에서 시작되었는데, 이는 위기를 막고 전쟁을 방지하기 위해서는 신속하고 우수한 무기를 개발해서 위협(Abschreckung)을 통해 적의 도발을 사전에 저지하려는 전략에 기초하고 있었다. 다시 말하면 이는 군사적, 과학적 기술의 우위, 나아가서는 보다 큰 파괴력을 갖춘 핵무기를 갖추는 것을 통한 평화보장론이었다. 그러나 이는 갈등을 해결하기보다는 조정하거나 통제하는 안보 전략적인 평화연구였고, 이를 통해서는 근본적으로 갈등 해소는 불가능하였다. 특히 60년대 말의 베트남전쟁은 그간의 평화연구에 대한 비판을 가속화시키는 역할을 하였다.[2]

1960년대 말부터 노르웨이의 요한 갈퉁(Johan Galtung), 독일의 디터 셍하스(Dieter Senghaas)와 프리츠 빌만(Fritz Vilman) 그리고 덴마크의 헤르만 슈미트(Herman Schmid) 등의 평화연구가들은 그간의 안보 전략적 평화연구가 제국주의적 학문이라 주장하고, 비판적 사회과학의 관점에서 평화연구를 시작하였다. 특히 이 분야에서 발군의 역할을 한 인물은 갈퉁이다. 그가 평화연구에 끼친 중요한 공헌은 평화를 '전쟁이 일어나지 않은 상태'로 파악하는 기존의 소극적 개념에서 한걸음 나아가 '적극적인 평화(positive peace)개념'을 내세운 점이다. 그에게 있어서 평화란 '폭력이 없는 상태'를 의미하는데, 여기에서 폭력이란 물리적 · 직접적 폭력 외에

---

2) 이삼열, 「세계평화운동의 역사적 전개와 방향」, 『평화운동의 동향과 평화연구의 과제』, 숭실대 기독교사회연구소 주최 제1차 평화학술심포지엄 자료집, 1999. 11. 25, 56~58쪽.

도 구조적인 폭력을 포함한다. 즉 구조적인 폭력이란 가해자가 좀체로 드러나지 않고, 개인에 의해 행해지기보다는 사회구조 자체가 가하는 것이다. 갈퉁의 '구조적 폭력'의 개념에는 전쟁만이 아니라 핵 문제, 가난과 기아 문제, 생태계 파괴, 성차별 문제, 인종차별 문제 등이 포함된다.[3] 2차 대전 이후 지구상에는 150여 개의 전쟁이 일어났고, 여기서 죽은 자는 3천만 명이 넘었다. 또한 해마다 4천만 명 정도의 사람들이 기아나 그와 관련된 질병으로 죽어가고 있다. 이는 매일 점보제트기가 300대 이상 충돌하여 전원 사망했을 때의 수치와 같다. 미국 공군 단독 예산만 해도 일본을 제외한 아시아, 아프리카, 남미의 12억 명의 어린이를 위한 전체 교육예산을 능가한다. 바로 이런 수치들은 구조적 폭력과 군비가 얼마나 직접적으로 연루되어 있는가를 보여주는 수치이다.[4] 이런 평화연구의 조류는 독일 역사교육학계에도 영향력을 끼치게 된다.

1960년대 말, 1970년대 초 탈냉전정책과 군축의 분위기 그리고 저항운동의 중심이 원자력발전소 반대운동에 두어지면서, 독일에서의 평화연구와 평화교육은 그리 큰 진전을 보지 못하였다. 또한 구조적 폭력에 대한 관심도 군비 문제보다는 제3세계의 빈곤으로 더 경도되었다.[5] 그러나 1979년 브뤼셀에서 개최된 나토각료회의가 중거리 핵미사일인 퍼싱 II와 크루즈 미사일 572기를 서유럽에 추가로 배치할 것을 결정하자, 독일과 영국 등지에서 평화운동이 거세게 일어나기 시작하였고, 본과 런던에서는 백만 명에 이르는 인파가 집결한 평화시위가 열렸다.[6] 이런 평화운동의 열기에

---

3) 갈퉁은 최근에는 직접적 폭력과 구조적 폭력을 정당화하는 문화적 폭력이 존재함을 역설하고, 이를 또 다른 범주의 폭력으로 설명하고 있어, 그의 폭력에 대한 개념규정의 외연은 더 확장되고 있다. 요한 갈퉁, 『평화적 수단에 의한 평화』, 들녘, 1996, 19~20쪽.

4) David Hicks, 『평화교육의 이론과 실천』, 서원, 1993, 30, 336쪽.

5) Horst-Wilhelm Jung, Gerda von Staehr, *Historische Friedensforschung und historisches Lernen* (Marburg, 1986), pp.91~92.

6) 평화운동이 서독에서 활성화된 배경에 대해서는 Hans Jürgen Möller, "Wehrkunde oder sicherheitspolitische Öffentlichkeit und Friedenserziehung? Die Bemühungen um die Integration der Themen 'Bundeswehr und Sicherheitspolitik' in den schulischen Unterricht", *Geschichtsdidaktik*, 1982 H.2, p.231 참조.

도 불구하고, 서구의 평화운동은 중거리 미사일 배치를 막지는 못하였다. 그러나 중요한 것은 반핵이나 군축이 사회 비판의 중요한 화두가 되었고, 이에 대한 국민적인 감수성도 현저히 높아졌다는 점이다.

뿐만 아니라 1980년대 평화운동은 군비경쟁과 핵무기 증가에 대한 비판이라는 이전의 문제의식에서 한 걸음 나아가, 발상 전환을 요구하였다는 점도 주목할 만하다. 우선 소극적인 평화와 관련하여 새 평화운동이 내세우는 새로운 철학이나 대안적인 평화정책은 첫째로, 그간의 군사력 우세와 우수한 핵무기 개발을 통한 평화정책은 오히려 상대방의 군사력 강화만을 유도하였기에 재고되어야 하고, 둘째로 평화운동가들에 대한 반론으로 제기되는 군사균형이론 역시도 폐기되어야 한다는 것이다. 즉 적이 가진 만큼의 무기를 우리도 가져야 한다는 주장은 군사균형을 추구하면서도 결과적으로는 군사력의 우세를 추구한다는 것이다. 셋째로, 끊임없는 군비경쟁 속에서 인류가 살아남는 유일한 방법은 이성을 회복하고 무기를 감축하거나 없애는 방법밖에 없다는 것이다. 이와 더불어 평화운동이 제기하는 대안은 일방적 감축이다. 6000개의 핵무기를 지닌 서독이 100개를 일방적으로 감축한다고 해서 당장 핵전쟁이 날 위험은 없고, 이런 식으로 일방적인 감축을 통해서 종국적으로 양측이 모두 핵무기를 없애는 방향으로 나가자는 것이다.[7]

상기한 평화운동가들의 주장의 배경에는 전쟁을 정치의 수단으로, 폭력을 강자의 정당한 권력으로, 사회적 불평등을 역사적으로 존재하는 당연한 현상으로 간주했던 그간의 사고방식을 넘어서려는 의지가 들어 있다. 아울러 이들은 적극적인 평화의 실현을 위해서 자본주의 사회가 초래한 폐해들, 예를 들면 고도성장, 자본 독점, 군수산업의 비약적 증대, 생태계 파괴, 업적과 능률우선주의, 사회적 불평등을 극복하기 위한 구조적 개혁의 필요성을 강조하고 있다.

---

7) 이삼열, 위의 글, 64~65쪽.

이런 발상의 전환을 요구하는 단호한 목소리의 배경에는 우리가 살고 있는 지구의 위기에 대한 근원적인 불안이 도사리고 있다. 인류의 역사 속에서 오늘날처럼 폭력의 위협이 급증한 적은 없다. 무엇보다도 2차 대전 이후 전쟁 기술은 비약적으로 발전하였고, 핵무기가 다량 배치된 현대전에서는 패자는 물론이고 승자도 살아남을 수가 없다. 전쟁은 전면전으로 발전했고, 모든 가능한 자원들이 전쟁을 위해서 동원되었기 때문이다. 뿐만 아니라 이런 무시무시한 군비경쟁과 인구증가와 더불어 남-북 문제, 즉 배부른 자와 굶주린 자를 둘러싼 분배갈등은 더욱 복잡하게 전개되고 있기에, 사태는 더욱 심각하다. 기술발전의 시대에 평화는 우리의 생존조건이 되었고, 그래서 우리의 공적·사적 삶의 영역에서 핵심적인 화두가 되고 있다. 이는 오랫동안 인류가 지키고자 하였던 자유나 평등이라는 가치가 점점 더 그 의미를 이해 못하는 사람의 손아귀 안에 들어가게 되었고, 위협수단은 더 이상 위협수단에 그치지 않게 되었고, 의회조차도 인류가 처한 난관을 제대로 파악하거나 이에 대한 조처를 취할 수 없으며, 인류라는 '종(Gattung)의 미래는 이제 미국 대통령 1인에 의해 결정되는 현실에 이른 것처럼 보인다.[8]

그렇다면 우리 시대의 위기를 개별 인간의 생존에 대한 위협 혹은 한 국가나 민족의 미래에 대한 위협이 아니라 種의 문제(Gattungsfrage)로 파악하는 평화연구의 문제의식을 역사학계에서는 어떻게 수용하였는가? 서독에서 평화 문제에 대한 역사가들의 관심이 유발된 것은 사실 1963년 피셔(Fritz Fischer)의 『세계열강을 향한 돌진』이라는 역작이 출간되면서이다. 이 책은 1차 대전의 전쟁원인과 전쟁목표에 대한 논쟁을 불러 일으켰는데, 그 핵심은 독일사의 해묵은 논란거리, 즉 전쟁의 책임이 어디에, 누구에게 있는가를 밝히는 문제였다. 여기에서 피셔는 빌헬름 2세에서 히틀

---

8) Horst W. Jung, Gerda von Staehr, *Historische Friedensdidaktik. Konzeption und Modelle; Lernmodell Kriegsursachen; Lernmodell Die 『Stalin-Noten von 1952』* (Hamburg, 1989), pp.10~20.

러에 이르는 시기 동안에 두 번에 걸친 세계대전을 야기한 제국정부의 대외정책은 어느 정도로 경제권력 집단의 영향과 정치적 이해집단의 압력, 군사전략적인 계획 그리고 국익에 대한 고려에 의해 결정되었는가의 문제를 해명코자 하였다. 결국 그의 결론은 독일제국의 정치 사회체제 속에 내재한 군국주의 기질과 전쟁준비가 양차 대전의 발발에 결정적인 역할을 하였다는 것이다.[9]

전쟁의 목적을 밝히는 피셔의 연구는 전쟁과 평화의 구조적 조건을 밝히는 연구로 확장되었고, 이는 군국주의와 제국주의의 관련성을 밝힌 벨러(Hans-Ulrich Wehler)의 연구로 이어졌다. 벨러는 사회제국주의 이론을 발전시키는데, 이에 따르자면 조직자본주의의 격화된 경쟁조건 속에서 정치엘리트와 경제엘리트는 국내시장에서는 점점 어려워지는 자본증식과 경제적 팽창의 문제를 해결하고 분배를 둘러싼 노동자와의 계급갈등의 예봉을 꺾기 위해 해외로의 제국주의적 확장을 시도한다는 것이다. 결국 국제적인 권력투쟁은 국내 정치적인 계급갈등과 밀접히 연루되어 있고, 그래서 전쟁과 평화는 이런 권력관계의 접합 속에서 결정된다는 것이다.[10]

제국주의 팽창의 원인을 국내 정치적 계급갈등에서 찾는 이런 입장은 비평화의 책임을 국제정치의 불가항력적인 압력보다는 국내정치와 그 엘리트집단에서 찾는 것이었다.[11]

---

9) Bernd-Jürgen Wendt 방한 강연, 「1차 세계대전 발발에 관한 토론의 현황」, 『서양사론』 26집, 121~138쪽 참조. 흥미있는 사실은 독일 현대사에 내재한 이런 팽창주의적인, 공격적인 기질을 구명한 저술 때문에 함부르크대학 교수 피셔는 거의 20여 년 동안 해마다 집을 옮기고, 전화번호를 숨기며 사는 도피생활을 하여야 했다.

10) Joachim Rohlfes, "Friedensforschung, Friedenspädagogik und Geschichtsunterricht", *Geschichte in Wissenschaft und Unterricht*, 29 Jg. 1978, pp.761~762. 그 외에도 벨러의 역사해석을 이해하기 위해서는 한스-울리히 벨러, 『독일 제2제국』, (신서원, 1996) 참조.

11) 물론 이런 벨러의 입장에 대한 반론이 없는 것은 아니다. 마이네케도 이미 언급하였지만, 힐구루버(A. Hilgruber)는 국제정치를 본질적으로 상호작용적인 공간으로 설정하면서, 더 이상 국제정치를 국내 정치적 갈등이나 사회적 긴장의 결과물로 간주할 것이 아니라 그 특유의 다양한 수단과 함께 정치행위의 독자적인 영역을 인정해주어야 한다고 주장한다. 이 역사가들에게는 독일 역사학에서 사회사의 헤게모니가 국제정치에 대한 역사가의 이해를 마비시킨 것으로 비쳤다. 앞의 책, p.762.

　피셔와 벨러의 연구는 서독 역사학이 보다 사회과학 이론에 수용적인 자세를 갖추고, 역사학연구가 구조적 맥락에 더욱 집중하게 함으로써 소위 말하는 '역사적 사회과학(Historische Sozialwissenschaft)'의 시대를 여는 데에 결정적인 공헌을 하였다. 또한 그것은 독일 현대사에서 드러나는 전쟁과 평화의 원인을 보다 성찰적으로 구명코자하는 역사가들의 문제의식을 자극하는 데도 기여하였다. 그러나 전체적으로 보자면 서독 역사학은 1960년대 이래 평화연구나 갈등연구의 문제제기를 도외시한 것은 아니었지만, 그렇다고 그로부터 크나큰 자극을 받았다고 평가하기도 힘들다. 그 외에도 역사학에서 평화강령의 역사, 개개의 알려진 평화조약에 대한 연구, 국제연맹이나 국제연합의 역사 등이 취급된 것은 사실이지만, 그것이 평화 문제에 대한 문제의식에서 이루어지거나 평화운동이나 평화실현에 관한 보편사적인 서술이 시도된 것도 아니었다.[12] 오히려 역사학은 정치학, 국제 관계학, 사회학, 경제학, 사회심리학과 같은 여타 사회과학 학문 영역에서보다 평화연구를 훨씬 늦게 시작하였다고 평가할 수 있다.[13] 비판적·역사적 평화교육의 대변자격인 쿤에 따르면, 이런 역사학의 때늦은 대응은 역사학이 스스로를 순수 인지과학(Erkenntniswissenschaft)으로 규정하면서, '실천으로의 전환'과 관련된 분야는 다른 사회과학 분야에 일임하였기 때문이라고 한다. 그가 생각하기에 흘러간 과거의 경험은 정치적 행위에 있어서 중요한 방향타 역할을 할 수 있고, 역사 속에서는 항시 평화

---

12) 같은 책, pp.762~763 ; Joachim Rohlfes, Friedensforschung, p.763. 독일의 역사적 평화연구의 현황에 대해서는 Wolfram Wette, "Geschichte und Frieden. Aufgaben historischer Friedensforschung", Redaktion Reiner Steinweg, *Lehren aus der Geschichte?* Historische Friedensforschung, (Frankfurt/M, 1990), pp.14~60 ; Wolfram Wette, "Friedensforschung, Militärgeschichtsforschung, Geschichtswissenschaft. Aspekte einer Kooperation", Manfred Funke(ed.), *Friedensforschung-Entscheidungshilfe gegen gewalt*, (München, 1975) 참조.

13) 이미 미국에서 1964년에 '역사평화연구회의(Conference on Peace Research in History)'가 결성되었음을 감안하자면, 다른 국가보다도 평화연구 도입이 늦었음도 알 수 있다. Anette Kuhn, *Theorie und Praxis historischer Friedensforschung* (Studien zu Friedensforschung. Hg. von Georg Picht & Heinz Eduard Tödt. Forschungsstätte der Evangelischen Studiengemeinschaft, Heidelberg) (München, 1971), pp.7~9.

와 비평화의 역동성의 교훈을 찾아낼 수 있다는 점에서 역사학이야말로 평화연구가 필요로 하는 쓰임새 있는 학문분과라는 것이다.[14] 이런 맥락에서 쿤은 역사교육에서의 효율적인 평화교육을 위하여, 역사학을 향해 세 가지 요구를 제기하고 있다. 첫째로 인문학적인 교육방식에 의해 지원되는 교육의 일면성(Einseitigkeit)을 극복하고, 학문이론으로서나 방법론상으로 인정할 만한 역사학 분야의 평화연구를 평화교육과 결합하고, 역사수업의 비정치적인 목표설정을 극복하는 것이다.[15] 이런 점에서 특별히 역사교과나 정치학 교과는 평화교육을 수용하여 통합된 강의를 이끌어낼 수 있어야 한다는 것이다. 역사교육학에서도 '피셔 논쟁', 제국주의와 파시즘을 둘러싼 이론논쟁들이 역사수업에 영향을 끼친 것은 사실이지만, 서독의 역사교육학 혹은 교과과정 관련 문헌에서 평화라는 주제는 1970년대 말까지는 그다지 눈에 띄지 않았다. 오히려 역사교육에서 전쟁과 평화는 보편사 서술의 통합적 일부로서 상시적으로 다루어지는 주제였고, '평화'라는 특별한 카테고리나 문제의식으로 취급된 것은 아니었다. 또한 국제연맹, 유엔, 군축 문제, 초국가적 기구들, 냉전, 남북문제, 개발원조, 위기의 중동지역, 남아연방의 흑백갈등 등도 역사교육에서 그리 낯선 주제는 아니었다. 그렇더라도 평화 문제나 갈등 문제는 본질적으로는 역사수업보다는 정치수업의 주제로 자주 등장하였다. 이미 1970년대 초에 평화교육을 역사수업에 도입하려는 움직임이 있었지만, 보다 본격적인 시도는 서독에서 평화운동이 정점에 도달하였던 1980년대 초에 나타났다.[16] 서독에서의 진보적인 역사교육 학술지인 『역사교육학(Geschichtsdidaktik)』은 1980년과 1982년 두 번에 걸쳐 '역사적 평화교육'을 특집으로 다루어, 역사교육에서 평화

---

14) 더불어서 쿤은 역사적 평화연구가 논리적 곤란을 겪지 않기 위해서는 1) 학문이론적으로 충분히 자리잡을 수 있는 근거를 만들어야 하고, 2) 평화연구에 기여하기 위해서 새로운 방법론을 개발해야 하고, 3) 과학적 평화연구에 못지 않게 평화를 보장하는 데에도 특별한 관련을 지녀야 함을 강조하였다. Anette Kuhn, 같은 책, pp.11~12.

15) 같은 책, p.30.

16) Joachim Rohlfes, Friedensforschung, pp.763~764.

교육에 대한 관심을 크게 환기시켰고, 마찬가지로『역사교육학』보다는 다소 보수적인 역사교육 학술지인『학문과 수업에서의 역사(Geschichte in Wissenschaft und Unterricht)』에서도 1978년부터 역사적 평화교육에 대한 관심을 보여주고 있다.[17] 그러나 이미 이 두 역사교육 학술지에 대한 소개에서 드러나는 대로 서독의 역사적 평화교육에서는 그 관점이나 내용 구성에 있어서 시각차를 보여주고 있다. 다음 장에서는 이런 차이들을 드러내어 분석하는 것을 통해, 우리의 현실에 맞는 바람직한 역사적 평화교육의 이론과 방법을 성찰하는 데에 기여하고자 한다.


## 3. 역사적 평화교육의 관점


이미 앞장에서 밝힌 대로 1970년대 말, 1980년대 초 서독의 평화운동에서 결정적인 영향력을 행사한 것은 '적극적 평화(positive peace)'라는 표제어와 함께 구조적 폭력의 해소를 강조하였던 비판적 평화연구였다. 이들은 현존 세계질서의 조직화된 비 평화를 비판하면서, 정의롭지 못한 질서의 근원적인 변화를 기대하였다. 이들은 자본주의 체제에 의한 임금노동자의 착취, 지배이데올로기의 심층적인 침투, 나아가서는 교사와 학생의 권위적인 관계에 이르기까지 광범한 구조적 폭력의 근원을 발본적으로 제거하는 데에 일차적인 목적을 두었다.

이에 비해 보다 실용적이고 실증적인 평화연구가도 있는데, 이들은 평화의 완전한 실현 가능성에 대하여 회의적이기 때문에, 비판적 평화연구가들의 이론이 지닌 이상주의를 비판하고 평화개념의 확장이 평화 실현의 현실적 가능성을 축소할 수 있음을 지적하면서, 오히려 전쟁의 공포로부터 세

---

17) 서독에서 진행된 역사적 평화교육의 성과에 대해서는 Christoph Suer, "Friedenserziehung im Geschichtsunterricht. Ausgewählte und kommentierte Literatur", Redaktion Reiner Steinweg, *Lehren aus der Geschichte?*, pp.361~368 참조.

계를 조금이라도 보호할 수 있는 현실적 방안에 관심을 두었다. '소극적인 평화(negative peace)'의 개념을 선호하는 이들은 평화상태의 척도는 직접적인 폭력행사의 정도이고, 그래서 이들은 폭력사용을 최소화하고 피할 수 없는 갈등은 최소한의 폭력조차도 사용하지 않으면서, 평화적인 방법으로 해소하기를 희망하였다. 평화연구의 양대 조류는 평화교육의 실천에서도 각기 다른 교육학적 입장을 제시하게 된다.[18]

평화연구의 다양성과 비례하여 평화교육도 쿤의 분류를 따르자면 세 가지 단계로 나눌 수 있다. 첫 번째 단계는 이상주의적-간원적(Idealistich-appelative) 평화교육이다. 이는 주로 1965~1969년 사이에 일어났고, 이들의 전제는 전쟁은 인간의 머릿속에서 시작된다는 것이고, 그래서 평화교육은 도덕적·윤리적 문제였다. 두 번째 단계는 1967~1971년 사이에 평화교육이 정착하는 과정인데, 이는 전쟁을 권력정치 개념에서 접근하고, 그 해결책을 학습심리학이나 행위연구에서 찾는다. 관련영역들이 사회과학적 연구성과와도 접맥되는 단계이다. 세 번째 단계는 1972~1975년 사이에 형성되며, 갈퉁이나 셍하스의 영향을 받아서, 사회비판이론과 평화교육학이 접합된 단계이다. 이 시기에 서독의 평화교육이 본격화된다고 할 수 있다.[19]

첫 번째 단계는 국제평화교육종합학교를 제안하고, 독일 중부의 도시 만하임에 '평화교육을 위한 유치원 및 학령 전 교육 프로젝트'를 기획하였던 뢰르(Heinrich Röhrs)로부터 시작된다. 그는 인간의 공격적 태도는 결코 축출될 수 있는 것이 아닌, 그래서 교화되거나 균형을 잡도록 해 줄 수밖에 없는 변화 무쌍한 근원적 기질에 해당한다고 보았다. 그러나 그는 다른 한편으로 인간은 교육을 필요로 하고 또 교육을 통해 자신을 개발할 수 있는 존재며, 따라서 필요한 논리적 분석이나 사실적인 지식 전달이라는 의무를 배제하지 않으면서도, 관용·공정함·이해·공적 태도에서의 정직성(Formale

---


18) Joachim Rohlfes, Friedensforschung, pp.748~749.
19) Anette Kuhn, "10 Jahre Friedensforschung und Friedenerziehung – Ein Rückblick aus fachdidaktischen Sicht", *Geschichtsdidaktik*, 1980 Heft 1, p.11.

Korrektheit)을 포함한 박애의 규칙을 가르치는 것을 평화교육의 과제로 생각하였다. 그러나 그는 성찰적인 작업이 결여된 단순한 계몽은 학생들을 냉소주의에 흐르게 만든다고 충고하였다. 뢰르는 칸트의 역사철학, 세계 시민적인 문제의식에서 출발하여 세계사가 지금까지 '모난 윤리학'과 그에 상응하는 전쟁 이데올로기에 의해 작동되면서, 대안적인 사고를 처음부터 봉쇄하였다고 주장한다. 특히 원자핵시대에는 세계사회(Weltgesellschaft) 의 평화가 필수불가결하기 때문에 국제이해를 위한 교육이 중요하고, 청소 년들을 세계 시민적인 정신으로 교육시켜야 한다고 말한다. 그러기 위해서 역사적 평화교육은 자국민에 대한 비판의 자세나 비판능력을 기르도록 자 극하여야 한다는 것이다. 뢰르의 세계사회의 개념에서는 전쟁억제나 핵 문 제에 못지않게 여타의 기본욕구, 건강, 기아극복, 노동, 교육 등의 문제가 중요시된다. 아니, 오히려 뢰르에게는 제3세계의 빈곤 문제가 더 중요하게 강조된다. 이런 뢰르의 주장은 이상주의적-간원적인 성격이 강하다고 할 수 있지만, 그렇다고 해서 그의 주장이 실천을 도외시하는 것은 아니다. 인 류의 단결을 호소하는 그의 교육캠페인이 그의 실천방식이라면, 이와 관련 하여 그는 구체적으로 국가 간에 혹은 국내정치에서 법을 평화실현의 구체 적인 전제조건으로 간주한다. 마찬가지로 역사수업을 통한 역사의식의 발 전도 뢰르가 제시하는 또 하나의 실천 대안이다.[20]

또 다른 역사적 평화교육의 입장, 특히 실용주의적 입장을 대변하는 로 트(Karl Friedrich Roth)는 원자핵시대에 살고 있는 우리에게는 '신사고' 가 필요하고, 이에 근거한 특별한 학습과정이 필수불가결함을 강조한다. 이런 맥락에서 그는 평화교육의 요구에 잘 부응할 수 있는 과목이 역사수 업이라고 보았다. 뢰르가 제3세계 문제에 깊은 관심을 보였다면, 동서냉전 을 역사적 평화교육의 핵심과제로 간주하였던 로트는 군축을 강조하고, 야 만적인 반공주의를 비판한다. 특히 그는 세계경제, 세계기술, 세계정치가

---

20) Horst-Wilhelm Jung, Gerda von Staehr, *Historische Friedensforschung*, pp.102~108.

복잡하게 연루되면서, 그 속에서 개별인간이나 집단의 생명은 인류 전체의 운명으로부터 분리될 수 없기 때문에, 평화는 단지 전쟁이나 조직적인 폭력의 제거된 상태가 아니라 폭력 없는 공존을 위한 인간의 행동규칙 그 자체여야 한다고 보았다. 따라서 갈등은 서로 간에 의사소통을 통해 조정되어야 하고, 갈등의 중재는 참여자 누구의 이해관계도 침해되지 않는 형태로 되어야 한다. 그러기에 로트에게 평화는 인간이 지향하고자 하는 상태가 아니라, 인간과 사회의 역사적 변혁의 영속적인 과정이다.

　로트는 평화교육에서 개개인이 지닌 '정신(Geist)' 의 중요성을 강조한다. 지식에 못지않게 정신, 감성적으로 매개된 합리성·의식·사고의 중요성이 높아지고 있다는 것이다. 그러나 또 심리적인 측면에 못지않게 사회적 문제의 중요성을 주목하기에 새로운 윤리적·정치적 질서의 필요성을 거론한다. 기존의 관계들을 변혁하고 사회정의의 보다 폭넓은 확산을 위해서 '관용' 이 실천되어져야 하고, 이를 위해서는 국제사회에서 기초민주주의 실현(Fundamentaldemokratisierung)이 전제되어야 함을 역설하였다. 또한 그는 국제법이 지켜지기 위해서는 유엔과 같은 국제기구가 활용되어야 하고, 전쟁이 기피되고 평화가 실현되기 위해서는 종교적·도덕적 가치도 일깨워지거나 촉진되어야 한다고 말했다. 로트는 교사나 부모의 역할을 강조하기도 하고, 또한 진정한 평화교육을 위해서는 종교도 그 역할을 담당할 수 있음을 주장하였다. 여기에서 로트는 평화교육적인 고려로부터 역사수업을 위한 두 가지 보완할 만한 복안을 제기하고 있다. 첫째로, 그간의 역사수업이 해 왔던 전쟁영웅의 발굴 대신에 수업의 중심에 새로운 교육적인 이상형(Leitbilder)으로서 평화의 영웅을 부각시키자는 것이고, 둘째로, '비판적-계몽적 교육관' 을 통해 전쟁과 대량학살에 대한 순진무구한 혹은 은폐적인 태도에 맞서 비판적 감수성을 기르자는 것이다. 이를 통해 역사수업은 평화 문제에 대한 학생들의 성찰성을 높일 수 있다는 것이다.[21]

---

21) 같은 책, pp.110~114.

뢰르나 로트의 역사적 평화교육의 관점은 우선 평화를 과정으로 파악하면서, 인간의 공격 욕구는 제어 가능하다는 입론에서 출발하고 있다. 이들에게 공격적인 태도는 교육이나 학습의 결과로 간주되었기 때문이다. 즉 이들에게 비평화의 원인은 국가의 권력정치, 왜곡된 민족주의, 정부의 선전이나 대중매체에 그 책임이 주어져야 할 문제였다. 그러나 구체적인 실천방안에 있어서 뢰르가 민족주의의 극복, 민족자결권 쟁취 그리고 국제기구를 통한 평화 실현 등을 염두에 두었다면, 로트는 기초민주주의의 실현 혹은 시장경제와 능률 위주 사회의 문제점을 극복하는 데에 더 역점을 둔 것 같다.

평화교육의 두 번째 단계는 주로 1967~1971년 사이에 시작되는데, 그 전제는 권력정치에서 출발하였고, 따라서 전쟁은 권력정치의 문제로 간주되었다. 이들은 특히 평화교육을 위해서 학습심리학이나 행동 연구(Verhaltensforschung)에 의미를 둔다. 이들에게 평화는 사적인 그리고 물리적인 폭력이 없는 상태를 의미하고, 그래서 법질서를 중요시하고, 개개인의 평화능력에 기대감을 보인다. 이들은 인간이 공격욕구나 그 충동을 지니고 있으나, 이를 드러내고 완화시키는 것이 가능하다고 보았다. 이를 위해서는 비평화의 원인인 개인의 관점, 편견 그리고 행동방식을 교정하고, 부족한 국제이해력을 높이고, 인간 간의 행동방식의 모범을 제시해 주어야 한다는 것이다. 그래서 이들의 실천은 평화교육을 통해 대안적인 관점과 합리적인 갈등해소를 위한 행동방식을 가르치는 것이었다.

평화교육학의 두 번째 단계에 상응하는 역사적 평화교육의 연구자로는 롤훼스(Joachim Rohlfes)를 들 수 있다. 그는 실용주의적인 태도를 표방하며, 쿤이 주장하는 '비판적 평화교육' 에 비판적이다. 그도 여느 평화연구자와 마찬가지로 2차 대전 이후 전쟁과 평화는 새로운 차원, 보다 위험한 단계에 들어섰고, 이는 무기기술 · 동서 갈등 · 인구증가 · 남북 갈등 · 선진국의 법질서 혼란 등을 통해 잘 드러나고 있다고 보았다. 그러나 동시에 비 평화에 대한 감수성도 고조되었기에, 역사적으로 이 새로운 상황에 대한 인간의 요구수준과 새로운 척도도 중요해졌다고 보았다. 그래서 평화교육은 우선 원인과 결과의 인과관계를 역전시키는 역할을 해야 하는데, 지금까지 '잠재적인 피해자일 수밖에 없는 개개인'이 '책임 있는 행위자'로 전환하도록 하기 위해, 바로 이들의 관심을 환기시키는 역할을 해야 한다는 것이다.

롤훼스는 평화연구에서 실용주의자와 실증주의자를 구분한다. 달리 말하면 비판적 평화연구의 두 핵심주제는 군산복합체와 남북 갈등인데, 이런 요구들은 마르크스주의적 사회주의에 토대를 둔 것이며, 바로 이런 좌파들의 사회분석이론이 '평화'라는 특수한 문제를 방치하도록 만들고 있다고 비난하였다. 제3세계 문제를 평화연구의 틀 내에서 제기하는 것은 고상한 요구이지만, 이런 비판적 평화연구의 척도들은 너무 이상주의적이거나 유토피아적이라는 것이다. 그래서 롤훼스는 실용주의적 평화연구라면 소극적 평화와 관련된 것, 무엇보다도 군축의 문제에 관심을 집중하는 것이 효과적이라고 보았다.[22] 보다 구체적으로 롤훼스는 군비통제, 조약을 통한 안보협약, 국제적 · 초국가적 기구의 창출, 공격성과 편견의 메커니즘, 전쟁 휴유증에 대한 계몽 그리고 폭력적이지 않은 저항의 이론과 전략 등에 관심을 기울였다.

롤훼스는 역사수업에서 평화교육을 실시하는 데 있어 우선 국제관계의 중요성에 역점을 둔다. 국제정치는 정치적 현실주의에 근거를 두어야 하고, 그 안에서 개별국가들이 자신의 힘을 최대화하려는 노력이 국제적 행위방식의 특별한 합리성에 기초해야 하는 그런 하부 정치체계이다. 따라서 그에게 국제정치는 무엇보다도 제도적, 법적 범주 내에서 이루어져야 한다.[23] 마찬가지로 그에게 독립국가의 권력정치는 반드시 경제적 이해관계로 환원되는 것이 아니라, 그 자체로서의 의미를 지닌 것이기에, 그에게는

---

22) Horst-Wilhelm Jung, Gerda von Staehr, *Historische Friedensforschung*, pp.119~122.
23) 그렇다고 롤훼가 국내정치의 중요성을 부정하는 것이라 볼 수는 없고, 국내정치와 국제정치의 상호작용을 주장하였다고 할 수 있다. 오히려 그의 비판은 벨러를 둘러싼 '역사적 사회과학' 그룹에 속하는 역사가들이 국제정치를 도외시하는 것에 대한 보완적 주장이라 할 수 있다. Joachim Rohlfes, Friedensforschung, p.753.

'소극적인 평화'의 개념이 더 중요하였다.

그러나 이런 제한된 관점이 승산이 없음은 국제법적 해결방식으로 제한되는 평화교육의 실천이 동시에 국제법의 무기력성을 통해 그 한계를 그대로 드러낸다는 것이다. 그래서 롤휄스는 이 문제의 해결을 위해 사회심리학으로부터 도움을 받고자 하였다. 지금까지 공격성, 증오심, 적 개념 그리고 편견의 원인과 조건에 대한 심리학적, 인류학적, 사회학적, 생리학적 연구가 어떤 의견의 일치를 보지는 못하였지만, 그러나 이들 모두가 인간에게 있어서 '학습과정이 지니는 커다란 의미'에 대해서는 논란의 여지가 없었다. 특히 개별 인간의 행동방식은 사회적 환경이 제공하는 어떤 전형을 그대로 수용하기 때문에, 공격성 역시도 사회적 강제의 산물일 가능성이 크기 때문이다. 그러나 롤휄스가 이런 학습효과를 전적으로 신뢰한 것은 아니다. 그는 의식화를 통해 공격성을 잘 다스리기를 배우거나 갈등해소를 위한 보다 평화로운 수단을 통해 그 위험성을 완화할 수 있을 뿐이지, 그것을 완전히 해소할 수는 없다고 보았다. 이런 관점 때문에 롤휄스의 문제의식에서 '사회적 방어', 즉 사회적 실천은 약화된다. 그에게 사회적 실천을 위한 평화주의 개념은 엘리트의, 소수의 금욕주의적인 집단의 전유물이고, 이런 이념들이 사회적 이상이나 모범으로 비칠 수는 있겠지만, 이것이 대중의 지지를 받을 수 있는 것은 아니었다. 결국 롤휄스의 입론은 그것이 지닌 현실론적인 문제제기에도 불구하고, 그 속성상 자포자기적인 성향을 벗어나기가 힘들다.[24]

물론 롤휄스의 평화달성(Friedfertigkeit) 방식이 정치적 침체(Immobilismus) 혹은 현상유지에의 고착과 동일시될 수는 없다. 그러나 사회적 실천에 대한 그의 태도는 명확하지도 않고 일관성이 있지도 않았다. 그가 주장하는 체제중립성도 그는 끝까지 견지하지 못하였다. 그는 상황에 따라서는 폭력사용이 불가피함을 지적하는데, 그의 논리를 그대로 적용하자면, 이

---

24) Horst-Wilhelm Jung, Gerda von Staehr, *Historische Friedensforschung*, pp.123~125.

지구상에는 여전히 폭력 사용이 불가피한 사회가 더 많은 것이 아니겠는가.

"그러나 저항, 폭력사용, 혁명은 정말로 착취당하거나, 횡포를 겪거나, 억압받는 곳에서만 사용되어야 한다. 우리와 같은 사회, 정치적인 기본권과 사회적 안보가 실현되거나 평화적 전환이 가능한 사회에서는 비폭력은 납득할 만한, 동시에 강제적인 규범이 된다."[25]

또한 평화교육은 적어도 국제정치의 고유한 특수성에서 출발하여야 하고, 국내정치에 못지않게 국제정치를 평화교육의 학습대상으로 해야 한다는 주장도 그리 새로운 것은 아니다. 사실 그는 평화를 역사교육의 새로운 일반주제로 선전하려는 학자에 속하기는 하지만, 그의 접근은 평화라는 큰 주제로부터 역사과목에 '의미 있는, 그러나 그간 생략된 부분'을 보완하는 역할을 하였다는 것이 보다 정확한 표현일 것이다.

역사적 평화교육의 이론과 실천에 결정적인 공헌을 한 사람은 아네테 쿤(Anette Kuhn)이다. 그의 작업은 평화교육의 3단계에 해당한다. 주로 1972~1975년 사이에 진행된 평화연구와 교육학의 통합적 연구의 산물이다. 제3단계 역사연구의 출발점은 갈퉁의 '구조적 폭력'이나 셍하스의 '조직된 비평화(organisierte Friedlosigkeit)'이고, 평화교육의 문제의식은 사회정치적, 사회심리적 차원으로 확장되는데, 이런 변화의 동력으로 당시에 풍미하던 사회비판이론도 크게 작용하였다. 제3단계에서는 사회이론과 교과과정상의 요구가 적절히 결합되었고, 역사적 평화교육은 이 단계에서 학문분과상으로 세 개의 접점을 가지게 된다. 첫째로는 평화교육의 사회과학적 기초와 평화이론·폭력이론, 둘째로는 역사학에서의 평화연구, 셋째로는 학습과정의 평화교육적인 성찰을 들 수 있다.[26]

---


25) Joachim Rohlfes, Friedensforschung, p.759.
26) Anette Kuhn, 10 Jahre Friedensforschung und Friedenerziehung, p.13.

비판적 평화교육에서 평화는 사회정의 실현과 사회구조 변혁이다. 인간의 공격성은 구조적인 원인 때문에 생겨나는데, 구체적으로 조직된 비평화, 사회경제적 불평등 혹은 정치적 차별에서 기인하였다는 것이다. 이런 맥락에서 쿤은 기존의 교과서나 역사수업에서는 남-북 갈등에 대한 관심은 거의 찾아볼 수 없고, 학습대상으로 제3세계와 식민지의 역사 및 유럽 제국주의는 거의 취급되지 않았다는 것이다. 마찬가지로 평화교육에서 중요한 쟁점이 될 수 있는 군산복합체나 평화운동에 대해서도 언급되지 않았다고 지적했다. 기존의 역사교육을 비판하면서, 쿤은 갈등해결은 정확한 분석과 구조적 조건의 제거를 통해서 가능하다고 보았다. 또한 상기한 목표의 실현은 주로 정보·지식의 전달, 의식화, 실천적 행동을 통한 사회구조 변혁과 함께 달성될 수 있다고 보았다.

쿤은 그간의 역사를 폭력관계와 지배관계의 역사로 규정하는 것과 관련하여, 군대사를 사회사적으로 해석한 피셔와 그의 전통을 계승한 빌레휄트(Bielefeld)학파, 특히 그중에서도 벨러(Hans-Ulrich Wehler)의 역할을 높이 평가하였다. 더불어서 그는 역사적 평화교육의 커리큘럼 형성에 있어서 역사학 전공영역에서의 지원을 높이 평가한다. 역사가들은 소수의 반전주의자들의 노력만을 드러낼 것이 아니라, 평화실현을 위한 개인적·집단적 노력의 총체를 발견해 내면서, 평화와 폭력이 없는 정치나 그것에 기초한 국가 공동체나 민족공동체의 형성과정을 보여주어야 한다는 것이다.

쿤은 하버마스의 이론을 전범으로 하여 비판적-의사소통적 교육방법론을 주장한다. 이를 위해서는 몇 가지 전제조건이 필요하다. 우선 평화에 대한 인식론적 이해에 대해 개방적이어야 하고, 이를 바탕으로 한 인식론적 이해에 대한 담론적 접근이 필요하다. 다음으로 우리 사회에서의 폭력의 잠재력에 대한 평가와 그것의 제거를 위한 수단을 모색하는 데에서도 개방성이 필요하다. 마지막으로 학습목표는 규범적 기준을 관철하는 것이어서는 곤란하다. 다시 말하면 의사소통적인 수업에서 학습목표는 항상 공개적으로 논쟁할 수 있고, 수정될 수 있어야 한다. 역사적 평화교육 자체가 항상 '저항의 공간'을 남겨두어야 한다는 것이다. 이런 방식으로 역사적 평화교육이 진행된다면, 당연히 일상생활과는 동떨어진 역사적 지식의 제공보다는 '혼란된, 편견에 찬, 定型化된 像이나 敵 개념에 의해 왜곡된 학생들의 역사의식'을 성찰적인 역사의식으로 전환시킬 것이고, 이를 통해 학생들의 합리적인 정치적 행동능력의 유도가 가능해질 것이다.[27]

비판적인 평화교육은 또한 역사수업에서 학생 스스로가 역사교육의 조건을 분석하고 수업의 주제를 스스로 제시할 수 있도록 권장해야 한다. 학습하는 학생 스스로가 예를 들면 자신들이 배우는 역사 교과서에 들어있는 '적' 개념을 분석해 본다거나 사회과 교과서에 나타난 안보정치관을 분석하는 작업들이 그것이다. 즉 교과서에 있는 혹은 자신들에게 내재한 반공주의라는 '적' 개념이나 우방국에 대한 우호적인 像 등을 분석해 보는 것도 필요하다는 것이다.[28] 마찬가지로 가정, 학교 혹은 학교 바깥의 교육기관에서의 '교육의 군사화'에 대한 역사적 분석은 학생들 스스로가 자신의 사회화의 경험을 성찰할 수 있는 좋은 기회를 제공할 것이다.

결국 쿤이 제시하는 역사적 평화교육의 궁극적인 목표는 폭력에 대한 저항을 위한 감성을 기르고, 폭력을 분석할 수 있는 능력을 기르고 폭력을 제거하는 데 참여할 수 있는 태세를 길러주는 것이다. 마찬가지로 역사적 평화교육은 역사를 통해 '전쟁은 숙명이나 자연재해가 아니라 오히려 인간의 작품'이라는 점을 인식하도록 해야 한다는 것이다. 자연히 쿤의 역사적 평화교육에서는 '역사적 주체로서의 인간'의 역할이 강조된다.

쿤이 생각하기에 세부적인 부문에서 평화교육의 목표나 방법론, 학습내용 등을 분석하는 것 못지않게 중요한 점은 '觀點의 전환'이다. 다시 말하면 역사적 평화교육이 지니는 평화실현을 위한 수단으로서의 역할이 과대평가되어서는 안되고, 오히려 인식론적, 社會 理論的 前提가 더 중요하다

---

27) Horst-Wilhelm Jung, Gerda von Staehr, *Historische Friedensforschung*, p.138.
28) 敵 개념과 반공주의의 유형론에 대한 이해를 위해서는 Horst-Wilhelm Jung, Gerda von Staehr, *Historische Friedensforschung*, pp.157~164 참조.

는 것이다. 즉 평화교육 참여자의 결여나 그를 실행하는 데 필요한 제도적 장치의 한계보다는 오히려 역사적·사회적인 시각에서의 평화이론 결여가 더 문제시된다는 의미에서이다. 이런 맥락에서 '전쟁은 존재해 왔고, 존재할 수밖에 없다' 는 관점이 학교의 수업에서 역사적 관찰을 지배하는 것은 아닌지, 평화교육의 가장 적합한 주제가 될 수 있는 제1차 세계대전에 대한 언급에서 전쟁의 모험적인 장면들을 제시하고, 복종·동지애·의무 감·책임감 등을 남성적인 덕목으로 치켜올리고 있는 것은 아닌지, 혹은 공포를 통해 상대방을 제압하는 것이 불가피하다는 논리 아래 핵미사일 배치를 정당화하고 있는 것은 아닌지를 냉정히 검토해야 한다는 것이다. 역사수업에서 전쟁과 평화를 바라보는 관점의 교정이야말로 평화교육의 가장 중요한 출발점이라 할 수 있겠다.[29]

적극적 평화의 개념이나 쿤이 주도하는 역사적 평화교육의 흐름이 1970, 1980년대 서독의 평화교육에서 주류를 형성하였다. 그러나 이러한 쿤의 평화교육적인 접근에 대한 비판도 없지 않다. 우선 쿤이 주장하는 역사수업에서의 평화교육은 과제설정에 있어서, 눈대중을 너무 넓게 잡았기 때문에 기존의 정치교육이 담당하던 분야를 거의 망라하게 되었다는 것이다. 평화교육 특히 비판적 평화교육의 목표, 社會構造의 變革은 그 실현이 어렵고 오랜 시간이 걸리는 긴 과정인데, 이렇게 목표설정을 넓게 잡을 경우, 작은 성과를 통해 힘을 얻기가 대단히 어려워진다. 이렇게 좀 더 거시적인 목표를 설정하는 것을 통해서 구체적으로 역사 속에 나타난 개별 사건의 평화조약 체결이나 유엔의 평화를 위한 활동 등은 진부한 주제로 치부되거나 도외시되기가 쉽다는 것이다. 또한 평화교육이 비평화를 만들어내는 사회적, 국가적인 총체적 맥락에 대한 통찰력을 함양하는 것을 지향할 경우, 평화교육은 사실상 민주주의 혁명의 아류로 간주될 수 있다는 것이다. 마찬가지로 비판적 평화연구가 국내정치적인 불평등이나 자본주의 비판에

---

29) Anette Kuhn, *Theorie und Praxis*, pp.24~26.

집중하면서, 평화의 궁극적인 목표를 사회주의적 사회질서의 실현에 둔다면, 이와는 달리 생각하는 사람들의 동의를 구할 수 있는 기회를 감소시킨다는 비판도 제기되었다. 뿐만 아니라 개혁이 가능한 곳에서 혁명을 시도하는 것은 정치적 해악이 될 수 있다는 지적도 있었다. 국제관계에 비해 국내정치의 우위성을 강조하는 주장이나 국제관계의 가장 중요한 결정요인으로 사회경제적 계급관계를 강조하는 접근도 국제관계에서의 갈등해소를 위한 이해와 구체적인 전략 개발을 제한한다는 것이다. 뿐만 아니라 인간이나 사회가 지닌 공격성을 근절하는 것은 불가능하고, 단지 약화시킬 수 있을 뿐이라는 사실에 교육학이나 심리학 이론들이 모두 동의하는 상황인데, 근원적인 치료를 하려는 쿤의 태도는 오히려 비현실적으로 들린다는 것이다. 쿤의 주된 반대자인 롤훼스는 쿤의 비판적 평화교육에 대한 상기한 비판들을 제시하면서, 차라리 역사적 평화교육은 모든 민족국가가 직면한 '政治的 社會化의 구조적 메커니즘'을 분석하고 문제 삼는 것이 더 현실적이라는 의견을 피력하였다.[30]

이러한 비판적 평화교육의 입장에 대한 비판을 고려한 것 외에도, 1980년대 들어와 서유럽의 탈냉전정치가 종식되고 중거리 미사일의 배치가 현실화되면서, 쿤은 그의 역사적 평화교육론에서 '소극적 평화'를 역사수업에서 보다 적극적으로 다룰 것을 제안하였고, 군축을 평화실천의 중요한 축으로 간주하게 된다. 뿐만 아니라 새로운 학습목표의 지향점으로 '민족적 정체성' 문제를 제기하였는데, 이는 역사적 평화교육을 통해서 군사주의에 의해 각인된 민족국가적인 정체성 모델 대신에 '비판적인 민족정체성'이라는 새로운 의미를 통해 대안을 찾으려는 시도였다.[31]

---

30) Joachim Rohlfes, Friedensforschung, p.749, 752, 755, 757, 765, 767.
31) Horst-Wilhelm Jung, Gerda von Staehr, *Historische Friedensforschung*, pp.144~145.

## 4. 역사적 평화교육의 내용과 방법

### 1) 역사적 평화교육의 내용

역사적 평화교육의 학습내용은 그리 많이 개발되어 있지는 않다. 역사적 평화교육의 입장에 따라 학습내용에도 약간씩 차이가 드러난다. 윤리적ㆍ도덕적 입장에서 역사적 평화교육에 접근하는 뢰르의 경우 가능한 교육내용을 구성하는 데 있어서 바덴 뷔르템베르크(Baden-Württemberg)주에서 사용하는 교안에 토대를 두었다. 그가 지향하는 교육내용은 아래와 같다.[32]

- 인류의 역사 속에서 평화이념의 등장과 그것의 개념적인 발전.
- 평화체결 문제. 단 여기에서는 승자가 어느 정도 정당화될 수 있는가와 새로운 전쟁의 맹아가 자라고 있는지를 질문해야 한다.
- 전쟁에 대한 이해와 해당 시기에 반대자에 의해 전쟁에 대한 관점의 전환이 있었는지 여부.
- 계몽사상 이후, 특히 영국과 미국혁명 이후 국가와 사회에 대한 시민계급의 사상.
- 근대 민주주의 형성과 그 특유의 평화주의 사상. 특히 루소나 칸트 등의 사례에 대한 분석.
- 권력정치 추구와 독재로부터 "야만적인 주먹대결"로 영락한 양차 세계대전 문제.
- 탈식민화와 제3세계 문제.
- 국제기구들: 국제법, 국제연맹, 유엔 등.

로트의 경우에는 평화교육의 내용이 좀 더 구체화되면서, 평화교육의

---

32) 앞의 책, p.108.

핵심내용에 더욱 가까이 접근한다. 그는 학습내용을 다섯 가지 범주, 전쟁 위험의 가속적 증가, 과거·근대·현대의 평화를 위한 노력들, 군축과 군비통제의 노력으로 크게 분류하고, 이를 아래와 같이 구체화하고 있다.

1) 전쟁의 위험성 증가와 관련하여서 로트는 전쟁현실이 전면전으로 전화될 가능성, 경제와 전쟁의 관련성, 민족주의, 핵전쟁의 예견할 수 있는 결과를 가르친다.

2) 과거의 평화를 위한 노력과 관련하여서는 선사시대에서부터 중세를 거쳐, 최근세사 나치 시대까지를 모두 다룰 수 있다. 중세시대에서는 기독교인들의 평화를 위한 노력이나 십자군 전쟁 등을 가르칠 수 있다. 전자의 경우 아씨시의 성 프란시스(Franz von Assisi)의 평화적인 선교활동을 다룰 수 있고, 반면에 십자군 전쟁은 비판적인 각도에서 분석할 수 있다.

3) 근대사회의 평화를 위한 노력과 관련하여서는 국제법이나 국제연맹 사상 등이 취급될 수 있는데, 특히 퀘이커교도의 활동이나 인문주의, 종교개혁에서부터 칸트까지 분석할 수 있다.

4) 현재의 평화노력을 드러내기 위해서는 냉전의 역사와 더불어 동맹체제의 성립·발전·변화, 탈냉전 정치, 동/서 간의 적대관계 그리고 남/북 갈등을 가르쳐야 한다. 또한 동/서 간의 세계관이나 경제적 차이 혹은 비동맹국가에 대한 현실적 평가를 흑백사고의 이분법을 넘어선 객관적 자세로 가르쳐야 한다.

5) 군축과 군비통제의 노력과 그 현재적 의미가 학습되어야 한다. 이를 위해서는 다양한 평화협회, 앙리 뒤낭(Henri Dunant), 쥬트너(Bertha von Suttner), 헤이그 만국평화회의, 국제연맹 그리고 유엔 등이 분석되어져야 한다.[33]

---

33) 앞의 책, pp.123~124.

롤훼스는 평화교육적인 역사수업의 내용제시와 관련하여 평화의 부재를 극대화하여 과대 포장하거나 너무 보편적인 주제를 제시하는 데에 거부감을 표시한다. 오히려 그는 평화교육을 위해 어떤 큰 주제들이 다루어져야 하는가의 문제의식에 입각하여 다섯 가지 지침을 제시하고 있다.

1) 역사수업은 오랜 기간에 걸친 전쟁과 평화의 변천을 명료하게 보여주어야 한다. 여기에서는 보편사적이면서도 비교사적인 시각이 유용하다. 전쟁의 정치적 가치, 군대, 군비확충과 군축, 전쟁의 성과와 전쟁의 비용 등을 학습할 수 있고, 이를 통해서 모든 전쟁이 총괄적으로 정치적 광기의 상처만은 아니라는 것을 확인할 수도 있다. 그렇더라도 전쟁은 인간에 대한 재앙이라는 것을 이해시켜야 하고, 전쟁은 자연재해와 같이 인류에게 피할 수 없는 일이라는 기존의 관점을 바꾸도록 해야 한다. 전쟁은 보다 신속한 그리고 지속적인 이득을 얻기 원하는 사람들에 의해 시도되는 모험임도 이해되어져야 한다. 마찬가지로 전쟁사의 변천에 대한 학습을 통해, 20세기에 이르러 전면전으로 변한, 더 이상 전쟁과 비전쟁의 구분도 흐려진, 그래서 모두가 희생자가 될 수밖에 없는 전쟁의 성격을 이해시키고, 이를 통해 평화실천에 대한 의지를 높여야 한다.[34]

2) 역사수업은 지난 2세기 동안 진행된 국제정치의 구조변화를 학생들에게 이해시켜야 한다. 다양한 생활영역에서 점점 늘어나는 초국가적인 관련성은 국제정치의 규모와 성격을 심각하게 변화시켰는데, 특히 시장확대의 필요성은 격심한 경쟁의 압력과 더불어 국가 간의 상호의존성을 강화하였다. 민족주의, 제국주의, 동서 냉전 그리고 남-북 갈등이 이런 국제적 상호관련성을 더욱 높이면서, 국제정치는 더욱 복잡해지고, 예기치 않은 교란상태에 들어갈 가능성도 높아졌다. 따라서 비판적 평화교육과는 달리 평화는 국내적 문

---

34) 앞의 책, pp.127~128 ; Joachim Rohlfes, Friedensforschung, pp.767~770.

제이자 동시에 국제적 문제이자 동시에 국제적 문제임으로, 국제정치의 복잡한 작동논리에 좀 더 관심을 가져야 한다.[35]

3) 역사수업에서는 전쟁의 원인과 목표에 대한 역사적이고도 실증적인 연구가 소개되어야 한다. 이를 위해서는 수업에서 거론되는 과거의 전쟁에 대해 역사적 유형론을 작성하는 것이 좋다. 예를 들면 나폴레옹과 히틀러 같은 정복전쟁, 7년 전쟁이나 - 경우에 따라서는 1차 대전 - 같은 예방전쟁, 스페인의 왕위계승전쟁이나 러시아의 크림전쟁 같은 현상유지를 지키기 위한 전쟁, 많은 제3세계 국가들의 민족해방전쟁, 1859년의 이탈리아전쟁과 같은 병합전쟁 등을 열거할 수 있다. 이런 전쟁의 원인은 바로 전쟁의 목표와 직결된다. 이와 같은 전쟁 원인에 대한 유형론을 이해하면 할수록, 전쟁을 기피하고 평화를 실현할 수 있는 방책에 대한 통찰력이 높아지게 될 것이다. 마찬가지로 국내정치에서의 사회적 관계, 보다 구체적으로는 어떤 정치적 · 사회적 집단이 전쟁을 이끌고 갔으며, 누가 전쟁에서 잃은 자가 되었고, 누가 전쟁에서 이득을 챙겼는가도 함께 분석해 보아야 한다.[36]

4) 역사수업은 평화체결과 평화질서를 분석해야 한다. 조약에 기초한 평화질서에 대한 질적 평가가 필요하다. 평화가 유형론상으로 살펴볼 때 대제국 내의 평화인지, 균형관계를 통한 평화인지, 병합을 통한 평화인지, 분리를 통한 평화인지 아니면 위협을 통한 평화인지를 분석하는 것도 매우 중요하다. 마찬가지로 강대국의 손안에 평화가 놓여있던 과거에 비해 연맹결성이나 연합을 통한 권력관계의 이동도 가능해졌다는 것을 이해할 필요도 있다.[37]

5) 역사수업은 평화 유지나 평화보장을 위한 여러 노력들을 토론해야 한다. 국

---

35) 앞의 책, pp.770~771 ; Horst-Wilhelm Jung, Gerda von Staehr, *Historische Friedens forschung*, p.128.
36) Ibid., p.129 ; Friedensforschung, pp.771~772. 전쟁의 가혹성을 가르치기 위해 전시의 일상생활을 수업내용에 포함하려는 시도도 있었다. Joachim Radkau, "Erfahrungen aus Unterichtsprojekten 'Kriegsalltag am Heimatort 1939~1945' : lokalhistorische Ansätze zu einer elementaren Friedenserziehung in Unterklassen (4.-7. Schuljahr)", *Geschichtsdidaktik*, 1978/12, pp.807~832 참조.
37) Joachim Rohlfes, p.772~774 ; Horst-Wilhelm Jung, Gerda von Staehr, *Historische Friedensforschung*, p.130.

제협약이나 국가들 간의 공동체결성을 다루어야 하고, 여기에서 위반할 경우 제재력을 발동할 수 있는지 여부도 검토되어야 한다. 이를 위해서는 국제연맹이나 국제연합에 대한 자세한 분석이 필요하고, 유럽공동체나 나토의 경우에도 그것이 평화를 증진시키는지 아니면 그 반대인지가 분석되어야 한다. 마찬가지로 군축과 관련하여 통제가능성, 경제적인 결과 그리고 정치적 모험 가능성에 대해서도 가르쳐야 한다. 평화주의의 기회, 특히 비폭력 저항운동에 대해서도 평가가 이루어져야 한다.[38]

뢰르, 로트 그리고 롤훼스에 비해, 쿤의 학습내용에 대한 제안은 보다 더 급진적이다. 우선 쿤은 전쟁과 전쟁의 원인, 평화체결 외에도 혁명의 역사나 ─ 여성평화운동을 포함한 ─ 평화운동의 역사 그리고 동/서 냉전의 뿌리, 즉 그 근본적인 원인을 학습내용으로 제안한다. 특히 혁명의 역사와 관련하여서는 혁명을 통한 사회 내적 갈등의 극복과정도 가르칠 것을 요구한다. 쿤은 중거리 미사일 설치 문제가 쟁점화되었던 1980년대에는 전쟁의 잔혹성과 그것의 심각한 사회적·인간적 폐해를 학습내용으로 다룰 것을 주장하기도 하였다. 이는 역사적 평화연구의 목적을 실천, 무엇보다도 '해방적 관점에서의 실천'에 두는 쿤의 입장을 반영하는 것이다. 따라서 그는 역사수업은 실천을 위해서 비정치적 목표설정을 넘어서야 한다고 주장하였다. 또한 자결권·민주주의 등이 사회적으로 주어지지 않는 경우도 허다하므로, 역사수업은 비판적이고 그래서 때로는 사회적 규범의 경계를 넘어서는 그런 학습과정을 실천해야 한다는 것이다.[39] 이런 맥락에서 쿤은 미래의 평화를 촉진하는 실천의 일환으로서의 역사수업은 역사 속에서 평화와 관련된 의사결정과정을 구명하려는 노력도 필요하다고 덧붙였다.[40]

---

38) 앞의 책, p.130 ; Joachim Rohlfes, Friedensforschung, pp.774~775.
39) Anette Kuhn, "Forderungen an eine zeitgemäße Didaktik der historisch-politischen Friedenserziehung", Anette Kuhn · Giesela Haffmanns · Angela Genger, *Historisch-Politische Friedenserziehung*, (München, 1972), p.17.
40) Anette Kuhn, Theorie und Praxis, p.12, 30.

쿤을 위시한 비판적 평화교육의 입장에 근거하여 1970, 1980년대에 다양한 역사수업의 학습내용에 대한 연구가 이루어졌다. 가장 많이 연구되거나 거론된 것은 1, 2차 세계대전의 역사수업에서의 활용이다. 이는 특히 독일의 세계대전에 대한 전쟁책임과 관련하여 독일인에게는 평화교육을 실천하고 평화심성을 성찰할 수 있는 좋은 계기가 되기 때문이었다.[41] 마찬가지로 역사수업에서 평화운동의 역사적 전개과정을 다루려는 연구도 평화운동에 공감하는 역사교육학자나 교사들에 의해 시도되고 있다.[42] 그러나 이에 못지않게 흥미 있는 시도는 '독일연방군과 안보정책' 혹은 '서독의 병역거부운동과 대체봉사'를 역사수업에서 다루려는 것이다.[43] 특히 청년들의 병역거부의 결과로 1960년대 이래 실시되고 있는 사회복지시설에서의 대체봉사제도는 중등교육과정에 있는 청소년의 현실과 직결된 문제이므로, 병역거부와 대체봉사를 둘러싼 토론도 평화교육이 큰 성과를 거둘 수 있는 지점이기 때문일 것이다.

---

41) Giesela Haffmanns: "Vorschläge zur Behandlung des Ersten Weltkrieges im historisch-politischen Unterricht", Anette Kuhn, Giesela Haffmanns, Angela Genger, *Historisch-Politische Friedenserziehung*, pp.34~80 ; Klaus Bruckmann, "Erster Weltkrieg - Ursachen, Kriegsziele, Kriegsschuld. Fritz Fischers Thesen in deutschen Schulgeschichtsbücher", *Geschichte im Wissenschaft und Unterricht*, 1981/10, pp.600~617 ; Klaus Hildebrand, "Julikrise 1914 : Das europäische Sicherheitsdilemma. Betrachtungen über den Ausbruch des Ersten Weltkrieges", *Geschichte im Wissenschaft und Unterricht*, 1985/7, pp.469~502 ; Ulrich Mayer, "Ursachen und Beginn des Ersten Weltkriegs - Ist ein Krieg unabwend war? Unterrichtsentwurf zur Verwendung von Elementen des Planspiels im historisch-politischen Unterricht", *Geschichtsdidaktik*, 1978, H. 1(1978), pp.206~216 참조.

42) Dieter Riesenberger, "Die Behandlung der historischen Friedensbewegung im Geschichtsunterricht. Information-Materialien-Hinweise", *Geschichtsdidaktik*, 1980. H. 1, pp.55~66 ; Guido Grünewald, "Kriegsdienstverweigerung: Grundrecht mit Numerus clausus oder: wie ein Grundrecht allmählich zu einem Ausnahmerecht degradiert wurde", *Geschichtsdidaktik*, 1982 H.2, pp.193~212.

43) Hans Jürgen Möller, "Wehrkunde oder sicherheitspolitische Öffentlichkeit und Friedenserziehung?", *Geschichtsdidaktik*, 1982 H.2, pp.231~241 ; Karl A. Otto, "Osternmarsch der Atomwaffengegner" - Die Friedensbewegung der 60er Jahre, *Geschichtsdidaktik*, 1982 H.2, pp.161~192.

## 2) 역사적 평화교육의 방법

평화교육에서는 그 내용에 못지않게 방법론이 매우 중요하다. 우선 평화교육에서는 피교육자들에게 다양한 대안적인 견해를 소개해 주어야 한다. 즉 피교육자들은 서로 반대되는 견해들을 균형 있게 제공받을 필요가 있고, 결과적으로 그 다양성 속에서 균형 잡힌 시각을 가지도록 해야 한다. 둘째로, 평화교육에서는 교육자가 중립을 지켜야 한다. 학습과정에서 교육자의 중립은 다양한 견해들을 보호해 주고, 학생들이 자율적, 능동적으로 평화의 의미를 찾아갈 가능성을 열어준다. 셋째로, 인종차별이나 성폭력 혹은 극단적인 소비주의 등과 같이 쉽게 합의에 도달할 수 있는 문제에 대해서 교육자는 분명한 자세를 취하면서, 이에 대해 날카롭게 비판해야 한다. 마찬가지로 교육과정에서 관용, 공정성, 합리성과 진리에 대한 존중 등의 가치들이 적극적으로 고무되어야 한다.[44]

역사적 평화교육에서도 방법론이 중요하다. 다시 말해서 역사적 평화교육에서는 수업 자체가 평화적으로 진행되는 것이 반드시 필요하다. 그래야만 평화교육의 취지가 제대로 살아날 수 있기 때문이다. 이를 위해서는 개방적인 강의와 학생 스스로 결정함으로써 만족도를 높일 수 있는 학습내용을 갖는 것이 중요하다. 예를 들면 공동작업, 제한받지 않는 발언, 자유로운 의견개진, 주제선택에서의 공동결정, 개인적·정치적 욕구의 의식적인 개입과 함께 교사역할은-왜곡된 내용에 대해서는 분명한 입장을 보이더라도-전체적으로는 자문과 파트너 관계로 제한하고, 학교검열의 폐지, 자유로운 행동도출 등을 통하여 따분한 강의식 수업을 지양하고 경험을 풍부하게 하는 것이 중요하다는 것이다.[45]

역사적 평화교육은 또한 학교 일상에 대한 비판에서 출발해야 한다. 청소년의 평화교육은 학교일상에서의 절망적 현실이나 '질서 잡힌 공격성

---

44) David Hicks, 위의 책, pp.26~27.
45) Peter Schulz-Hageleit, "Der Beitrag des Geschichtsunterrichts zur Friedenserziehung", *Geschichtsdidaktik*, 1982 H.2, pp.143~144.

(verordnete Aggresivität)'에 저항하기 위한 학생들 간의 단결에서 출발하기도 한다. 때로 학교에서 부당하게 자행되는 국가폭력에 대해서는 시민적 불복종과 저항의 정신으로 대처해야 한다. 다시 말하면 역사적 평화교육에서 중요한 것은 평화와 관련하여 일상적인 행동과 사고를 이해하고, 이런 연관성 속에서 평화를 체험할 수 있어야 한다는 것이다. 또한 평화교육에서는 '사악한 공격자는 우리 안에, 우리들 중에 있지 않고, 항상 타 집단 속에 있다'는 정형화된 사고를 버리도록 해야 한다. 역사적 과거청산과 관련하여 여전히 '뜨거운 감자'인 히틀러와 나치체제를 비난할라치면, 스탈린의 사악함을 지적하려는 독일인의 태도, 즉 타인에게 책임을 전가하는 문제점도 역사적 평화교육이 극복해야 할 왜곡된 사고이다. 또한 역사적인 내용을 통해 평화실현을 위한 문제의식을 심화시키고자 하는 경우에 역사학은 항상 어떤 정치적 목적에 봉사하거나 그를 통해 오용되어질 위험성이 있음도 역사적 평화교육에서 함께 지적되어야 할 것이다.[46]

역사적 평화교육에서는 학생의 참여가 대단히 중요하지만, 이와 함께 주관적 요인들에 대한 분석도 필요하다. 예를 들면 이미 교육기관 바깥에서 형성된 편견, 의미체계, 敵 개념, 스트레오 타입의 공고화 등에 대한 구체적인 분석이 평화연구에서 이루어져야 하지만, 이에 못지않게 학생들의 수준에 상응하는 방식으로 이런 주관적 요인이 지닌 문제점을 드러내어 인식하도록 해야 한다.[47]

또한 역사적 평화교육은 인류사회가 처한 위협적인 현실을 사실적 지식으로 전달하는 것을 통해 학생들의 공포를 자극하는 결과를 초래해서는 안 된다. 오히려 평화교육은 공포를 극복하는 것을 도와주어야 하고, 이를 위해서는 용의주도한 커리큘럼의 개발이 필요하다. 마찬가지로 평화교육에서 일어날 수 있는 학습장애를 학생들에게 알려주는 등 이를 학습내용으로

---

46) 앞의 책, pp.150~151.
47) Anette Kuhn, 10 Jahre Friedensforschung, p.18.

가르쳐야 하고, 이를 통해 학습과정이 진행되는 동안 학생들이 자기 성찰의 과정을 거치면서 장애요인을 스스로 극복해 가는 것도 중요하다. 그러나 우리가 현실을 들여다 보면 보다 큰 장애는 배우는 사람보다는 가르치는 사람이 가진 경우가 적지 않다. 연령이 높을수록 특정한 사고에 집착하고 그것을 바꾸는 데 대한 거부감이 강하기 때문일 것이다. 따라서 교사의 입장에서도 자기성찰의 과정을 통해 자신의 학습지도나 자신이 관점이 지닌 문제점을 포착하려는 노력이 요청된다.[48)

평화교육과 관련된 학생의 학습능력과 행동능력에 장애를 가져다 주는 두 가지 중요한 요인은 1) 공포, 2) 敵 개념, 특히 반공주의이다. 공포 극복에 평화교육은 중요한 역할을 담당해야 하며, 이런 맥락에서 '감성이 인식능력을 유도할 수 있는 기능(erkenntnisleitende Funktion der Emotionalität)'을 가지게 하는 교육안을 개발할 것을 주장한다. 마찬가지로 '반공주의'로 대표되는 敵 개념은 현실을 왜곡하고, 더불어 핵무기 위력에 대한 자각 능력을 마비시키면서 학생들의 현실감 상실을 초래할 수 있다. 반공주의 안에서는 적과 동지 개념 모두가 왜곡되어 있으므로, 역사적 평화교육은 수업을 통해 이런 문제를 학습대상으로 삼고, 토론에 부치도록 해야 한다.[49)

## 5. 제언 : 평화를 향한 감수성 회복을 위하여

지금까지 다루어 온 서독의 평화교육 사례는 분단국가에서 일어난 평화를 실현하려는 움직임이었다는 점에서 우리 현실과 일맥 상통하는 점도 있지만, 이에 못지않게 우리 현실과는 동떨어진 괴리감도 있다.[50) 특히 서독

---

48) Horst-Wilhelm Jung, Gerda von Staehr, Historische Friedensforschung, pp.155~156.
49) 같은 책, pp.156~165.
50) 최초 우리의 통일교육에서도 평화교육적 요소를 도입하려는 노력이 있었다. 정현백, 김엘리, 김정수, 『통일교육과 평화 교육의 만남』, 통일부 통일교육원, 2002와 추병완, 「평화지향

역사적 평화교육의 주류를 형성하고 있는 쿤의 비판적 방법론을 역사수업에 그대로 도입하는 것은 정치권력과의 충돌을 불가피하게 만들기 때문에, 현행 공교육제도의 틀 내에서 이를 실천에 옮기기란 쉽지 않다. 그렇더라도 구조적 폭력이나 문화적 폭력이 해소되지 않고서는 진정한 평화란 실현되기 어렵다는 갈퉁이나 쿤의 주장은 우리가 지향해야 할 목표로서 진지하게 성찰해야 할 대목이다. 또한 우리가 그들로부터 배워야 할 점은 그들의 꿈을 꾸려는 자세와 그를 실현하려는 열정이다.

보다 구체적으로 접근하자면 우리 현실에서는 장기적인 과제로 구조적 폭력이 없는 사회를 지향하되, 서독의 경우 1단계나 2단계에서 적용된 실용주의적 평화교육의 방법론을 역사수업에서 우선 활용할 필요가 있다. 특히 분단으로 인한 군사적인 긴장상태에 있는 우리의 현실에 대한 우려에 못지않게 학교교육 현장에서 일상적인 평화가 심각하게 위협받고 있는 현실을 고려하자면, 평화교육은 화급을 다투는 긴급한 사안이며, 여기에서 역사학과 역사교육은 그 역할의 중요한 한 부분을 감당해야 한다고 생각한다.

분단체제하에 살고 있는 우리로서는 평화교육의 시도에 있어서도 신중을 기하여야 하겠지만, 그렇더라도 1970년대 이후 활성화된 서구 평화교육의 문제의식을 공유할 필요가 있다. 서구 평화교육이 내세우는 중요한 지향점은 '현상유지와 여기에서 조금 나아간 개선'을 지향하는 것이기보다는 '대안적인 미래'를 설정하고, 그 실현을 위해 구체적으로 현실사회 속에서 무엇을 할 것인가를 고민하는 데에 있다. 즉 "'현재에서 시작해서 미래로' 나아가는 방식과는 정반대로, 개인이 꿈꾸는 미래, 인류가 나아가야 할 미래를 먼저 그려보고 그 꿈을 실현하기 위해서 지금 '내가 그리고 우리가 무엇을 해야 하는가'를 찾아내는, '미래에서 현재로' 내려오는 방식"이다. 이는 피교육자에게 '평화로운 세상을 꿈꿀 수 있는 능력'과 그 '꿈을 이루어보겠다는 의지와 성실한 실천'을 가르치는 것이다.[51] 따

---

적 통일교육의 이론과 실제」, 통일부 통일교육원, 2007 참조.

라서 평화교육에서는 미래에 대한 연구가 매우 중요하다. 이 점에서 평화교육은 이전의 통일교육과는 달라야 한다. 현상유지적인 통일교육과는 달리 평화교육을 꿈꾸자면, 본질적으로 우리는 기존의 교육학이나 교육제도가 지닌 속성을 뒤엎는 '역설의 교육'에 동의해야 한다. 이는 폭력적이고 反인권적인 현행의 학교나 사회 문화적 환경 속에서 평화·인권·새로운 미래를 위한 가치와 태도를 지향한다는 것은 그간의 관행을 뒤엎는 것이기 때문이다. 또한 이는 기존의 교육학이 지닌 신화, 즉 '알면 행할 것이다'라는 신화에서 벗어나는 길이기도 하다. 다시 말하면 우리가 지향해야 할 평화교육은 피교육자들이 어떤 사회문제에 대한 지식을 얻는 것과 올바른 판단력 그리고 그것을 실천하는 행위 사이를 연결할 수 있는 능력을 기르는 것을 도와주어야 한다는 것이다.

평화교육에 참여하는 역사교육자 모두는 '전문가'가 되어야 한다. 그러나 여기에서 평화교육의 어떤 방법론상의 왕도가 있고, 모든 이들이 그 방법을 터득해야 하는 그런 의미에서의 전문성을 요구하는 것은 아니다. 이는 오히려 성찰의 자세를 통해 스스로 깨우쳐 가는 그런 전문성이다. 그래서 평화교육은 학문적 관심의 대상이 되기보다는 교육자나 피교육자 모두의 삶과 실천이 그대로 실려야 하는 그런 분야이다. 따라서 피교육자가 처한 현실, 특히 학교 현장이 처한 현실에 대한 깊은 숙고가 필요하다. 이에 기초한다면 나름으로 역사적 평화교육의 모델을 개발할 수 있겠다. 평화교육 프로그램의 출발단계에서 느끼는 막막함은 교사나 학부모들의 용기 있는 시도와 실천을 통해서 가능하다. 우리의 역사수업에서도 상기한 평화교육의 이상과 의욕이 활발히 일어나기를 기대하면서, 미국의 대 아프간 전쟁에 반대하는 베를린의 평화시위에 걸려 있었던 현수막의 한 문장을 인용하는 것으로 이 글을 종결하고자 한다. "한 사람이 평화를 꿈꾸면 이는 꿈일 뿐이지만, 많은 이들이 평화를 꿈꾸면 이는 현실이 된다(Wenn einer

---

51) 고병헌, 「실천적 평화교육을 위한 철학적 기초」, 『여성과 평화』 제1집, 당대비평, 2000, 258, 260쪽.

vom Frieden träumt, ist es ein Traum. Wenn viele vom Frieden träumen, wird es Wirklichkeit)."[52]

(『역사교육』 2001년 12월, 80집)

52) 『한겨레 21』, 2001. 9. 27, 27쪽에서 재인용.

# 독일의 역사문화와 역사교육

## 1. 머리말 : 역사문화와 역사교육의 상보성

요즈음 독일의 역사가나 역사교육학자들은 '역사문화(Geschichtskultur, Historical Culture)' 라는 용어를 자주 사용하고, 그것을 하나의 개념으로 정착시키고자 한다. 이들에게 역사는 역사학의 경험적 지식의 분석과 교육 외에도 이들을 둘러싼 사회 내의 의사소통체계로서 인식되었기 때문이다. 역사문화의 형성에는 중·고등학교, 대학, 박물관, 대중매체 그리고 각 세대나 사회집단이 함께 참여한다. 텔레비전, 컴퓨터 그리고 비디오와 같은 시청각기재의 급속한 발달은 역사에 대한 대중들의 의사소통 욕구를 증대시켰고, 동구권의 변혁은 역사학 내용 자체의 변화를 요구하기 때문에 현 시점에서 올바른 역사문화의 형성과 역사교육의 활성화는 더더욱 중요해졌다.[1]

나치와 전범국가라는 오욕의 과거를 자라나는 세대에게 가르쳐야 하는

---

1) Siegfried Quandt, "Historical Communication and the Didactics of History. Basic Notions, Systematic Perspectives and the State of Development", Karl Pellens, Siegfried Quandt/Hans Süssmuth(eds.), *Historical Culture-Historical Communication. International Bibliography* (Frankfurt, 1994), pp.25~26.

부담감, 분단국으로서의 자기정체성 확보 그리고 예기치 못한 통일은 독일에서 역사연구나 역사교육을 둘러싼 격렬한 논쟁을 야기시켰다. 1980년대 후반에 격렬하였던 서독의 '역사가논쟁(Historikerstreit)'은 나치시대에 대한 독일인의 책임을 둘러싸고, 처음에는 학술지에서 다음에는 일간지를 통해 전 국민이 참여한 대규모의 논쟁으로 발전하였다.[2] 거의 모든 현대사가나 사회과학자들은 '나치의 역사화'에 대하여 신앙고백서를 제출한 셈이고, 급기야 이 논쟁은 동독으로까지 번졌다. 또한 통일 후 본과 에센에 대규모의 박물관을 설립할 때에도, 기획의 기본방향을 둘러싼 논쟁이 벌어졌다. 1945년 이후의 독일사를 한눈에 보여줄 이 박물관을 정치사 위주로 건립할 것인지 아니면 일상생활사 위주로 건립할 것인지를 둘러싼 역사가들의 논쟁이 매스컴을 통하여 진행된 것이 바로 그것이다. 역사학에 대한 높은 관심 만큼이나, 지난 100년간 독일 역사교육의 변화과정은 이러한 '역사문화', 나아가서는 정치문화로부터 충격을 받았고, 또한 역으로 학교에서 이루어지는 역사교육이 역사문화나 정치문화 형성에도 영향력을 행사하였다.

마찬가지로 독일 역사교육의 높은 수준, 그 민주적인 시행과정, 내용의 획일성 탈피 그리고 국민들의 역사교육에 대한 높은 관심과 역사수업의 높은 비중은 바로 그 사회에서 풀뿌리 민주주의가 정착하는 과정과 직결되어 있다. 흔히 역사교육의 강조는 한 사회에서 국수주의 열광이 고조되거나, 정치의 우경화가 진행될 때 수반되는 현상으로 일반화된다. 그러나 우리는 독일의 역사교육에 대한 고찰을 통해서 진정한 민주주의의 실현이 올바른 역사문화나 역사교육과 뗄 수 없는 관련을 지녔음을 확인하게 될 것이다.

이 글에서는 독일 학제에서 역사교과가 차지하는 위치나 역사교육의 내용과 교과서 그리고 자국사와 세계사의 통합 문제 등을 다루고자 하는데, 이는 주로 서독을 중심으로 서술될 수밖에 없다. 1968년 이래 다양한 신사회운동과 진보적인 정치문화의 영향 아래 서독의 역사교육이 우리에게 하나의 전

---

2) Rudolf Augstein u. a., 『Historikerstreit』. Die Dokumentation der Kontroverse um die Einzigartigkeit der nationalsozialistischen Judenver nichtung, (Müchen, 1987) 참조.

범이 될 수 있을 뿐 아니라, 통일 이후 역사교육의 통합이 서독모델에 준거하여 진행되고 있기 때문이다. 별도의 언급이 없는 한 이 글에서 '독일'이라는 접두어가 붙은 용어는 서독적인 것을 의미한다는 사실을 인지하기 바란다.

## 2. 독일의 학제와 역사교과의 위치

독일의 학제는 4년의 기초학교(Grundschule)-9년의 김나지움(Gymnasium,인문계 고등학교)으로 이루어진다. 그러나 김나지움 대신에 직업교육을 받을 학생들을 위한 실업학교(Realschule)와 양자에 진학하기에는 성적이 처지는 학생을 위한 기간학교(Hauptschule)가 수평적으로 존재한다. 그러나 기초학교를 마친 후, 겨우 10세 안팎의 나이에 아동의 진학과 장래가 결정되는 것이 불합리하다는 비판이 일자, 종전의 세 가지 학교형태를 전부 포괄하는 종합학교(Gesamtschule)가 생겨나고 있다.[3] 우리의 학제와 비교해 보자면, 독일의 학생들은 대학진학 전에 13학년을 다니게 되고, 대학 입학 후에는 곧바로 전공을 시작한다. 독일 대학은 최소한 8학기를 다니도록 되어있으나, 국가시험/졸업시험 그리고 졸업논문 심사가 까다로워, 보통 학생들은 12학기나 그 이상을 대학에 다닌다. 이들이 대학을 마치면, 석사학위를 취득하게 된다. 이렇게 보자면 한국 대학의 교양과정은 독일의 김나지움이나 종합학교의 12, 13학년에 해당한다. 그래서 이 글에서는 우리의 대학 교양과정에 해당하는 김나지움(혹은 종합학교) 상급반에 초점을 두어 독일 역사교육의 현황을 소개하고자 한다.[4]

---

3) 종합학교는 하나의 지붕 아래 김나지움, 실업학교, 그리고 기간학교 과정이 공존하는 새로운 모델이다. 여기에서는 종전과는 달리 하나의 학교에서 다른 학교로의 이행이 쉽게 보장된다. 종합학교에서는 수학과 영어에 A, B, C 과정이 있다. A과정은 김나지움, B과정은 실업학교, C과정은 기간학교의 수준에 해당한다. 한 학생이 자신의 능력에 맞추어 수학에서는 A과정을, 영어에서는 B과정을 다니는 것이 가능하다.

4) 한국교육개발원, 『교육과정 국제비교연구』, 1991, 248~256쪽 ; 유재택, 「외국의 교육과정에서 역사교과의 비중」, 『역사교육』 50, 1991, 138~141쪽.

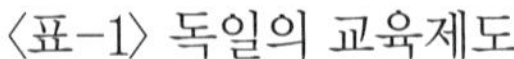

### 〈표-1〉 독일의 교육제도

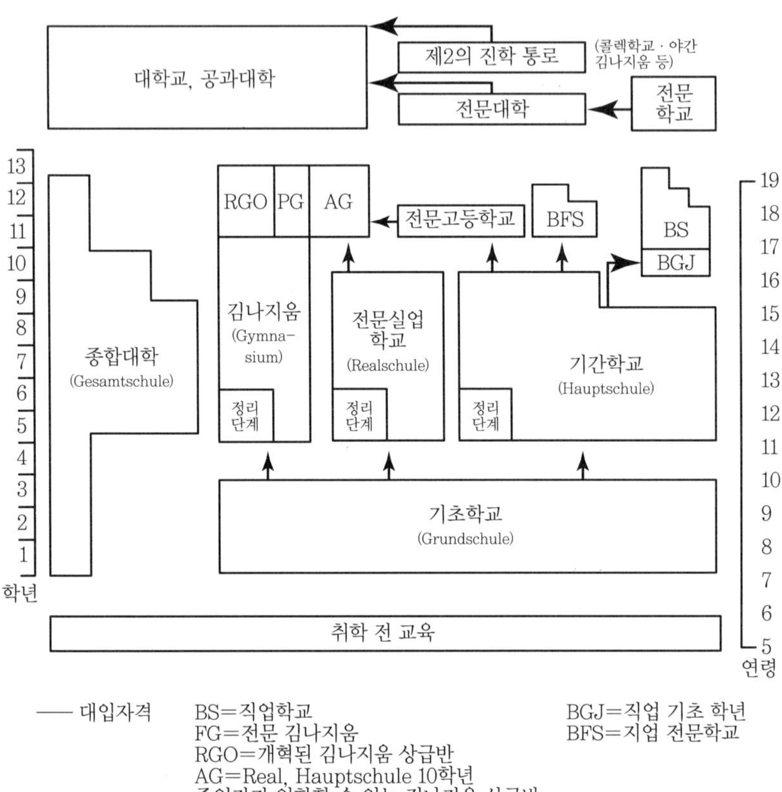



독일의 역사교육을 일반화하여 설명하기는 대단히 어렵다. 독일의 교육과정은 개방적이고 분산적이다. 연방정부 산하에는 교육부가 존재하지 않는다. 독일이 지닌 지방분권의 전통과 연방제라는 현행의 정치형태가 교육영역에도 일관되게 관철되고 있기 때문이다. 교육제도의 연방화는 개별 주들이 교육 문제에 대한 다양한 해결방식을 모색할 수 있는 장점을 지녔다. 그러나 분권화된 교육제도도 일정한 정도의 통일성을 필요로 한다. 교육정책은 여전히 주정부의 소관사항이긴 하나, 나름대로 전 독일적인 통일성을 기할 수 있는 방법이란 10개 주-1990년의 통일 이래로 16개가 되었는데-의 문화부장관회의(Kultusministerkonferenz)를 통한 조정이다. 그러나 연방화는 교육계획의 분리주의를 초래하였고, 문화부장관들은 각 지자체의 이해관계를 넘어선 어떤 공통점을 찾아내는 것이 점점 더 곤란해졌다. 특히 독일은 지난 200여 년의 의회주의 역사에서 지역적으로 보수당과 진보당의 지지기반이 확연히 갈라져 있는 만큼, 정치적인 불일치는 그 극복이 용이하지 않았다. 평화교육과 같은 예민한 주제에서는 이런 차이가 좀처럼 줄어 들지 않았다.[5] 물론 역사수업의 시간, 교육내용 그리고 조직형태도 주에 따라서 상당한 차이가 있다. 사회민주당이 오랫동안 집권해 온 노르트라인-베스트팔렌(Nordrhein-Westfalen)과 같은 주들에서는-보수적인 기독교사회당에 의해 통치되는 바이에른(Bayern)보다도-교과서나 교육목표에서도 더 진보적인 내용을 담고 있다.

일괄적으로 설명하기는 곤란하지만, 대체로 독일의 김나지움 하급학년 (7~10학년)에서는 역사는 필수교과이다. 그러나 우리나라의 대학교양과정에 해당하는 김나지움 상급학년에서는 주에 따라 차이가 있다. 바이에른이나 슐레스비히 홀스타인(Schleswig-Holstein)처럼 역사를 필수교과화하는 주도 있으나, 사회민주당이나 녹색당 등이 오래 집권해 온 진보적인 성향의 주에서는 역사가 필수교과가 아니다.[6] 아니 정확히 말하면 상급학년에서는 필수과목 자체가 존재하지 않는다. 그러나 필수과목이 아니라고 역사가 비중이 적다고 생각하면 큰 오산이다. 역사를 일단 선택할 경우, 그 비중은 매우 높다. 노르트라인-베스트팔렌 주를 예로 들어보자. 12~13학

---

5) Peter Lautzas, "Die Auffassung von Geschichte in den Lehrpläne und Richtlinien der Bundesrepublik Deutschland", Verband der Geschichtslehrer (ed.), Geschichtsunterricht und Geschichtsdidaktik vom Kaiserreich bis zur Gegenwart, (München, 1988), p.204 ; Joachim Rohlfes, "Geschichtsunterricht und Geschichtsdidaktik von den 50er bis zu den 80er Jahre", Verband der Geschichtslehrer (ed.), p.163.

6) Hanna Maria Maier, Traute Petersen, "Stand und Probleme des Geschichtsunterrichts in der Bundesrepublik Deutschland", Verband der Geschichtslehrer Deutschlands (ed.), p.211.

년 사이에 사회과학을 선택할 경우, 세 가지 영역 즉 역사, 사회학, 기타 사회과목(지리, 법학, 철학, 교육학, 심리학) 중에서 하나를 이수해야 한다. 그러나 여기에는 부대조건이 첨가된다. 역사를 선택한 사람은 사회학을 기초과정으로 연속하여 2학기 이수하여야 하고, 마찬가지로 사회학을 선택한 사람도 역사를 연속하여 2학기 이상 이수하여야 한다. 또한 기타 사회과목을 선택한 경우에도 반드시 역사 또는 사회학을 연속하여 2학기간 선택하여야 한다.[7] 사회과학 전체에서 역사교과의 비중은 1/3을 상회하고 있고, 또한 주당 30~34시간의 수업을 받는 김나지움 학생이 역사과목을 주당 6시간 듣는다는 사실에 비추어 보자면, 역사교과의 비중은 우리보다 훨씬 높다. 다소 무리가 따르기는 하지만 전체 교과에서 역사교과가 차지하는 비중을 노르트라인-베스트팔렌을 중심으로 계량화해 보자면, 대략 6% 정도이다.[8]

## 3. 역사교육의 내용과 교과서

독일인의 역사에서 하나로 통일된 국가는 1871년 비스마르크에 의한 독일제국의 건설과 더불어서 시작되었다. '통일된 민족국가의 수립'이라는 지상과제를 위하여 프로이센의 역사교육은 충성스런 국가시민과 복종하는 군인을 교육하는 일에 열중하였다. 역사수업에서는 고전시기(그리스, 로마, 초기 기독교세계)와 독일사에 대한 강의에 비중이 두어졌다. 역사교육

---

7) 뿐만 아니라 다른 주에 비해 노르트라인-베스트팔렌의 경우, 사회학의 비중이 대단히 높다. 왜냐하면 이 주의 대학들에는 역사학의 개별적 사건이나 사실의 고유성을 강조하는 역사주의에 반발하면서, 소위 '역사학의 사회과학화'를 표방하는 '역사적 사회과학(Historische Sozialwissenschaft)' 학파들이 포진하고 있다. 역사학에 대한 구조적 분석을 위하여 사회학의 광범한 활용을 강조하는 이들의 주장이 역사교육에 상당한 정도로 영향력을 행사하였기 때문이다. 그러나 노르트라인·베스트팔렌주의 이런 특수성을 감안한다면, 다른 주에서는 역사교과의 비중이 훨씬 높으리라는 것을 쉽게 짐작할 수 있다. 이를 위하여 Peter Lautzas, "Die Aufassung von Geschichte in den Lehrplänen und Richtlinien der Bundesrepublik Deutschland", Verband der Geschichtslehrer (ed.), p.204와 게오르그 G. 이거스, 이민호·박은구 역, 『현대사회사학의 흐름』, 서울 : 전예원, 1982, 141~162쪽을 참조할 것.
8) 유재택, 위의 글, 145쪽.

은 차라리 정치체제에 동화되어야 하였다. 역사서들은 고전시대에서 시작하여 프랑크왕국의 성립, 중부유럽의 기독교화, 중세의 독일제국이 세계사의 중심에 위치하게 되는 시기, 마틴 루터와 종교개혁 그리고 뒤이어 프로이센의 호엔촐레른왕가로 이어지는 역사적인 연속성을 가르치도록 구성되었다. 학생들을 교조적으로 훈련시키는 데 필요가 없는 주제는 탈락되었다. 1918년 1차 대전의 패전과 11월혁명으로 바이마르 공화국이 성립되었으나, 계속되는 정치적 혼란으로 인해 역사교육의 개혁과 정비가 진척되기는 어려웠다. 보수·봉건적이었던 독일제국을 '극복하여야 할 과거'로 인식하고 그 오류를 파헤치는 작업은 연기된 채, 제국 이래로 내려오던 역사교육의 기조는 그대로 유지되었다. 여전히 독일의 의회주의 역사는 수업에 포함되지 않았고, 사회사와 경제사도 마찬가지였다.[9] 독일의 역사교육이 국가사회주의에 맹목적으로 복종하는 시민을 양산하는 데 급급하였던 나치시대를 거친 후에야 비로소 그것은 자기성찰의 계기를 찾게 되었다.

나치시대까지 독일의 역사교육에서는 '민족주의적 이념'이 강조되었고, 민족의 영광스런 과거에 대한 서술이 교과서의 주축을 이루었다. 이러한 과거 역사교육의 맹점으로 인해 전후에 역사교육은 가장 중요하고도 어려운 과제를 짊어진 교과로 부각되어, 학교개혁의 '뜨거운 감자'로 떠올랐다. 학교에 남아 있던 교사의 대부분은 더 이상 독일사를 가르치기를 거부하였고, 점령군 정부는, 가장 늦은 경우, 1949년까지도 역사교육을 금지하였다. 네 점령군 정부는 각기 다른 역사교육의 목표를 제시하였고, 전국적 차원에서 독일 역사교육의 의사소통과 일반적 지침을 위한 논의는 교원노조가 조직한 역사수업위원회, 그리고 나중에는 전국교사연맹을 통해 이루어졌다.[10]

연합국의 감독하에 학교제도가 새로이 조직되었을 때, 그 출발점은 나치

---

9) Falk Pingel, "Geschichtslehrbücher zwischen Kaiserreich und Gegenwart", Verband der Geschichtslehrer (eds.), pp.244~248.

10) Ulrich Meyer, "Der Neuaufbau des Geschichtsunterrichts in den Ländern der Bundesrepublik Deutschland (1945~1953)", Verband der Geschichtslehrer (eds.), p.142, 149.

독일과 같은 야만시대는 재현되지 않아야 한다는 합의였다. 나치의 민족주의적 선전을 통해 교조주의의 수단으로 이용되는 역사수업의 위험성을 인식하였기에, 새로운 역사교과는 우선 정보를 전달하여야만 하였다. 역사교과서는 여전히 원시시대에서부터 최근세에 이르기까지의 역사를 연대기적인 방식으로 서술하였다. 이 시기의 역사교육은 전후 서독의 재건을 서방사회로의 성공적인 통합을 통해 달성하고자 하였던 아데나워(Konrad Adenauer)수상의 정치에 근거하였다. 역사수업은 학생들에게 의회민주주의가 최선의 정치형태라는 신념에 도달하도록 유도하는 것을 일차적인 목표로 하였다. 자연히 역사수업에서 자국사보다는 세계사의 비중이 높았다. 그럼에도 불구하고 분단 현실하에서, 동독보다 더 역사적 정당성을 확보해야 한다는 필요성 때문인지, 독일 역사학계나 역사교육에서 민족주의적 경향은 여전히 사라지지 않았다.

전후의 역사수업은 교수내용에서는 이전과 차별성을 지녔지만 그 형식은 대동소이하였다. 학생들은 중요한 연대기와 사건들을 배워야 하였다. 역사수업의 목표는 이미 '확정된 역사상(geschlossener Geschichtsbild)'의 전달에 놓여 있었다. 이는 학생들이 역사에서 모든 중요한 연대기와 사건들을 인지하고, 이런 역사적인 정보에 근거하여 모든 사건들을 연대기적·지리적 관점에서 재구성할 수 있는 능력을 함양하는 것을 의미하였다. 이와 같이 '확정된 역사상'의 전달에 필요한 정보는 많은 시간의 투입을 필요로 하였다. 전전의 역사교육에 대한 부정적인 인상 때문인지 역사수업을 위해서 주어진 시간은 축소되었고 사건설명에 치우치다 보면 주제에 대한 토론을 위한 시간은 상대적으로 줄어 들었다. 지식은 교사주도형 수업에 의해 전달되었고, 적당한 시기에 구술시험도 보았다. 학생들은 역사수업에서 수동적인 역할을 할 뿐이었다.

전후 독일에서 가장 큰 사회문화적 변혁은 1968년으로 거슬러 올라간다. 서독인들의 역사의식이나 정치의식은 1945년의 파국적 경험보다 1968년의 학생운동을 통해 더 큰 변화를 경험하였다. 전후에 성장한 젊은 세대는 자본주의적, 부루주아적 체제의 모순을 비판하는 것에서 한걸음 더 나아가 공적인 사회에서부터 일상생활 및 사적인 세계에 이르기까지 내재하는 권위적, 비민주적인 요소들을 문제삼기 시작하였다. 그들은 부모세대에게 나치의 야만성, 양차에 걸친 세계대전 그리고 제국주의적 침략의 책임을 물었다. 또한 그들은 어두운 과거의 책임을 학교교육에 돌렸다. 일반적인 학교제도와 역사교육은 지식전달에 너무나 많은 가치를 두었기 때문에 수업에서는 토의가 거의 이루어지지 않았고, 그 결과 무비판적인 인간이 양성되었다는 것이다. 그 결과 이전보다 역사교육의 중요성이 강조되기 시작하였고, 역사수업의 시간도 늘어났다.[11]

이러한 역사교육계의 움직임은 역사문화나 역사학의 동향변화에 영향을 받았다. 1970년대 이래 역사학의 해방적, 비판적 기능을 강조하면서 등장한 '비판적 역사학(Kritische Geschichtswissenschaft)'은 역사적 사건이 발생하는 구조와 과정에 관심을 갖고, 그것을 개별적인 역사적 요인과 결합하려고 하였다. '사회사가'로 불리기도 하는 이들은 역사와 사회과학의 결합을 기치로 내걸었다. 뿐만 아니라 이들은 독일 민족사를 비판적인 시각으로 검토하기 시작하였다. 즉 이들은 독일이 시민혁명의 실패와 중산층의 허약성과 봉건·농업적 엘리트의 강고함으로 인하여 민주화에 실패하였고, 이런 역사적 연속성이 히틀러로 이어졌다고 주장하였다. 1970, 1980년대 독일 역사학계에서 사회사가들의 영향력 확대는 역사문화 속에서 탈민족주의화(Postnationalisierung)를 촉진시켰다.[12]

이런 문제제기와 비판이 서서히 역사교육에 반영되었다. 역사가, 대중, 대중매체가 참여하는 다양한 논쟁들이 바로 독일 역사문화 형성에 일익을 담당하고, 이런 과정을 거쳐 역사교육의 목표와 지침이 결정된다. 1970년대에 행해진 역사교육의 개혁은 교육 목표 설정에서 잘 드러난다. 독일 각

---

11) Joachim Rohlfes, pp.160~161.
12) Stefan Berger, "Viewpoint: Historians and Nation-Buildung in Germany After Reunification", *Past and Present*, No. 148(1995), pp.191~196.

주의 역사교육의 목표를 살펴보면, 교육제도의 탈집중화의 경향에도 불구하고, 일정한 공통점이 발견된다. 우선 하급학년의 경우에는 인간 교육(humaner Bildung)이 강조된다. 즉 인본주의적 경험과 올바른 정체성 형성이 주로 전면에 내세워졌다. 보수적인 바이에른주에서는 기독교적인 가치관이 역사수업의 근저에 깔려야 한다는 주장도 제기되었다. 이에 비해 진보적인 브레멘시에서는 역사수업에서 학생들에게 스스로 책임질 수 있는 정치적 행동을 하도록 유도하거나, 그런 능력을 갖추도록 교육해야 한다는 목표를 설정하였다. 특히 흥미있는 점은 모든 주가 상급학년의 교육목표를 정치교육에 둔 점이다. 더불어서 역사교육의 현재와의 연관성을 특별히 강조하고 있다. 이는 역사교육의 중요성이 다시 확인되는 대목인데, 특히 브레멘과 노르트라인-베스트팔렌의 경우, 정치교육의 강조에서 더나아가 행동지향적 정치교육을, 그래서 과거 속에서 변혁의 가능성을 찾아낼 것을 강조하고 있다.[13]

역사교육 개혁의 구체적인 과제는 학생들이 역사학의 무비판적인 소비자로서의 수동적인 역할에서 탈피하여 역사와 적극적으로 만날 수 있도록 이끄는 데 있다. 이러한 과제설정은 당연히 역사교육의 방법론을 변화시켰다. 특히 김나지움 상급반에서는 무언가를 전달하는 것보다는 학생 스스로 작업하는 것, 즉 강의보다는 연구가, 내용의 조망보다는 심화학습이, 암기보다는 문제제기가 우선시되었다. 특히 사료연구가 역사수업의 핵심이 되었다. 학생은 필요한 정보를 스스로 습득해 가는 것을 배우고 자신의 사고와 판단력을 기를 수 있도록 훈련되었다. 교사는 수업을 주도하며 혼자서 가르치는 역할을 하는 것이 아니라, 소극적·중립적 태도를 유지하면서 토론을 이끌어 내어야 한다. 개혁 후에 역사수업 시간이 현저히 늘어났음에도 불구하고, 토론식 수업에서는 과거에 교사가 주도하였던 강의식 수업에 비해 주제마다 많은 시간이 소요되었다. 이제 이미 '확정된 역사상의 전

---

13) Peter Lautzas, p.205.

달' 이라는 낡은 방식은 많은 사례의 제시와 토론에 기초를 둔 예시적인 역사수업으로 대체되었다. 그러다 보니 수업주제는 눈에 띄게 줄었고, 무엇보다도 고대와 중세 그리고 미국과 유럽 이외의 역사가 지니는 비중이 약화되었다. 우리가 지금 주목하고 있는 김나지움의 상급반에서는 이미 개혁 이전부터 현대사가 중요하게 다루어졌지만, 그 비중은 이제 더욱더 커졌다. 1970년대까지 인기있는 테마였던 독일제국과 바이마르공화국에 대한 관심도 현저히 약화되었다. 뿐만 아니라 주제도 국제화되었다. 민족의 문화적 우월성을 내세웠던 민족주의적 관점들은 역사수업에서 거의 사라졌다. 역사교육의 주제도 역사학과 역사문화의 영향을 받았다. 교육내용에서 정치사나 사상사보다는 경제사나 사회사가 강조되고 있고, 여성사나 일상생활사도 현저하게 증가하였다. 사건사보다는 구조사가 강조되었고, 역사의식이나 문화의식의 지역화 혹은 블럭화의 추세 속에서 지방사에 대한 비중도 높아졌다.[14]

역사 교과서도 이러한 목표를 위해 수정되었다. 미리 정해진 역사상의 전달을 피하기 위하여 역사 교과서의 핵심적인 역할은 지식전달에 두어졌다. 교과서는 단지 강의의 도입부에 필요한 배경지식이나 학습재료를 미리 제시하는 수단이고, 개별적인 사건이나 사료에 대한 논쟁이나 해석에 토대를 두지 않았다. 그러다 보니 교과서의 내용도 건조해졌다. 아직 정확한 분석이 제시되지는 않았지만, 자연히 학생의 역사의식의 형성에는 교사의 강의, 해석 그리고 감정 개입이 더 작용할 수 있을 것이다.

그러나 역사 교과서에 다양한 관점들이 중립적으로 열거될 경우, 학생들이 역사적 과정에 대해 가능한 해석들 중의 하나를 자의적으로 받아들일 수 있는 위험이 문제시되기 시작하였다. 그래서 교과서의 저자들은 1980년대에 들어와 단어선택, 자료선정 그리고 특정한 과정들에 강조를 두는 것을 통해 가치판단을 교과서 속에 함축하는 방식을 취하게 되었다. 자연

---

14) Rohlfes, p.163.

히 제시되는 자료와 설명이 다양해졌지만, 같은 상급반과정이라도 인문계 고등학교, 실업학교, 그리고 기간학교 사이에 난이도 측면에서의 불균형이 다시 문제시되었다.[15]

개혁을 통하여 역사 교과서는 결정적인 지침서로서의 위치를 상실하였다. 김나지움 상급학년에서 학생들의 의사결정을 위한 토론이 수업의 중심이 되었고, 교사는 사고를 촉발시키는 토론을 통해 지적인 자극을 주긴 하지만, 결코 자신의 권위로 논의의 진행을 조정해서는 안되었다.

역사수업에서 교과서의 역할이 매우 축소되었음에도 불구하고, 서독의 역사 교과서는 우리를 압도하기에 충분할 만큼의 양적, 질적 수준을 과시하고 있다. "역사적 세계지식(Geschichtliche Weltkunde)"이라는 명칭을 지닌 교과서 한 종류를 예로 들어보자.[16] 우선 3권의 주교과서, 그에 딸린 3권의 사료집, 6권의 연습용 부도, 3권의 자습서가 있다. 우리의 대학 교양과정에 해당하는 김나지움 상급학년에서는 80~100쪽 분량을 가진 십수 권의 주제별 교과서가 지급된다. 주제별 학습은 근현대사에 일어난 사건만을 다루고 있다. 바로 이 사실만 보더라도 우리는 독일 김나지움 상급반의 역사교육에서 근현대사가 얼마나 치밀하게 교수되는지를 충분히 짐작할 수 있다. 그 교과서들의 제목은 '18세기의 부르주아 혁명', '산업혁명과 사회문제', '19세기의 자유주의·민족주의·민주주의의 맹아', '독일 민족국가의 제 문제', '제국주의 정책과 이론', '독일과 제1차 세계대전', '러시아혁명과 소비에트체제', '바이마르공화국의 토대와 발전', '유럽의 파시즘과 제3제국', '국가사회주의의 외교정책과 제2차 세계대전', '전승국과 긴장관계 속의 독일', '두 개의 독일국가와 협정체제에서의 그들의 통합(1945~1955)', '동구와 서구 사이의 독일 정책(1955~1980)'이다. 여기에서 드러나는 흥미 있는 사실은 김나지움 고급학년의 역사교육에서는 독일사의 전개에 전적으

---

15) Falk Pingel, p.243, 253.
16) Wolfgang Hug, Hejo Busley, Geschichtliche Weltkunde, Bd. 1, 2, 3, (Frankfurt am Main, 1979) 참조.

로 집중된 교과서 두세 권을 제외하고는 역사서술 자체가 대단히 세계사적, 비교사적 시각에서 서술되고 있다는 사실이다. 이는 국사, 동양사, 서양사가 확연히 구분된 우리의 교과서체계와는 많은 차이를 보이고 있다.

김나지움 상급반에서는 이 많은 교과서를 전부 다룰 수가 없기 때문에 교사와 학생이 동등한 자격으로 어떤 주제를 학습할지를 결정한다. 대부분의 경우에 교사가 선택가능한 다양한 주제를 제기하면 학생들이 하나 혹은 그 이상을 선택한다. 물론 여기에서 주제선택에 대한 제한은 없다. 그러나 실질적으로는 상급반의 역사수업이 몇몇 주제에 제한되는 경향이 있다. 몇 년 전에 역사교과의 수업부진으로 유급한 한 학생의 부친인 어느 변호사가 매년 다루는 주제가 바뀌고, 그래서 자신의 아들이 충분히 이해하지 못한 주제를 다시 들을 수 있는 기회를 박탈당했음을 들어 소송을 제기한 사례가 있었다. 이런 문제에 대한 우려 때문인지 많은 독일의 김나지움은 상급반 역사수업에서 주제에 대한 선택범위를 스스로 협소화하는 경향이 있다.[17]

독일의 역사 교과서는 검인정이다. 여러 종류의 역사 교과서 중 하나를 선택하는 결정은 해당학교의 교사회의에서 이루어진다. 그래서 김나지움에 따라 사용하는 교과서는 다양하다. 교육부는 가능한 한 더 많은 교과서를 인가하여, 교사회의의 재량권을 높일 수 있도록 조처하였다. 이 검인정 교과서를 국가는 무상으로 지급하고 있다. 교과서의 원색화보, 사진, 도표, 그리고 화려한 장정은 국가나 사회가 역사교육의 중요성을 얼마나 깊이 숙고하고, 얼마나 큰 투자를 하고 있는가를 가늠케 한다.

우리의 경우 역사교육의 질적 향상에 걸림돌로 작용하는 요소는 대학입시인데 비해, 독일에는 이런 제도가 없으므로 역사교사들이 수업을 독자적, 창의적으로 진행할 수 있다. 대학입학은 이미 앞에서 밝힌 대로 김나지움 마지막 학기에 실시하는 시험의 결과에 따라 내신성적으로 결정된다. 졸업 자격시험은 각 학교의 재량에 달려 있으므로 졸업평가방식은 학교마다 차

---

17) 알렉산더 간제, 정현백, 「분단독일의 역사교육」, 『역사와 현실』 제8호, 1992, 207쪽.

이가 있다. 따라서 역사 교과서에 있어서도 고등학교 졸업자에게 요구되는 엄격한 기준(Kanon)이 존재하지 않는다. 그렇다고 하더라도 시험에 대한 평가는 주정부에서 파견하는 감독관의 감독하에 공정하게 이루어진다.

　마지막으로 간단하게나마 언급하여야 할 것은 역사과목의 사회과로의 통합 문제이다. 1977년 헤센(Hessen)주의 교육지침 작성과정에서 역사를 사회과에 통합하려는 시도가 있었다. 〈역사〉, 〈지리〉, 〈사회〉를 통합하면서, 이 교과에서 〈사회〉에 주도적인 역할을 부여하고자 하였다. 게다가 수업의 핵심적 원리로 '갈등'과 '비판' 등이 부각되었다. 이 새로운 시도를 둘러싼 논쟁은 광범하게 여론의 관심을 불러일으켰다. 많은 국민들은 역사교육에서 '정치적 합의'나 '공동선' 등이 강조되기를 원하였다. 결국 국가는 통합안을 철회하였다. 그러나 김나지움 상급반에서는 더 흥미있는 방향으로 상황이 전개되었다. 1981년 12월 30일 국가재판소(Staatsgerichthof)의 판결에 따라 헤센에서는 역사를 독자적인 수업교과로 받아들이게 되었다. 그때 이래로 역사는 11, 12학년 학생들에게 필수적인 교과가 되었다. 이 사건은 헤센주를 넘어서서 독일 전역에서 문화부 외에도 정당, 의회, 각종 단체들 그리고 법원이 역사교과에 관심을 갖는 계기가 되었다. 그러나 사회사가들이 많이 포진해 있는 노르트라인-베스트팔렌주에서는 역사가 사회과로 통합된 것은 아니지만, 김나지움 상급반의 역사수업에서 사회과학적인 체계가 특별히 강조되었다. 역사 교과서를 이루는 핵심적인 기둥으로서 연대기는 거의 포기되었고, 대신 현재적인 관심으로부터 출발하여 현대사가 강조되었다. 자연히 문제제기 중심의 토론이 수업의 중심을 이루었다.[18]

---

18) Rohles, pp.161~162 ; Peter Lautzas, pp.206~207.

## 4. 자국사와 세계사의 통합

독일의 역사 교과서에서는 세계사와 국사가 구분되지 않는다. 양자는 서로 간의 교류와 상호관계 속에서 진행된다고 생각했기 때문일 것이다. 그럼에도 불구하고 2차 대전 이전까지 역사교육은 주로 독일사 중심으로, 민족주의적 관점으로 이루어졌다. 폐허화된 국가의 재건을 자본주의적 경제발전과 의회민주주의 실현을 통한 서방사회로의 성공적인 통합에 두었던 전후 독일의 상황은 역사교육에도 반영되었다. 역사교육에서는 독일에서 일어나지 않은 사건들이 역사수업의 대다수를 이루었다. 유럽사가 중심을 이루며, 예를 들면 아프리카의 역사는 석기시대, 고대 이집트, 카르타고, 알렉산더 원정, 로마, 이슬람의 팽창, 십자군 원정, 바스코다가마의 발견여행, 식민제국의 탄생, 제국주의 그리고 제2차 세계대전과의 연관 속에서 다루어졌다. 즉 국가적 목표에 따라서 역사교육에서도 세계사가 강조되었다.

그러나 1970년대 초부터 역사교육의 개혁이 진행되면서, 역사수업에서 '국사와 세계사의 통합'이라는 의미가 조금씩 퇴조하기 시작하였다. 특히 토론식 수업의 도입과 더불어 다루어야 할 주제가 대폭 축소되는 과정에서, 세계사의 비중은 많이 감소하였다. 그럼에도 불구하고 역사 교과서는 여전히 국사와 세계사의 통합이라는 기본틀에서 벗어나지는 않고 있다. 단지 독일과 직접적으로 연관된 국가들 간의 상호관계가 관심의 주축을 이루고 있을 뿐이다. 지난 십수 년 사이에 일부 역사교육학자들은 역사수업에 제3세계사가 포괄되어야 한다는 주장을 끈질기게 제기하고 있다. 이와 더불어 제3세계에 대한 문제의식이 확대되었고, 개별 역사수업에서 제국주의의 문제점, 불공평한 국제 경제질서, 민족해방 이후의 개발도상국에 대한 심도있는 이해가 일부 역사교사들에 의해 제공되기도 한다.[19]

---

19) 이를 위하여 Christine Kulke, Johannes Lundgreen, *Probleme der Dritten Welt im Unterricht*, (Frankfurt/M, 1972)를 참조할 것.

이러한 국사와 세계사의 통합은 대학 역사교육의 개혁 없이는 사실상 불가능하다. 독일대학의 사학과에서는 우리처럼 국사, 동양사, 세계사가 확연히 구별되지 않는다. 학과의 편제는 주로 시대에 따라 나누어진다. 많은 독일사가들이 대략 한두 개의 외국사를 함께 연구하기 때문에, 비교사가 대단히 활발하다. 독일 대학에서 배양되는 역사교사들이 통합된 역사과목을 교수할 수 있는 능력을 갖추는 것은 당연한 일이다.

역사 교과서 집필과 관련하여 흥미있는 사실은 10세기 이래로 늘 독일의 침략에 시달리며 살아왔던 폴란드와 독일이 '독일-폴란드 역사 교과서위원회(Deutsch-Polnische Schulbuchkommission)'를 설립하여, 교과서를 공동으로 서술한다는 사실이다. 1977년 '독일-폴란드 교과서권고안(Schulbuchempfehlungen zur polnisch-deutschen Beziehungsgeschichte)'이 발표되었을 때도 이는 보수적인 민족주의자들과 폴란드에 대한 보다 깊은 이해를 촉구하는 사회민주주의자들 사이에 공개적인 논쟁을 불러 일으켰다. 이는 앞선 헤센주의 논쟁과 함께 역사교육에 대한 여론의 관심을 자극한 중요한 사건이었다.[20] 이런 교과서 공동집필은 자국 내의 다양한 세력 사이에서 역사교육의 합의를 찾아가려는 노력으로 이는 국가 간의 토론과 이해를 바탕으로 세계사를 서술하고 교수하는 것을 통해 국제평화에도 적지 않은 기여를 할 것이다.


## 5. 통일 후 역사교육과 그 통합의 위기

독일에서 역사교육에 대한 열정이 감소된 것은 아니지만, 1980년대 들어와 몇몇 주에서는 토론식 혹은 문제제기 중심의 역사교육으로부터의 반전이 일어났다. 사료학습이나 심화학습의 강조는 역사 전체에 대한 조망이

---

20) Joachim Rohlfes, pp.161~162.

나 관련성에 대한 지식(Zusammenhangwissen)을 불충분하게 만든다는 비난 외에도 일부 역사교사들은 사실에 대한 견고한 지식이 없는 토론, 추론, 비판에 대해 분노하거나 아니면 학생들이 필요한 연장을 갖추지도 못한 채 끊임없이 질문하고 대답하여야 하는 것에 회의를 표명하였다. 이와 병행하여 일각에서 1970년대 개혁에서 자주 사용되던 '해방' 대신에 '정체성(Identität)'이라는 목표설정이 선호되기 시작하였다.[21]

그러나 이보다 더 중요한 역사교육에의 도전은 1989년 동독 공산당의 와해와 1990년의 통일이다. 분단 직후 동독 공산당은 역사교육을 대단히 중요하게 취급하였기에, '독일사수업의 기본지침(Richtlinien für den Unterricht in deutscher Geschichte)'이 임시로나마 제시되었던 1945년 말까지 역사교육은 전면 중단되었다. 역사시간은 시간표에 들어 있었으나, 실제로는 다른 과목을 가르쳤다. 1947년 수정·보완된 기본지침에 따라 역사교육은 맑스-레닌주의적 기본공식을 전달하는 데 치중하였고, 아울러 현대사가 강화되었다. 그러나 이에 못지 않게 괄목할 만한 사실은 소련사의 비중이 역사교육 내에서 높아졌다는 점이다. 시간이 지날수록 동독의 역사교육에서는 정치적 목적이 더욱 강조되었고, 이와 병행하여 번역된 소련 교과서에 기초를 둔 자료집형태의 수업용 참고자료들이 나타났다. 이렇게 소련교과서는 거의 1960년까지 광범하게 사용되었다. 학생들은 사건, 역사적 인물들이 내린 평가, 그리고 이미 제공된 결론을 자주 암기하여야 하였다.

동독의 역사교육에서 흥미있는 것은 1950년대 중반부터 "독일 민족에 대한 사랑을 의미하는 '민주주의적 애국주의'는 전체 인류의 진보에 이바지해 온 독일 민족의 업적에 대한 자부심이다"라는 슬로건과 함께 애국주의적 교육이 강화되기 시작한 사실이다. 이는 교과과정에 대한 지침에서 자국사의 강화로 나타났다.[22] 1951년에는 110시간의 역사수업에서 자국

---

21) Rohlfes, p.164.
22) Hans-Georg Wolf, "Geschichtsunterricht und Geschichtsmethodik in der DDR von 1945 bis zur Gegenwart", Verband der Geschcihtslehrer (eds.), p.227.

가가 110시간 중 57시간을 차지하였다. 그러나 1956년에는 전체 90시간 중 80시간을 자국사수업에 할애하였다. 이런 애국주의적 기조를 지닌 수업에서는 한편으로는 민족적 정체성의 형성이라는 측면에서 향토사가 강조되었으나, 다른 한편으로는 그간의 사회주의적 성취가 칭송되었다. 역사교육에서 자국사의 강조는 당시 계속되고 있었던 서독으로의 이주 물결을 차단하기 위해서 단결심을 고취시키는 데 주된 목적이 있었던 것 같다. 이러한 사회주의적 민족의식의 강조는 1968년 '프라하의 봄' 이후로 소련의 위성국가들에 대한 통제가 강화되면서 일시적으로 주춤하였다. 그러나 1970년대에 들어와 그전에는 반동적 역사로 폄하되던 프로이센사에 대한 연구가 동독 역사학계에서 활발해졌다.[23] 이와 병행하여 학교교육에서도 학생들은 이를 배워야만 하였다. 프로이센역사의 새로운 부상은 학생들에게 충성심, 훈육, 근면, 질서존중 등의 도덕적 덕성을 강화시키려는 것과 밀접히 연계되어 있음을 짐작할 수 있다. 또한 역사교육의 현장에서 학생들이 동독사를 제국주의적인 서독사와의 연관성 속에서 바라보고, 혁명의 세계적 과정을 포괄적으로 조망하지 않는다는 이유로, 교과서에서 서독사가 거의 배제되었다. 뿐만 아니라 1971년 독일 통일당의 전당대회에서 "독일민주주의 공화국의 역사서술은 독자적인 과목으로 간주되고, 반면에 서독사 서술은 일반사에 편입되어야 한다"는 방침이 결정되었다. 이렇게 민주주의가 결여된 정치체제에서는 역사과목이 체제의 필요에 따라 조야한 형태로 활용되고, 민족주의도 자의적으로 해석된다는 것을 우리는 동독의 경우를 통해서 확인할 수 있다.[24]

그러나 1980년대 초반부터 동독의 역사교육은 정체성의 위기를 겪기 시작하였다. 우선 1970년대 말 이래로 다양한 대중문화나 매체들이 등장하면서, 이것의 주된 향유층인 신세대 청소년들은 단순하고 교조적인 내용을

---

23) 안병직, 「독일의 통일과 구동독의 역사학」, 『역사학보』 139, 1993, 251~254쪽.
24) 같은 책, p.233.

지닌 역사교육에 반발하기 시작하였다. 무엇보다도 이들은 이미 라디오, TV 그리고 소년단에서 배운 역사수업의 내용을 학교에서 다시 배우는 것, 해묵은 세계관을 반복적으로 경청해야 하는 현실에 불만을 터뜨리기 시작하였다. 이제 역사수업은 학생 개개인에게 신경을 써주어야 하고, 다양한 방식으로 진행되는 것이 불가피해졌다. 또한 동·서독 사이의 긴장완화와 더불어, 동·서독의 상황에 대한 인식이 현실화되었고, 역사교육에 대한 이데올로기 강화의 요구도 완화되었다.

통일 전의 10년 사이에 동독의 역사교육이 약간 다양화되었다고는 하지만, 1989년 베를린장벽의 붕괴는 옛 동독 주민에게 방향감각의 상실과 미래에 대한 두려움을 가져다 주었다. 이미 언급한 대로 동독의 역사교육은 대단히 폐쇄적인 교과과정을 지녔고, 교육의 목표, 내용 그리고 방법은 '사회주의적 역사의식의 형성'이라는 목적 아래 세부적으로 규정되어 있었다.[25] 이에 비해 서독의 정치나 역사교육은 현재까지 자유민주주의를 지향하고 있고, 교과과정은 개방적이고, 지역에 따른 편차도 매우 크다.[26] 통일 이후 옛 동독인의 대다수가 역사교육이 과거구조로부터 탈피하기를 원한다. 그러나 그들의 역사의식은 대단히 이중적이다. 과거의 역사상은 여전히 그들의 무의식 속에 내재하고 있다. 또한 그들은 새로운 역사상을 받아들이려고 노력하지만, 이것은 아직 그들의 의식 속에서 윤곽이 잡히지 않고 있다. 혹은 이런 모든 현실을 직시하기를 거부한 채, 과거에 대한 축출메커니즘 혹은 철저한 방어본능에 젖은 이들도 있다.[27] 그래서 통일독일의 역사교육은 사회주의 이념에 의해 교육된 대다수의 사람들이 실존하

---

25) 이를 위하여 Bernd Mütter, "West, East and United Germany", Karl Pellens, Siegfried Quandt, Hans Süssmuth(eds.), pp.223~242와 Dagmar Klose, "Prägungen und Wandlungen ostdeutschen Identitäten", *Aus Politik und Zeitgeschichte. Beilage zur Wochenzeitung Das Parlament*, Bd. 41-1994, pp.3~11을 참조할 것.

26) 통일 이후의 역사교육에 관해서는 이병련, 「독일 통일과 동독 역사교육의 몰락」, 『사총』, Vol. 50, No. 1, 1999와 이병련, 「독일통일 이후 신연방주의 역사교육」, 『역사비평』, 2000, No. 1 참조.

27) Dagmar Klose, "Prägungen und Wandlungen ostdeutscher Identitäten", *Aus Politik und Zeitgeschichte, Bd.* 41(1994), p.9.

는 이런 현실에서 출발해야 할 것이다. 독일의 역사교육은 1949년 이래 서로 정반대의 방향으로 달려온 두 사회를 함께 고려해야만 하게 되었다. 다시 말해 독일의 외적인 통일은 이미 달성되었으나, 내적인 통일은 여전히 역사교육의 큰 과제로 남게 되었다.

이러한 역사교육의 진정한 내적 통일 못지않게 심각한 문제는 역사서술에서의 민족주의적 시각의 부활이다.[28] 과거 동독의 역사에 대한 지독한 폄하 못지않게 히틀러를 근대화의 담지자로 재해석하기까지에 이른 일부 역사가들의 연구동향은 '역사교육에서의 보수화'를 예고하는 듯이 들린다.[29] 여기서 한 가지 짚고 넘어가야 할 점은 민족주의의 개념이다. 우리와 같이 식민지적 과거를 지닌 약소국가에서 이 개념이 지니는 저항적 성격과 그 긍정적 의미와는 달리, 독일에서 이 용어는 공격적, 제국주의적 그리고 파시즘적 흐름과 동일시되었다. 적어도 통일 전에는 양차 대전 발발과 유태인 학살의 과거를 지닌 독일인에게 '민족주의자'는 네오파시스트와 거의 동일시되었다. 통일 후에야 비로소 보다 긍정적인 민족주의 이념을 만들려는 노력이 시작되고 있다. 그러나 독일인들이 얼마나 민족주의적 성향을 순기능적으로 발전시킬지는 아무도 예측할 수 없는 일이기에, 이런 맥락에서 독일 역사교육의 역할은 더욱 중요해졌다.

바로 이런 현실에 직면하여, 우선 옛 동독의 역사교육학자들은 '원칙적으로 새로운 관점' 혹은 '근본적으로 새로운 이미지'를 모색하면서, 역사교육 패러다임의 전환을 시도하고 있다. 구체적으로 이들은 역사교육에서 교육주체의 기능변화, 맑스-레닌주의라는 일괴암적인 역사관의 폐기, 이념적·정치적 다원주의에의 개방, 독일 전체 역사 그리고 그것과 세계사와

---

28) 통일 이후의 독일에서는 역사교육에 앞서, 역사연구와 역사서술에서의 일정한 정리와 합의가 선행될 필요가 있었다. 동독사를 포함한 독일사의 재서술과 관련하여서는 한운석, 『하나의 민족, 두 개의 과거. 20세기 독일민족과 통일문제』, 신서원, 2003과 크리스토프 클레스만, 『통일과 역사 새로 쓰기·독일 현대사에서 배운다』, 역사비평사, 2004 참조.

29) 이를 위하여 정현백, 「실패한 새로운 시작. 독일역사학의 과거청산과 분단극복」, 『창작과 비평』 1996년 가을호를 참조할 것.

의 연관성 강조를 내세우고 있다. 통일 직후 역사교육과 관련하여 진행되는 논의에서는 역사교육의 통합이 서독 역사교육에로의 흡수통합이어서는 안된다는 우려가 강력하게 제기되었다. 실질적으로 양 독일을 내부적으로 통합하는 역사교육이 되기 위해서는 우선 과거 동독의 문제점을 비판하되, 그것이 지녔던 장점은 흡수해야 한다는 것이다. 그다음으로는 동독인들이 겪었던 1989년의 평화적인 혁명과정과 이전의 동독 공산당독재 아래의 생활경험들이 역사교과에 도입되어야 하고, 그래야만 동독과 공산당하의 일상생활에 대한 서독학생들의 무지가 보완될 수 있다는 것이다.[30]

## 6. 맺음말

지금까지 다룬 독일의 역사교육의 현황은 그 자체로서 완벽하다고 말할 수는 없겠지만, 나름대로 역사교육의 대안을 찾아서 다양한 시도와 실험을 해 온 결과라 할 수 있다. 그런 점에서 동일한 분단국가의 경험을 지닌 우리에게 분단하에서 역사교육이 어떻게 진행되어야 하는지, 통일 후에는 역사교육이 어떻게 뿌리를 내려야 하는지에 대한 질문과 관련하여, 독일의 경우는 우리에게 많은 시사점을 던져준다.

독일의 역사교육에서 우리가 인식해야 할 중요한 사실은 역사교육의 훌륭한 실천은 전체 사회의 민주화 그리고 그를 통해서 조성되는 역사문화와 밀접한 관련을 지녔다는 사실이다. 풀뿌리 민주주의가 정착되고, 국가의 엄청난 재정적 지원에도 불구하고 역사교육이 정책입안자에 의해 일방적으로 결정되지 않고, 아래로부터 올라오는 역사교육에 대한 다양한 목소리들이 상호 간의 토론을 통해 조정되거나 합의되어질 때, 역사교육은 정치

---

30) Hans Süssmuth, "Federal Republic of Germany", Karl Pellens, Siegfried Quandt, Hans Süssmuth (eds.), pp.196~199.

권력에 의해 악용되지 않으면서 비판의식을 지닌 건강한 시민을 육성하는 데 제대로 이바지할 수 있을 것이다.

또한 역사교육은 역사문화에 못지않게 역사학계의 동향과도 무관하지 않다. 1970, 1980년대 서독의 사회사 혹은 '역사적 사회과학' 의 연구가 역사교과를 문제제기 중심의 수업으로 그리고 정치사 중심의 수업에 사회사나 구조사를 첨가하는 데 큰 역할을 하였던 것처럼, 역사학 연구와 역사교육은 상호 간에 자극을 주고받는 것이 가장 바람직하다. 물론 역사 교과서가 학계의 연구동향을 빠짐없이 반영해야 하는 것도 아니고, 반영할 수도 없다. 그럼에도 불구하고 교과서는 역사학계의 커다란 변화에 무감해서는 안된다. 역사학계의 변화를 알리는 것을 통해서 어떤 역사적 사건에 대한 해석이 결정되어 주어진 것이 아니라, 그 자체로 항상 재평가와 토론의 여지를 남긴다는 것을 학생들에게 인지시키는 것이 매우 중요하다. 그러기 위해서는 역사학계의 중심적 연구성과가 좀 더 축약되거나 평이하게 전달될 수 있는 해설서들의 개발이 필요하다.[27)]

통일을 바라보고 대비하여야 하는 우리로서는 상기한 독일의 경험, 즉 어떤 집중적인 이데올로기 교육이나 선전보다는 다양한 의견들을 인정하고 수렴하면서 국민들에게 바람직한 역사의식을 심어주고 또한 그를 통해 통일을 달성한 독일의 경험을 그와는 상황이 다른 우리의 역사적 맥락에서 다시 한번 반추해 보는 것이 시급히 필요한 듯하다.

독일의 역사교육은 앞서 말한 통합의 과제를 모두 완수한 것은 아니지만, 정치적 부침과 사회적 위기 속에서 올바른 역사의식의 정착과 민주적 정치교육에 크게 기여하였다는 점에서, 비록 역사적 전통과 사회적 조건이 다를지라도, 향후 우리 역사교육의 발전에 귀감이 될 수 있으리라 생각된

---

27) Ernst Hinrichs, "Zur wissenschaftlichen Angemessenheit von Schulbuchtexten. Beispiel: Geschichtsbücher", K. Peter Fritzsche (ed.), *Schulbücher auf dem Prüfstand. Perspektiven der Schulbuchbeurteilung in Europa* (Braunschweig, 1992), pp.103~104.

다. 특히 독일 정부의 역사교육에 대한 엄청난 재정적 지원 그리고 독일 사회의 역사교육에 대한 크나큰 관심은 우리가 꼭 유념하여야 할 대목이다. 앞에서 소개한 독일 역사교육학계의 성찰적인 목소리가 향후 역사교육에서 어느 정도 현실화될 수 있을지는 그 사회에서의 실질적 민주주의 정착과 올바른 역사문화 형성에 달려 있다.

(『역사와 현실』 1996년 6월, 20호)

# 일본군 성노예 문제와 기억의 현재화

## 1. 침묵을 넘어 기억의 장으로

매주 수요일 낮 12시, 서울의 일본대사관 앞에서는 일본군 성노예 피해자 할머니들이 참여하는 시위가 개최되고 있다. 이제 시위가 500회를 넘어섰지만, 이들은 지치지 않고 매주 집회를 개최하고 있다. 1988년 4월 한국교회여성연합회의 국제세미나 '여성과 관광문화'에서 처음 일본군 성노예 문제가 제기되고 1990년 11월 '한국정신대대책협의회(이하 '정대협'이라 지칭함 The Korean Council for the Women Drafted for Military Sexual Slavery by Japan, KWMD)'가 창립된 이래로 이제 14년의 세월이 흘렀다. 그때 이래로 일본군 성노예 문제는 몇 십 년간의 침묵을 깨고, 사회적 관심사로 떠오르게 되었다.

일본의 각광받는 페미니스트 학자인 우에노 치즈코(Ueno Chizuko)는 일본군 성노예의 증언은 1) 그 실상의 잔혹성과 2) 그 피해자가 50년 동안이나 침묵을 강요당했다는 점을 강조하여 일본 사회의 주목을 끌었다.[1] 이제 이 문제는 한국 사회에도 젠더정치나 기억정치와 관련하여 중요한 화두

---

1) 우에노 치즈코, 『내셔널리즘과 젠더』 (박종철 출판사, 1999), 100쪽.

로 떠오르고 있다. 그렇다면 왜 50여 년 동안 피해자 여성은 침묵을 강요당했고, 1990년대에 이르러 어떻게 이는 국제적인 주목을 받게 되었는가? 군 성노예를 둘러싼 운동의 성공은 한국 여성운동의 열정적인 활동의 성과라 말할 수 있다.

그러나 여성운동의 적극적인 투쟁만으로 일본군 성노예운동의 성공을 설명하기는 어렵다. 지정학적으로 동북아시아의 한 끝에 고립되어 있는 한국 사회에서 민족주의 이데올로기는 강력하고, 그만큼 '민족의 수치를 드러내지 말라'는 가부장제적 압력은 강하였을 것이다. 또한 유교적 사회에서는 성폭력을 당한 것은 여성의 치욕이라는 관념이 지배적이다. 치즈코는 이런 압력에도 불구하고, 일본군 성노예 문제가 공개될 수 있었던 것은 바로 성폭력에 대한 비판이 민족주의의 틀 안에서 수용되었기 때문이라고 한다. 다시 말하면 군 성노예에 대한 문제제기는 반일감정의 작용 속에서 큰 거부감 없이 수용될 수 있었다는 것이다.[2]

그러나 이런 해석은 논란의 여지가 많다. 일본군 성노예 문제가 민족차별이라는 문제의식 속에서 무리 없이 수용될 수 있었다는 주장은 일말의 진실은 있지만, 그것만으로 정대협 운동의 성공원인을 모두 설명할 수는 없다. 1987년의 민주화조치에 이르기까지 한국의 여성운동이나 사회운동은 군부독재나 생존권투쟁에 저항하는 것만으로도 힘겨웠고, 일본군 성노예 문제가 제기되기에는 해결해야 할 과제들이 너무 급박한 것이었다. 군부독재 퇴진과 민주화가 실현된 지 불과 1년 만에 일본군 성노예에 대한 문제제기가 이루어졌다는 점에서 보자면 일본군 성노예 문제에 대한 한국의 대응은 늦었다고 말하기는 어렵다. 일본군 성노예 문제의 공론화는 한국사회의 민주화에 힘입은 바가 크다. 이런 점에서 치즈코는 한국과 일본의 역사발전의 비동시성, 가해국가와 피해국가의 차이를 보다 겸손하게 수용하였어야 하였다. 마찬가지로 한국과 일본 모두에게 이 50년간의 침묵

2) 같은 책, 102~104쪽.

에 대한 책임을 똑같이 묻는다면, 이는 부당하다.

일본군 성노예 문제가 널리 알려지고, 쉽게 운동으로 전환된 데에는 일본을 위시한 다양한 국가의 여성운동들과의 국제적 협력도 중요한 역할을 하였다. 구 유고슬라비아 지역에서 자행된 전시 집단강간 문제가 일본군 성 노예 문제와 접맥하면서, 국제 사회의 이목을 집중시키는 데 크게 성공하였기 때문이다. 또한 한국에 의한 일본군 성노예 문제의 제기가 역으로 2차 대전의 피해자 여성 간의 아시아 연대를 결성하게 함으로써 여성운동의 국제적 연대를 강화시켰다. UN이나 기타 국제인권단체의 공식조사와 보고서를 이끌어내었고, 이를 통해 전시 여성인권 침해에 대한 국제적 기준을 만드는 데 기여하였기 때문이다.[3]

총체적으로 일본군 성노예 문제는 여성주의적인 시각에서나 과거청산의 측면에서 볼 때, 많은 성과를 거두었다.[4] 우선 역사에 묻힐 뻔하였던 일본군 성노예 문제를 역사의 정면으로 끌어내어 진상을 밝힐 수 있었던 것이 가장 중요한 성과일 것이다. 2007년 12월 통계로 남한에 109명, 1997년 통계로 북한에 131명의 피해여성이 생존하고 있고,[5] 이들의 공개적인 증언이 세계 각지에서 논문으로, 책으로, 영화로, 연극으로 만들어져 진상이 알려지고 있다. 피해 여성이 공개적으로 국민과 언론 앞에 자신을 드러내고 증언하는 것은 그들에게 과거의 아픔을 되살리는 고통도 있지만, 이는 그들 개인의 고난을 승화시키고, 전쟁의 비인간성을 보여줌으로써 대중의

---

3) 그러나 한국과 국제사회의 문제의식 사이에 약간의 차별성이 드러나기도 한다. 즉 한국 내에서 제기된 일본군 성노예 문제는 여성을 향한 전시 성폭력에 못지않게 군대에 의한 체계적 동원을 통한 '제국주의적 착취 메카니즘'이나 민족차별에도 상당한 관심을 기울였던 데 비해, 국제적인 페미니즘 운동에서는 '성노예 문제'만이 집중적으로 부각되었던 것 같다. 이정옥, 「아시아 시민사회의 성장과 평화운동을 위한 연대가능성」, 『The International Conference on Korean Reconciliation & Reunification for Global Peace』 자료집, 2001. 8. 13~14, 서울, 331쪽 ; 심영희, 「2000년 법정은 아직 끝나지 않았다」, 『여성과 사회』 12집, 2001, 161쪽.
4) 일본군 성노예 운동의 성과를 아래와 같이 정리한 것은 주로 신혜수의 주장에 의존하였다. 신혜수, 「일본군 성노예 문제 해결을 위한 운동의 성과」, 『정신대 자료집』 9, 29~30쪽.
5) 2002년의 생존자가 203명이었으나, 불과 5년 사이에 절반이 사망하였다. 일본군 성노예의 역사화 작업의 시급성이 확인되는 대목이다. 정대협 윤미향 상임 대표와의 인터뷰 (2007. 12. 24).

평화의식을 높이는 데 크게 기여할 수 있었다. 또한 이는 전쟁 중의 강간과 성노예에 대한 국민들의 인식을 바꾸었다. 성노예의 존재가 피해여성 개인과 가족 그리고 국가가 은폐해야 할 수치스러운 일이 아니라, 성노예 자체가 정의롭지 못한 폭력이고, 그래서 피해자는 우리가 보호해야 할 희생자라는 인식을 확산시켰다. 더불어서 각급 학교에서의 강연회, 피해여성을 위한 위로잔치, 일본 대사관 앞의 정기시위, '나눔의 집'에 설립된 일본군 성노예박물관을 통해서 생생한 인권교육과 역사교육을 실시하게 되었다.

다음으로 정대협의 활동은 피해여성들이 인간으로서의 자존심과 긍지를 되찾는 데에 기여하였다. 피해여성의 증언집을 통해 드러나는 사실은 이들 대다수가 거의 교육을 받지 못한 상태에서, 전래되어 온 가부장적 순결이데올로기를 내면화하고 있었기에, 오랫동안 자책감과 수치심 속에서 살아왔다는 것이다. 정대협운동은 이런 피해여성들을 죄의식으로부터 벗어나 스스로의 고통을 말하도록 하였고, 유사한 경험을 지닌 이들과 교류할 수 있는 기회를 통해서, 스스로의 정신적 고통을 극복해 갈 수 있게 하였다.

또한 정대협운동은 한국정부로 하여금 생존한 피해여성에 대한 생활대책을 마련케 하였다. 한국 여성운동의 압력하에서 1993년 5월 '일제하 군 성노예 피해자 생활안정지원법'이 제정되었고, 생존자 1인당 일시 지원금 500만 원과 월 50만 원의 생계비 지원, 의료혜택, 영구임대주택 입주권 등이 주어지게 되었다. 또한 지역에 따라 지방자치단체, 사회단체 등에서 액수와 내용은 다르지만, 물질적인 지원을 추가로 제공하고 있다. 이를 통해 피해여성에 대한 개인 배상을 민간기금을 통해 해결하려는 일본정부의 비양심적인 시도가 명분을 상실토록 하였다. 이는 오랫동안 진행된 정대협운동을 통해서 한국정부가 입장을 바꾼 경우로서, 그간의 투쟁을 한 단계 고양시키는 사건이었다. 이런 조치는 한국정부가 명백하게 일본정부가 성노예 개인에게 배상할 책임이 있음을 인정한 것이면서, 동시에 이를 한국정부가 먼저 지급함으로써 민족적인 자존심을 살리는 역할을 하였다. 실제로 정부에 의한 경제적 지원은 피해여성들에게 큰 도움이 되고 있다. 증언집에서 드러나는 대로 이는 그녀들의 인생에 대한 마지막 보상이자, 그 일생에서 유일하게 경험하는 생활 안정이었다. 또한 지원금 지급은 많은 피해여성들이 신고와 더불어 세상 속으로 나오게 하는 촉매제 역할을 하기도 한다.

이렇게 일본군 성노예 문제를 해결하기 위한 여성운동은 큰 성과를 거두었다. 그러나 다양한 법적 해석과 판결, 국제적인 압력에도 불구하고 일본 정부는 공식 사과, 공식적인 배상 그리고 책임자 처벌이라는 요구를 이행하지 않고 있고, 가까운 시일 안에 이를 이행할 가능성은 희박해 보인다. 일본 법원에 여러 건의 일본군 성노예 피해소송이 제기되어 있지만, 그 대부분은 패소하였거나 계류 중에 있다. 지금 피해자 여성들은 고령과 질병으로 고통을 당하고 있고, 여성운동가들 역시도 지쳐 있다. 그런 점에서 이 운동은 새로운 방향전환을 모색해야 할 시점에 와 있다.

지난 몇 년 사이에 일본교과서 문제나 한국전쟁기 민간인 학살 문제 등을 중심으로 과거청산 문제가 중요한 화두로 떠오르고 있다. 여성운동과 여성학계를 중심으로 일본군위안부 문제에 대한 진상규명과 피해자 보상 문제도 이제 페미니즘의 경계를 넘어서 국가적 이슈로 확산되고 있다. 이런 과거청산의 과제들은 우리 근현대사를 좌지우지한 강대국의 죄과를 밝히는 것에 집중되었지만, 이제는 피해국인 우리가 져야 할 책임에 대한 문제제기도 새로이 일어나고 있다. 이 글은 이런 문제의식에 기초하여, 일본군위안부 문제가 한국 사회에서 역사화되어 온 과정을 살펴보고, 이러한 기억을 둘러싼 향후의 과제를 성찰하고자 한다.


## 2. 역사화 과정의 쟁점들

일본군성노예 문제를 역사화(Historisierung)[6]하는 과정에서 제기되는

---

6) 독일 역사가 마르틴 브로샤트(Martin Broszat)는 '역사화'란 과거를 객관적으로 파악하기 위해 비판적인 거리를 두면서도 역사 속 행위주체의 의도와 과정 및 결과를 당사자의 입장에

중요한 문제는 일본과 한국 사이에 드러나는 입장차이다. 공식사과 문제와 관련하여 일본 측은 이미 수상이 1992년 1월에 한국에서 사과하였다고 주장하고 있으나, 한국의 정대협과 국제조정협회는 그것이 부적절하다고 평가하고 있다. 뿐만 아니라 일본군 성노예에 대한 배상은 이미 1965년 한일협정을 통해 일괄 지불한 3억 불로 종료되었다고 주장하며, 개인에 대한 배상은 거부하고 있다. 그러나 한일협정의 경우 군부독재하에서 정통성을 지니지 못한 정부에 의해 밀실외교를 통해 체결되었을 뿐 아니라, 그 당시까지는 일본군 성노예의 강제동원이 밝혀지지 않은 상태였기 때문에, 이에 대한 배상 자체가 거론될 수 없었다는 점을 상기할 필요가 있다.[7]

또한 공식 사과와 배상 문제에 못지않게 쟁점이 되는 사안은 성노예의 동원방식과 동원규모 문제이다. 최근에 와서 일본정부는 부분적으로 강제동원이 있었다는 사실을 시인하고 있으나, 총체적으로 일본군 성노예 문제를 강제동원으로 규정하는 것은 거부하고 있다. 또한 동원규모에 대해서도 일본정부는 침묵을 지키고 있다.

곤혹스런 점은 일본정부가 핵심적인 관련 사료를 공개하지 않고 있고, 한국 측에서 제기하는 반론이 생존자들의 증언에 토대를 두고 있어서, 여전히 진실을 파헤치는 데는 한계가 있다는 것이다. 뿐만 아니라 일본군성노예 문제에 대한 연구 자체가 단지 소장 여성운동가나 여성사가의 몫으로 남겨져 있는데, 이들이 지닌 열악한 경제적·학문적 조건이 사실상 연구에 박차를 가하는 데에 많은 곤란을 주고 있다. 이런 '일본군 성노예 연구의 여성화'는 이 이슈가 한국사회에서는 여성의 몫으로 남겨져 있음을 확인하는 좋은 사례이다. 연구의 폭과 깊이를 넓히는 것도 여전히 남아 있는 과제이다.

---

서 분석함으로써 한 시대를 다면적으로 평가하는 것을 의미한다고 말한다. 바로 이런 부로샤트의 견해는 역사적 사건을 다루는 데 있어서, 역사적 맥락과 특수성을 고려한다는 의미를 내포하는 것이다. 물론 이런 역사화작업이 과거의 범죄를 상대화할 위험성이 있음을 염두에 두어야 할 것이다. 전진성, 「어떻게 부담스런 과거와 대면할 것인가」, 『독일연구』, Vol. 6, 2003. 6, 147쪽 참조.

7) UN인권위원회 49차 회의에 제출된 국제조정협회(International Fellowship of Reconciliation) 성명서, 『정신대 자료집』 IV, 103쪽 참조.

한일 간에, 그리고 한국 내의 여성학자와 여성운동가 사이에 제기되는 또 다른 쟁점은 일본군 성노예 문제를 해결하기 위한 운동과정에서 제기되는 민족주의적 경향이다. 이 논쟁은 한국과 일본의 여성학자가 '일본군 성노예 문제'와 관련하여 한국의 진보적 여성운동이 민족주의 언설에 치우치고 있다는 비판을 제기한 것이 그 발단이 되었다. 김은실은 일본군 성노예 문제를 다루는 과정에서 여성운동이 "민족주의의 헤게모니 담론을 통해 일본군 성노예 여성의 경험을 읽는 것"에 문제를 제기하고, "일본군 성노예 여성들은 현실을 구성해 내는 주체로 언설화되지" 않았음을 지적하고 있다. 다시 말하면 '개별적 욕구를 갖는 주체성을 지닌 개인'인 일본군 성노예 출신 여성들의 목소리는 문제제기 과정에서 제대로 드러나지 않았다는 것이다.[8] 우에노 치즈코는 일본군 성노예를 둘러싼 이중의 범죄, 전시강간 그 자체의 잔혹한 역사와 전후 50년 동안 그를 망각한 역사, 아니 더 나아가서 피해자들에게 침묵이 강요된 역사가 민족주의 언설과 연루되어 있음을 암시하고 있다. 더 나아가 '민족의 치욕을 드러내지 말라'는 가부장제 사회의 압력에도 불구하고, 일본군 성노예 문제를 제기하고 이를 국제사회에서 문제시하기까지 한국 여성운동의 공헌을 십분 인정하면서도, 한국여성운동이 '성차별'과 '민족차별' 사이에 서있는 성노예 문제를 민족주의적 언설로 포괄하려 한다고 비판하고 있다.[9] 보다 구체적으로 치즈코는 한국의 여성운동이 이 문제에서 1) 강제와 임의성을 구분하고, 2) 이 구별을 한국인 성노예 대 일본인 성노예로 대비시켰다고 지적하고 있

---

8) 김은실, 「민족주의 담론과 여성 : 문화, 권력, 주체에 관한 비판적 읽기를 위하여」, 『한국여성학』 제10집, 1994, 40~43쪽.

9) 이러한 치즈코의 일본군 성노예 문제에 대한 입장은 이후 그녀가 논란이 많았던 〈국민기금〉의 적극적인 발의자로 활동함으로써 더욱 문제시되었다. 양영지, 「재일교포의 입장에서 왜 민간기금에 의한 위로금을 반대하는가?」, 한국정신대대책협의회, 『제3차 일본군 '위안부' 문제 아시아연대회의 보고서 : 전후 50년, 일본군 '위안부' 문제는 왜 해결되지 않았는가?』(정신대자료집 V), 1995. 3. 31, 26쪽 ; 윤미향, 「일본군 '위안부' 문제 해결을 위한 아시아연대 15년, 앞으로의 과제와 연대를 위하여!」, 제8차 일본군 '위안부' 문제 아시아연대회의, 『아시아연대 15년, 앞으로의 과제와 연대를 위하여!』 자료집, 2007. 5. 19~21, 서울, 7쪽. 그 외에도 와다 하루키 회고록, 「내가 만난 한반도 : 위안부 보상 민간기금」, 한계레신문 2007년 3월 9일 참조.

다. 그에 따르면 강제동원이냐 자발적 매춘이었느냐에 대한 구별은 여성을 '창부 대 순결한 여성'으로 분리함으로써 기존의 가부장제 이데올로기를 강화한다는 것이다. 또한 이 구분의 틀을 조선인 성노예 대 일본 성노예로 나누는 것을 통해, 자민족 중심주의에 빠지면서, 타민족 피해자와 한국 여성 사이에 분단의 벽을 쌓고 있다는 것이다.[10]

이런 주장에 대해서는 반론도 만만치 않다. 우선 한국 여성운동에 대해 앞에서 언급한 페미니스트의 주장이 여성 경험의 특수성을 강조하면서, 일본군 성노예 문제 자체나 정대협 활동이 지닌 '역사적 맥락'을 도외시할 뿐 아니라, 서구나 일본 페미니즘이 지닌 문화 제국주의적 함정을 제대로 간파하지 못하였다는 비판이 제기되었다.[11] 일본군 성노예에 대한 성폭력은 제국주의-식민지 간의 문제라는 중층적 억압구조를 포함하고 있다는 점을 지적해야 한다는 것이다. 식민지적 지배관계가 없었다면, 성노예의 대규모 동원 자체가 불가능하였기 때문이다. '기억'의 의미란 그것이 현재에서 지니는 교훈을 빼놓을 수 없기에 더욱 그러하다. 그런 점에서 여성에 대한 성폭력에서 성 변수의 우위성을 강조하고, 여기에 매개된 민족 변수를 도외시하는 태도는 여성이 처한 현실을 객관적으로 접근하는 태도라 말할 수 없다. 특히 이 지점에서 정진성은 일본군 성노예가 "전쟁의 결과나 침략의 도구로서 일어난 것이라기보다는 오히려 전쟁의 기획 단계부터 전쟁의 한 부분으로서 이루어진 강제동원과 노예화과정이라는 점"을 강조하였다.[12]

마찬가지로 일본 페미니즘 내에서도 치즈코의 입장에 대한 비판이 제기

---

10) 우에노 치즈코, 99~100쪽.

11) 정진성, 「민족주의와 일본일본군 성노예 문제」, 『한일여성 공동역사교재 편찬 제1회 공개심 포지엄 자료집』, 2001. 10. 5, 41~45쪽.

12) 정진성은 이 문제가 '전시하 성폭력'의 문제로 제기되고, 식민지 지배 문제가 사상된 것은 군위안부운동을 확산하기 위한 국제 여성운동과의 횡적인 연대 필요성도 있었지만, 그에 못 지않게 서구 중심의 국제법 속에서 식민지 지배 및 그 피해에 관한 법체계가 정착되지 않았 기 때문이라는 것이다. 정진성, 「전시 하 여성침해의 보편성과 특수성」, 『한국여성학』 19권 2호, 2003, 52~54쪽.

되었다. 스즈키 유코는 일본 페미니즘은 전쟁에 대한 자신들의 협력과 그 책임은 잊은 채, '여성은 모두 전쟁의 피해자'라는 인식에서 출발하여 스스로 '평화운동의 사도'로 나섰다고 주장한다. 여성지도자들은 스스로의 전쟁협력을 반성하지 않고, 전쟁의 파괴성과 비참함을 강조하면서, 남편과 아들을 전쟁터에 내보지 않기 위해 평화와 반전을 호소하는 사랑에 찬 존재가 되고자 하였다. 이러한 반전주의로의 전환은 격렬한 사상투쟁을 통해 이루어진 것이 아니라 패전의 충격, 원자폭탄의 피해, 전후 미국이 가져온 민주주의에 대한 동일화 과정에서 형성된 것이었다. 그런 점에서 일본 페미니즘은 표면적으로는 패전을 기점으로 변화한 듯이 보이지만, 실제로는 일본의 국가체제와 싸우고 있지 않다는 의미에서 아시아 여성들의 희생 위에서 자신들의 상승을 추구해 왔다는 것이다. 일본 페미니즘은 대내적으로 어떻게 여성의 지위를 향상시킬 것인가에만 몰두하였고, 최근에 등장하는 포스트 모던 페미니즘은 근대에 만들어진 남성/여성 이분법 해체에만 관심을 가질 뿐 이 범주를 만들어낸 권력 구조에는 무관심하면서, 가해와 피해의 문제점을 흐리게 만들었다는 것이다. 또한 결과적으로 이는 제국주의와 식민주의 문제를 은폐하고, 현실적으로 현존 국가를 긍정하는 결과를 낳았다는 것이다.[13]

흥미 있게도 한국과 일본 모두에서 페미니스트는 서구보다는 민족주의에 더 많은 관심을 가지고 있고, 민족주의와 관련하여 아시아 페미니즘은 그 독자적인 발전을 보여주고 있다. 그러나 한국과 일본의 페미니즘은 민족주의 문제를 둘러싼 쟁점에서는 차이를 드러내고 있다. 한국 페미니즘에서는 여전히 제국주의 지배나 민족문제를 강조하는 페미니즘이 큰 영향력을 행사하는 반면, 일본에서는 전쟁 책임을 묻는 페미니스트는 아주 작은

---

13) 스즈키 유우코(Suzuki Yuko), 「천황제와 일본여성」, 『한일여성 공동역사교재 편찬 제1회 공개심포지엄 자료집』, 2001. 10. 5, 6~17쪽 ; 오오코시 아이코(Ogoshi Aiko), 「페미니즘과 일본군 '성노예'」, 『한일여성 공동역사교재 편찬 제1회 공개심포지엄 자료집』, 2001. 10. 5, 18~26쪽 참조.

그룹에 불과하다. 아마 한국의 페미니즘이 분단 상황하에서 젠더를 민족/계급 문제와 연결하여 접근하려는 데에 더 적극적이기 때문일 것이다. 어쨌든 위의 논쟁들은 군위안부 문제를 둘러싼 기억의 현재화과정에서 '기억투쟁'이 첨예하게 전개되고 있는 현실을 잘 반영하는 것이다.


## 3. 과거청산과 국가

### 1) 한국정부의 태도

기억의 현재화 과정에서 국가의 역할은 중요하다. 그러나 일본군 성노예 문제를 역사화하는 과정에서 한국정부의 역할은 소극적이었다. 해방 후 45년 동안 반공주의와 신속한 경제성장의 압력 속에서, 친일파에 대한 처벌이나 과거청산 문제는 한 번도 진지하게 제기된 적이 없었다.[14]

정대협의 발족 이후 피해자의 증언이 이어지고, 민간인들의 배상청구소송이 제기되는데도 정부는 이를 방관하였다. 일본수상의 방한이 1992년 1월로 예정되고, 정신대 문제 규명과 배상에 대한 국민 여론이 들끓자, 정부는 비로소 '선 진상규명, 후 배상문제 검토'라는 논리를 내세워 1991년 12월 7일에 일본에 진상규명 요청을 하였다. 1992년 1월 24일에는 정신대문제실무대책반을 만들고, 국내 각 부처를 통해 문서자료를 조사하고, 동시에 내무부와 적십자사를 통해 정신대 피해자신고를 접수하고 이를 근거로 하여 「일제하 군대 성노예 실태중간보고서」를 작성하여 발표하였다. 일본정부에 진상규명을 요청하긴 했지만, 한국정부의 진상규명 태도는 소극적이었다.[15]

1993년 3월 13일 김영삼대통령은 일본군 성노예 문제에 대한 보다 철저한 진상규명을 요청하면서, 대신에 일본군 성노예 피해여성은 우리정부가

---

14) 이정옥, 330쪽.
15) 배금자, 「강제 종일본군 성노예 문제에 대한 한·일 정부 입장의 문제점」, 『정신대자료집』 IV, 38쪽.

직접 도울 것이고, 일본정부에 대하여 물질적 보상을 청구하지는 않겠다고 선언을 하였고, 이어 피해자들에 대한 생활지원금을 지급하기 시작하였다.

이런 맥락에서 한국정부가 일본정부에만 진상규명을 요청할 것이 아니라, 스스로 진상규명에 적극적으로 나서야 했음을 강조하고 싶다. 최근 3~4년 사이에 한국정부가 일본군 성노예 문제와 관련한 연구프로젝트 지원을 늘리고 있지만, 여전히 진상조사를 위한 정부의 태도가 적극적이라고 말하기는 어렵다. 정부는 정부·학자·NGO를 중심으로 '진상조사위원회'를 구성하고, 미 국무부 문서기록보관소의 방대한 자료를 조사하며, 일본군이 주둔했던 남태평양지역에서의 증인발굴이나 기록조사를 대대적으로 실시해야 했다. 또한 1965년의 한일협정이 제공한 3억 불이 어떻게 사용되었는지를 구체적으로 밝히고, 협정 당시에는 일본군 성노예 문제가 거론되지 않았고, 이들에 대한 보상금이 지불된 적도 없음을 일본에 명백히 밝혀야 할 것이다. 아울러 최근 피해자들이 일본정부를 상대로 진행하는 소송도 양심적인 일본 지식인과 민간단체의 도움에 의존한 채, 국가의 도움을 전혀 받지 못하고 있다. 정부는 피해자들의 소송을 지원하고, 국제법상 가능한 모든 조치를 신속히 취하는 것을 통해 피해자들을 도와야 한다.[16]

한편 여기에서 한 걸음 더 나아가 기억의 현재화 작업으로 '일본군위안부의 명예와 인권을 위한 전쟁과 여성인권 박물관' 건립운동이 민간 주도로 일어나고 있지만, 재정 문제로 큰 곤란을 겪고 있다. 이는 일본의 공식 사과와 보상이 그리 용이해 보이지 않는 데서 오는 새로운 출로 모색의 의미도 있지만, 다른 한편으로 이 프로젝트는 전쟁이 가한 여성폭력의 기억을 현재화하는 작업으로서 큰 의미가 있다. 건립운동을 계속 민간활동으로 할지 아니면 이를 국가의 기념사업으로 확장할지의 여부는 과거청산과 관련하여 앞으로 심사숙고해야 할 문제이다.[17]

---

16) 같은 글, 48~49쪽.
17) 이를 위하여 「일본군위안부 명예와 인권을 위한 전쟁과 여성인권 박물관 추진위원회」 회의 자료 (2004. 12. 7) 참조.

### 2) 한국사 교과서의 일본군위안부 서술

불과 4~5년 전만 하더라도 한국의 역사 교과서는 일본군위안부 문제를 전혀 다루지 않았는데, 여기에서 일본군위안부 문제에 대한 무관심이 잘 드러난다. 한국의 역사 교과서는 작년까지 단 1종으로, 국가가 출판하였고, 따라서 역사해석에 대한 다양한 견해는 교과서에 반영되기 어려웠다. 그러나 1994년부터 일본군위안부 문제가 본격적으로 제기되자, 한국의 역사 교과서도 1996년부터 이를 언급하기 시작하였다. 그러나 중·고등학교 교과서 모두에 위안부에 대한 서술은 단 한 문장이었다. 중·고등학교 교과서 모두에서 "이때 여성까지도 정신대라는 이름으로 끌어가 일본군의 위안부로 희생되기도 하였다"는 한 문장으로 서술되었다.[18] 위안부가 무엇인지, 어디로 끌려갔는지, 노동력 동원기구인 정신대와는 어떻게 구별되는지도 언급하지 않았다. 또한 이 교과서들은 과거청산의 차원에서 혹은 여성운동의 차원에서 진행된 일본군위안부 문제 해결을 위한 노력에 대해서도 기술하지 않았다.

한국은 지난 20여 년간 일본의 국사 교과서를 매우 신랄하게 비판해 왔으나, 사실 이런 점에서는 우리가 역으로 일본으로부터 비판을 받을 소지도 없지 않다. 일본의 중학교 교과서는 약 한 문장 정도로 일본군위안부 문제에 대해 기술하고 있지만, 고등학교 교과서는 일본군위안부 문제를 비교적 자세히 다루고 있다. 『일본사』, 『세계사』 교과서가 각각 20여 종에 달하는데, 『일본사』 교과서 23개 중 22개가 일본군위안부 문제를 다루었고, 여타 교과서를 모두 합치면 대략 58종이 이 문제를 다루고 있다. 비교적 비중 있는 교과서에서는 한국보다는 서술이 자세하여 대략 5~17행의 분량으로 서술되었고, 한국정부와 북한정부가 과거청산과 보상을 요구하고 있음도 기술하고 있다. 사실은 암암리에 일본 문부성이 교과서를 검정하고 있고, 경우에 따라서는 일본교과서의 기술에서 왜곡이 드러나기는 하지만, 일본군

---

18) 「국정 중학교 국사 교과서」 2, 151쪽 ; 「국정 고등학교 국사 교과서 2」, 136쪽.

위안부 관련 내용이 삽입된 것은 피해국가들의 민간단체나 학자들, 그리고 일본 시민단체 등이 노력한 결과라 생각된다. 어쨌든 최소한 2001년까지는 일본 교과서가 한국보다 일본군위안부 문제에 더 많은 지면을 할애하였다.[19]

그러나 7차 교육과정이 시작되면서, '한국 근현대사' 과목이 독립하고, 국사 교과서는 국정에서 검정으로 바뀌었다. 2003년부터 쓰인 새 교과서에서는 일본군위안부 문제에 대한 지면이 늘어나, 대략 1~2면을 할애하였다. 일본군위안부의 잔혹한 실태뿐 아니라 운동단체의 요구, 일본정부의 태도, 전후 한국사회에서 피해 여성들이 겪은 차별 등이 사진과 함께 상세히 서술되고 있다. 명실 공히 일본군위안부 문제는 민족의 수치스런 과거가 아니라, 우리가 끌어안아야 할, 동시에 제대로 청산해가야 할 과거로 받아들여지게 되었다. 그러나 일본군위안부의 참혹한 과거를 묘사하는 서술에서 "몸을 더럽혔다는 이유로" 등의 가부장적인 용어가 사용된다던가, 피해여성들의 삶을 너무 절망적으로 묘사한 점은 문제가 있다. 또한 전체적인 교과서 기조가 성 평등적인 시각을 견지하기보다는 여성을 약자나 피해자로 묘사하는 경향을 보이고, 여성사에 대한 서술지면 자체도 절대적으로 부족하다. 결론적으로 오랜 갈등 끝에 일본군위안부 문제는 역사화 과정에서 제대로 자리를 찾게 되었다고 평가할 수 있지만, 한국사 교과서 전체에서 젠더 관점의 균형이 세워질 때에야 비로소 위안부에 대한 서술도 일관성을 지닐 수 있을 것이다.[20]

그러나 우려할 만한 점은 한국과는 반대로, 일본에서는 경기침체 및 정치적인 우경화와 함께 식민지 지배에 대한 정당화 그리고 일본군위안부에 대한 서술을 삭제하거나 축소하려는 움직임이 커지고 있다는 사실이다. 이는 한국과

---

19) 정재정, 「일본 역사교과서에 다룬 일본군 '위안부' 문제」, 『일본군위안부 문제의 책임을 묻는다』, 풀빛, 2001, 366~370쪽.

20) 이를 위하여 대한, 두산동아, 금성에서 출판된 2003년 판 「한국 근현대사」 교과서를 참조할 것. 그 외에도 신영숙, 「젠더의 관점에서 본 역사교육과 한국사 교과서」, 『일본교과서 바로잡기 운동본부 제3차 한국사 교과서 심포지엄 자료집 : 21세기 한국사 교과서와 역사교육의 방향』, 196~198쪽.

일본 사이에 교과서 문제를 둘러싼 마찰을 증폭시키고 있다. 이에 대한 한국정부나 민간단체의 적극적인 항의운동이나 일본 시민단체의 날카로운 문제제기가 있었으나, 그리 큰 성과를 거두지는 못하였다. 오히려 향후 일본 교과서 개정 문제는 일본 시민사회의 과제로 남아야 할 것이고, 한국의 입장에서는 일본 정부를 향한 시정요구에 못지않게 권위주의 정치와 반공주의의 영향 아래에서 왜곡된 우리 교과서의 문제점을 개선하고 보완해 가는 데에 보다 적극적인 노력을 기울여야 할 것이다.


## 4. 피해국민의 책임 문제

이미 2장에서 언급한 대로 우에노 치즈코는 피해여성이 50년간 침묵을 강요당한 현실에 대한 책임 문제를 제기하고 있다. 이 강요된 침묵에 대한 책임을 우리 한국인도 일정 부분 떠안아야 할 것이다. 그간 일본군위안부 문제와 관련된 과거청산 작업에서 관건이 된 것은 일본의 공식 사과와 개인별 보상 문제였고, 아직도 미결의 과제로 남아 있는 이 부분에 대해서는 계속해서 정부 차원의 노력이나 여성운동 차원에서의 치열한 투쟁이 필요하리라 생각된다. 그러나 여기에서 한 걸음 나아가 피해여성들의 귀국 후의 삶을 조사해 보면, 우리 한국인에게도 감당해야 할 책임이 적지 않음을 알 수 있다. 이제는 노령화된 피해여성에 대한 사례조사나 피해여성의 증언집에서 드러나는 충격적인 사실은 그녀들의 삶이 귀국 후에도 결코 나아지지 않았다는 점이다.

대다수가 지독히도 빈한한 집안환경 속에서 일자리를 찾아서 떠나야 했던 여성들이 대부분이었던 만큼, 피해여성들은 돌아온 후에도 끔찍한 가난에서 헤어나지 못하였다. 생존을 위해 닥치는 대로 일을 해야 했던 피해여성들이 주로 가졌던 직업은 식당이나 술집 종업원, 식모, 행상, 농사일 등의 일이었다. 이들의 경제생활이 참혹하였던 또 다른 이유는 이들 스스로가 자신의 과거에 대한 수치심이나 자학 때문에 고향으로 돌아가는 것을 거부하였거나, 혹은 귀환하였다가 가족들의 압력 때문에 다시 고향과 단절함으로써 스스로 뿌리뽑힌 삶을 살 수밖에 없었기 때문이다.[21] 2001년 한국정부에 피해자로 등록된 203명에 대한 조사에 의하면 귀국 후 피해여성이 가족이나 친척집에 거주한 경우는 55.7%로 드러났다.[22] 증언집을 통해 드러나는 사례에서는 자신이 직접 가족의 생계를 책임져야 하는 것이 아니라면, 자신의 과거에 대한 자책 때문에 곧 가족을 떠난 경우가 적지 않았다. 가족이라는 보호망이 사회복지의 기능을 대신하고 있는 한국 사회에서 가족으로부터 단절된 여성의 삶은 궁핍과 외로움으로 황폐화될 수밖에 없었다.

또한 여성의 사회경제적 활동이 극히 제한되었던 지난 40여 년 동안, 대다수의 여성들이 '정상적인 결혼'을 할 수 없었던 상황조건은 이 여성들의 삶을 질곡으로 몰아넣었다. 앞에서 밝힌 대로 피해여성들이 행상이나 술집과 같은 주변적인 노동에 종사할 수밖에 없었던 이유는 우선 당시 여성이 선택할 수 있는 직업의 범위가 제한되었기 때문일 것이다. 뿐만 아니라 이들이 귀국했을 때의 연령이 혼인적령기였기 때문에, 결혼이 여성의 중요한 생존수단이었던 당시의 시대적 상황 속에서, 결혼하지 못한 여성은 지속적으로 생활의 불안정에 시달릴 수밖에 없었다. 많은 여성들이 정상적인 결혼을 하지 못하였다. 2001년의 조사에 따르자면, 일본군위안부 피해여성의 51.6%가 법적 혼인을 하였는데[23] 이는 현재 70~80대 여성 일반의 상황과 비교하자면, 거의 절반에 가까운 정도로 낮은 비율을 보여주는 것이다. 이 법적 혼인 비율 51.6%에서 이미 위안부 경험 이전에 법적 혼인의 경험을 가진 여성의 수를 빼면, 실제 혼인비율은 훨씬 낮아진다. 다시 말하면 피해여성은 위

---

21) 심영희, 「피해자들의 귀국 후 삶」, 『일본군위안부 문제의 책임을 묻는다』, 251~254쪽 참조.
22) 한국정신대문제대책협의회 부설 전쟁과 여성인권센터, 「일본군 '위안부' 증언통계 자료집: 2001년 일본군 '위안부' 연구보고서」(이하 '증언통계자료집'이라 약칭함), 118~120쪽.
23) 위의 책, 122쪽.

안부 생활의 경험으로 인해 결혼에서 가장 큰 피해를 받았다고 말할 수 있고, 이는 한국 사회의 가부장제가 여성의 섹슈얼리티와 관련하여, 육체적 순결과 정조를 제1의 기준으로 강요하고 있음을 확인케 하는 대목이다. 또한 많은 피해 여성이 법적 혼인 없이 동거생활을 하거나 첩으로 들어간 경우가 적지 않았고, 법적 혼인의 경우에도 상처하고 아이가 딸린 사람과 결혼하기가 일쑤였다.[24] 2001년의 조사에서는 203명의 여성 중 후처로 살은 경우가 26%, 첩인 경우가 21.9%여서, 그 비율은 상당히 높은 편이다.[25]

그러나 위에서 말한 수치가 모두를 말하는 것은 아니다. 이미 드러난 수치만으로도 피해여성들의 비참한 삶의 현실을 직시할 수 있지만, 구술조사에서 드러나는 피해여성의 현실은 더욱 우리를 자책하게 한다. 우선 많은 피해여성들은 결혼 전 남편에게 자신의 과거사를 밝히지 못하였고, 결혼생활 도중에 그 사실이 밝혀지면서 이를 빌미로 지속적으로 남편에 의해 구타를 당하거나 버림받은 경우가 많았고, 그래서 남편에게 애정을 지니지 못한 채 살아온 여성이 많았다.[26] 그러나 이에 못지않게 가슴아픈 사례는 자신을 위안부로 팔았던 아버지뿐 아니라 남편의 양자를 뒷바라지하거나[27] 본처의 아들에게 대학공부를 시키느라 죽을 고생을 한 피해여성의 경우이다.[28] 속아서 결혼하여 첩이 된 피해여성이 이후에 병든 남편을 병 수발하는 사례도 적지 않았다. 놀라운 사실은 피해여성 중 상당수가 귀국 후에도 타인을 위해 희생적인 삶을 산 경우가 대부분이었다는 점이다. 스스로 자식을 낳지 못하

---

24) 흥미 있는 사실은 1950, 1960년대에 첩 생활을 한 피해여성들의 남편이 당시에는 권력을 휘두르던 경찰, 공무원, 군인인 경우가 적지 않았다는 점이다. 1950년대에 처첩의 관행이 주로 공직자를 중심으로 이루어졌다는 여성사 연구의 일반론과도 궤를 같이 하는 것이다. 이임하, 『1950년대 여성의 삶과 사회적 담론』, 성균관대 사학과 박사학위 논문, 133쪽 참조.

25) 위의 책, 125쪽.

26) 이 경우는 너무 많아서 일일이 언급할 수가 없을 정도이다. 대표적으로 한국정신대연구소·한국정신대대책협의회 2000년 일본군 성노예전범 여성국제법정 한국위원회 편, 『강제로 끌려간 조선인 군위안부들』 5, 풀빛, 2001, 266쪽과 한국정신대연구소·한국정신대대책협의회 편, 『강제로 끌려간 조선인 군위안부들』 3, 한울, 1995, 262쪽 참조할 것.

27) 『강제로 끌려간 조선인 군위안부들』 5, 풀빛, 2001, 274, 294, 305쪽.

28) 위의 책, 65쪽.

는 한계로 인해, 그만큼 가족이 그립고, 그래서 고아를 데려다 기르거나, 조카를 뒷바라지하는 경우도 허다하였다. 또한 친지나 아들의 가정이 파탄에 이르자, 그 손자를 뒷바라지하고 있는 피해여성도 적지 않았다.[29]

이렇게 증언집을 통해 생생히 살아나는 피해여성들의 생애사를 통해 우리는 빈한한 가정에서 태어나 군위안부로 끌려갔다 온 여성들에게 이전의 가난은 대물림되었고, 여기에 덧붙여 한국의 가부장제 사회가 가하는 폭력이 이 여성들을 지난 50년간 무던히도 괴롭혀왔음을 알 수 있다. 이런 참혹한 현실은 우선 2001년 조사한 피해여성 203명 중 85%가 정부가 지원하는 생활비로 살아가고 있다는 것을 통해서도 드러난다. 취로사업이나 연금 등 생활비의 일부를 본인 수입으로 충당하는 경우는 12.5%에 지나지 않고 있다.[30] 그러나 가난에 못지않게 군위안부 피해여성들을 괴롭히는 것은 질병이다. 2001년 조사에서 71.9%의 여성이 만성질환이 있거나 거동이 불가능한 상태에 있었다. 물론 이 질병은 군위안부시절의 구타나 성병으로 인해 얻은 질병이지만, 약 25%의 여성은 화병이나 강박증 등의 정신질환을 앓고 있었고, 제대로 된 치료를 받지 못하고 있었다.[31]

특히 화병이나 강박증 등의 정신질환은 지난 50년간 침묵을 강요당해 온 현실이 크게 작용한 것으로 보인다. 지금도 남한의 많은 피해여성들은 자신의 모습을 드러내기를 꺼려하고 있다. 신고하여 자신을 드러내는 경우, 생활비로 받는 정부의 지원금이 큰 계기가 되었음이 증언을 통해 잘 드러나고 있다. 이런 현실은 과거 청산에 적극적인 북한에서도 크게 다르지 않은 것 같다. 1996~1997년 사이 북한에서 진행된 조사의 보고서에 따르면, 북한 지역에 생존한 131명의 피해여성 중 공개증언에 동의한 여성은 34명에 불과하였고, 그 나머지는 가족과 친척의 반대로 공개적인 발언을 삼가

---

29) 『강제로 끌려간 조선인 군위안부들』 3, 한울, 1995, 167 · 185쪽 ; 『강제로 끌려간 조선인 군위안부들』 5, 328~329쪽.
30) 증언통계자료집, 135쪽.
31) 위의 책, 128~131쪽.

고 있다.[32] 마찬가지로 남한의 한 피해여성의 진술에 따르자면, 자신이 군위안부였음을 밝힌 후 그나마 가장 가까운 친지였던 조카가 자신을 찾아오지 않는다는 진술도[33] 여전히 피해여성들이 침묵을 강요받고 있음을 입증하는 좋은 사례이다.

이에 비해 네덜란드 피해여성의 경우, 주변의 반응이 아주 달랐고, 주변에서 부모나 남편에 이르기까지 이 고통스런 과거를 잘 이해함으로써 정상적인 삶을 살아갈 수 있었다는 사례에 비추어볼 때, 피해 여성에게 침묵을 강요하는 현실에는 아시아적 문화의 특성도 함께 작용하였을 것으로 추측된다.[34] 물론 여성운동이나 과거청산작업의 활성화, 그 일환으로 진행된 역사교육이나 인권교육을 통해 성노예 문제에 대한 인식이 공론의 장에서는 큰 변화를 겪게 되었다. 그러나 여전히 일상적 삶의 영역에서는 피해자가 자신의 과거를 드러낼 수 있는 여건이 형성되지 않고 있다. 특히 문제가 되는 점은 피해여성들이 자신이 일본군에게 지속적인 강제 성폭행을 당했다는 피해의식보다는, 오히려 자신을 '몸을 판 더러운 여자'로 인식하고 공범자의식 속에서 사는 경우가 적지 않았다는 점이다.[35] 이들은 위안부 시절 강제로 주입된 자기 정체성을 수정할 여유가 없었던 것이고, 국가나 사회가 그런 치유책을 마련해 준 것도 아니었다.

지금까지의 과거청산작업이나 역사의식 속에서 우리는 강대국이나 가해국의 책임을 묻은 일에 열중해 왔다. 물론 이도 꼭 필요한 작업이지만, 군위안부 여성의 문제를 분석하면서, 필자는 피해국인 한국인에게도 책임이 면제될 수 있는가에 의문을 갖게 되었다. 2001년의 조사에 따르자면 군 위안부를 동원한 사람은 군인·군속이 20.6%, 순사가 20.6%, 이장·구장이

---


32) 한국정신대대책협의회, 『정신대자료집6 : 일본군위안부 문제와 관련한 북한의 입장과 활동』, 1997, 10쪽.
33) 『한국근·현대사 국사 교과서』, 두산·동아출판사, 2002, 155쪽.
34) 한국정신대연구소·한국정신대문제대책협의회 편, 『강제로 끌려간 조선인 위안부들』 3, 1999, 345~346쪽.
35) 고혜정, 「일본 패전 후 타국에 남겨진 피해자의 삶」, 한국정신대문제대책협의회 2000년 일본군성노예전범여성국제법정 진상규명위원회 편, 『일본군위안부의 책임을 묻는다』, 229쪽.

7.8%로 나타나고 있다. 또한 한국인 모집업자에 의해 동원된 여성이 29.4%, 일본인 모집업자에게 동원된 여성은 16.0%로 나타나고 있다. 그러나 증언집을 검토해 보면, 모집업자건 군인이건 일본인이 직접 동원한 경우에도 반드시 한국인 조력자를 동반한 것으로 드러난다. 다시 말하면 한국인의 조력 없이는 거의 5~20만에 이르는 조선인 군위안부가 동원될 수 없었다는 것이다.

그러나 유감스러운 점은 수많은 여성들의 인권이 무참히 짓밟힌 이 사건으로 단 한 명의 가해자 한국인도 처벌받은 바가 없다는 점이다. 일본인의 경우에는 양심선언이 나오고 있는데, 일본군위안부에 대한 강제동원, 인신매매 등을 주도하였던 한국인 가운데서는 단 한 명도 과거의 잘못을 고백하는 사례가 없다는 것이다. 이는 한국 사회 자체가 일본군 성매매에 대한 과거청산 문제에 있어서 얼마나 소극적으로 대처해 왔는가를 확인할 수 있게 해 준다. 모든 진상을 규명하여 일본정부의 책임을 엄격하게 묻는 것은 우리가 해야 할 우선적인 작업이다. 그러나 이제는 이 끔찍한 비도덕적 행위에 동조한 조선인의 책임을 묻는 것도 과거청산의 또 하나의 과제가 되어야 할 것이다. 물론 이 평범한 사람들이 저지른 죄악을 일일이 밝혀내어 처벌하는 것은 엄청난 행정비용을 요구하는 작업이고, 이미 오랜 시간이 흘러 이것을 조사하는 것은 쉽지 않다. 그러나 적어도 조선인 포주나 알선업자들이 자행한 역사적 죄악도 분명히 과거청산의 한 범주로 포함되어야 한다. 그리고 마찬가지로 강제로 성폭행당한 반려자 여성을 구타하고 유기한 한국 남성의 가부장적 관행에 대한 비판도 함께 일어나야 할 것이다.


## 5. 맺음말에 대신하여

한국사회는 일본군위안부 문제를 50년간이나 침묵하였다. 지난 10여 년 사이에 군위안부 문제는 침묵을 넘어서 국민적 기억의 장으로 들어오게 되었다. 한국 측에 의한 진상규명과 피해자 보상이 진행되었고, 다른 한편으로는 가해국의 공식사과와 배상에 대한 요구도 가열차게 일어났다. 한국 정부에 의한 피해여성에 대한 최소한의 보상이 이루어졌고, 군위안부 문제는 국민적 기억 속에서 확실하게 자리매김하게 되었다. 그러나 피해여성이 그리도 기대하였던 일본정부의 사과와 보상은 제자리걸음을 하고 있다. 뿐만 아니라 학계에 의한 진실규명작업이 활발하게 진행되는 것도 아니어서, 역사적 진실은 피해여성의 증언에 의존하고 있을 뿐이다.

이제 과거청산과 관련된 오랜 논쟁과 관련하여 역사에 대한 권태의 기미마저 보이고 있는 한국 사회에서 군위안부 문제를 어떻게 역사화할 것인가에 대한 고민이 필요하다. 이 과정에서 과거청산이 진정한 과거극복이 되기 위해서는 기억을 어떻게 재구성하고, 기억을 어떻게 새로운 정체성으로 통합할 수 있을지가 중요하다. 물론 이 과정에서는 과거에 대한 비판적 진실규명과 가해자의 책임 문제 제기 그리고 피해자에 대한 보상이 전제되어야 한다. 여기에서 우리의 역사화작업은 한 걸음 더 나아가야 한다.[36]

역사화과정의 일환으로 필자는 국가의 대응에 대한 비판적 검토를 시도하였다. 이를 통해서 국가의 소극적이며 반사적인(reactive) 대응방식을 문제 삼았다. 그러나 여기에서 더 나아가 피해국민인 우리의 책임도 물어야 한다고 생각한다. 우선 군위안부를 동원하거나 차출하는 과정에서 큰 역할을 하였던 한국인 조력자 문제에 대해 역사적 책임을 물어야 한다. 이런 맥락에서 나치를 둘러싼 과거청산과정에서 제기된 평범한 조력자들의 역할과 '악의 일상화' 문제[37]나 이스라엘 역사학계에서 제기된 '홀로코스트의 탈신화화' 문제[38]가 우리 사회에서도 환기될 필요가 있다. 왜 우리는

---

36) 전진성, 154~157쪽 참조.

37) 이를 위하여 데틀레프 포이케르트, 『나치시대의 일상사: 순응, 저항, 인종주의』, 개마고원, 2003, 379~388쪽 참조.

38) 이스라엘에서는 나치 학살에 대한 기억의 신화화가 시온주의 정치권력과 이스라엘의 공격적인 대외정책을 합리화하는 수단으로 활용되고 있다는 비난이 제기되고 있다. 즉 "과거의 희생에 대한 과도한 기억은 민주주의 정치의 근간인 공존의 정서를 훼손시켜 결국에는 이스라엘의 미래를 위협하게 될" 것이라는 지적이다. 유사한 맥락에서 나치에 의한 학살과정에

50년간 피해여성들의 고통을 우리 기억에서 축출하였는지, 그리고 가부장적 포스트 식민주의 사회는 귀환한 피해여성들을 얼마나 가혹하게 배척하였는지에 대해서도 반성적 성찰이 필요하다.

우리는 이제 기억을 둘러싼 투쟁을 시작해야 한다. 무엇을 기억할 것인지, 그리고 어떻게 기억할 것인지의 문제는 사라져버린 과거의 문제가 아니다. 바로 이런 기억문화를 통해서 우리는 우리의 미래사회를 열어가고, 그를 위한 새로운 정체성을 만들어갈 수 있다. 그런 점에서 일본군위안부 문제의 역사화과정은 한국이 새로운 민주사회를 형성해 가는 과정의 일부임을 유념해야 할 것이다.

(『인문과학』 2004년 12월, 86집)

---

서 유태인이 입은 피해 외에도 유태인 수용소에서 나치체제에 협력한 유태인회의 즉 유태인 조력자들에 대한 반성적 성찰도 최근에 제기되고 있다. 최호근, 「이스라엘에서의 홀로코스트기억과 역사만들기」, 『제47회 전국역사학대회 자료집』, 2004, 467~468쪽 참조.

# 여성과 '국민 만들기'

## 1. 머리말

　지난 몇 년 사이에 우리 사회에서 한국의 민족주의 담론을 비판하는 논자들이 등장하고 있고, 이에 대한 젊은 세대의 호응도 높아지고 있다. 식민지의 기억과 분단체제를 살고 있는 한국인에게는 국가나 민족에 대한 열망이 대단히 강한데, 이에 대한 강박적 인식이 '근대적 개인'의 출현을 지연시켰다는 것이다. 군부독재시대에 국가이데올로기의 각인과정은 폭력적이었고, 안보·발전·반공을 위해서 인권침해와 억압을 정당화하는 사고나 행동규범을 내면화시켰다는 것이다. 그래서인지 서구는 물론이려니와 인근의 일본과 비교해서도 한국의 20대는 애국과 단결로 상징화되는 강력한 국가의식을 지녔다. 또한 경제성장주의와 결합한 민족주의는 그 특유의 통합력으로 부의 분배를 둘러싼 갈등을 완화시킨다. 즉 '선진국 따라잡기'나 강대국으로의 진입을 위해서는 타자의 희생이나 우리 민족 내에서 일부 집단의 희생도 불가피하다는 신조를 암묵적으로 국민은 내면화하고, 이는 성·계급·지역 간의 갈등과 불평등성에 대한 구조적 인식을 관심 밖으로 밀어내는 역할을 한다는 것이다. 결과적으로 민족주의는 적과 우리의 이분법을 내면화시키고, 강렬한 민족주의 정서가 자유·평화·환경·인권 등 인류가 추구해야 할 보편적 가치를 도외시하게 한다는 것이다.

민족주의에 대한 비판은 서구여성학계에서도 일어났다. 여성학자들은 그간 근대의 민족주의 기획에서 여성은 배제되거나 혹은 남성과는 다른, 차별적인 방식으로 통합되었음을 깨닫기 시작하였다. 특히 '상상된 공동체'로서의 민족주의가 거론되기 시작하고 국가가 '숙명'이 아님을 깨달으면서, 여성들은 처음으로 '국민'이 만들어지는 방식을 문제 삼기 시작하였다. 숙명으로 여겨진 젠더 역시 역사적 변화 속에서 탈자연화될 수 있고, 되어야 함을 인식하기 시작한 것이다. 이런 국제적 논쟁과 병행하여, 한국 여성학계 일각에서는 한국 특유의 강력한 민족주의 담론이 가부장제를 강화하고 있음을 지적하면서, 사실상 민족주의로부터 페미니즘의 결별을 요구하는 목소리도 나오고 있다. 이런 논의는 한국과 일본의 일부 여성학자들이 '군위안부 문제'와 관련하여 한국의 진보적 여성운동이 민족주의 언설로 성차별을 포괄하려 한다는 비판을 제기한 것이 그 발단이 되었다고 할 수 있고, 이런 주장에 대해서는 반론도 만만치 않다. 여성학과 여성운동 내에서 시작된 이런 논쟁은 이제 여성도 민족문제를 그냥 지나쳐갈 수 없음을 명백하게 보여주고 있다.

이 글은 민족이나 시민권 문제가 여성을 어떤 방식으로 포섭해 왔는지 그리고 이에 대해 여성은 어떤 방식으로 대응해 왔는가를 분석하고자 한다. 이를 위해 먼저 서구에서 근대 민족주의와 국민국가가 등장하면서, 여성은 어떻게 국민으로 만들어졌는가를 밝힐 것이다. 그다음으로 바로 이런 근대프로젝트를 받아들이면서 동시에 서구적인 것에 저항하였던 제3세계에 해당하는 한국의 경우 민족이나 시민권 문제와 여성은 어떻게 연루되고 있는지를 검토한 후에 여성운동의 민족문제에 대한 대응전략을 말미에 언급하고자 한다. 마지막으로, 용어사용과 관련된 해명을 첨가하고자 한다. 엄격하게 보자면 민족, 민족주의, 국민국가, 국가시민 등의 개념은 섬세하게 구별하여 사용해야 할 용어이다. 그러나 한국의 경우, 세계에서 드물게 민족＝국민국가＝혈통이 일치하는 예외적인 국가에 해당하는 셈이어서, 이 글에서는 이들을 서로 혼용하여 사용해도 크게 무리가 없을 것이다. 사실 우리의 경우 민족주의와 국가주의는 엄격한 구분이 어려운 실정이고, 민족주의는 항상 국민국가에 의해 어떤 방식으로든 이용되었기 때문이다.


## 2. 서구의 '국민 만들기'와 여성

### 1) 수동적 국민으로서의 여성

"여성으로서 나는 조국이 없다. 여성으로서 나는 어떤 조국도 원치 않는다. 여성으로서 나의 조국은 전 세계이다." 이 글은 버지니아 울프가 그의 책 『3기니』에 쓴 문장이다. 이 단문은 서구사회에서 여성이 직면한 민족문제나 국민국가와의 갈등을 집약적으로 표현하고 있다. 확실히 근대사회에 들어와서 여성에게 민족이나 시민권은 논란의 여지가 많은 쟁점이 되고 있다.

서구의 민족주의는 계몽주의가 만들어낸 자율적 인간주체가 지니는 보편적 권리에 기초를 두고 있었기에, 여성들은 국민국가의 건설이나 민족정체성의 확보에 한 역할을 담당코자 하였다. 그러나 국민국가의 형성과정에서는 결코 남성과 여성에게 동일한 권리가 부여되지 않았다. 여성은 시민권에서 배제되었고, 남성시민과 결혼하는 것을 통해서 여성은 단지 상징적으로만 국민국가의 정치에 포함되었다. 구체적으로 19세기 초까지 유럽의 여성은 선거권은 물론이고, 공공 영역에 진입할 수도 없었다. 특히 동·중부 유럽에서는 여성에게 정치단체 가입이나 정치집회 참여도 허용하지 않았으며, 또 경제적 제한 때문에 여성은 많은 고통을 겪었다. 기혼여성은 재산을 보유할 수도 없었기 때문에 상속받은 재산은 남편에게 양도되었고 직업도 허용되지 않았다. 대부분의 유럽국가에서 여성은 법률상 한 인격체로 인정받지 못하였다. 여성은 교육에서도 차별을 받아서, 19세기 초까지도 중등교육은 소년에게만 개방되었다.

　이렇게 국민국가가 여성에게 시민권을 거부하는 것과 병행하여 민족주의 이념은 여성에게 다른 방식으로 억압적으로 작용하였다. 전승된 역사적 축적물이자 인위적 형성물인 서구민족주의가 젠더와 관계 맺는 방식은 한편으로는 자연스레 전승된 가부장제를 내면화하는 것이면서, 동시에 시민계급을 매개로 성차별주의를 적극적으로 정착시켜 가는 과정이었다. 이는 예의 바르고 올바른 매너·도덕·섹슈얼리티에 대한 적절한 태도를 가리키는 말인 체통(respectability)과 민족주의의 관계를 추적해 보면 잘 드러난다.

　근대사회의 출현 이후 유럽 시민계급에게 당연시 여겨지는 체통, 매너, 도덕과 규범적·성적 태도의 역사에서 민족주의는 두드러진 역할을 담당하였다. 특히 섹슈얼리티는 인간행동의 기본을 이루며 도덕적 관심이 집중된 분야여서, 민족주의와 체통의 관계 속에서 특별한 관심의 대상이 되었다. 이미 17~18세기의 종교적 부흥, 영국의 복음주의 그리고 독일의 경건주의를 통해 남녀의 성관계에서 육욕적 감각이 배제되었고, 결혼과 가족의 경건함이 강조되었다. 그렇더라도 성을 통제하려는 투쟁은 19세기에 이르러 의사·교사·경찰의 실제적 테크닉을 강화시키는 것을 통해서 보다 적극적으로 진행되었다. 이들의 방법은 정상성을 지지하고 성적 열정을 통제하는 데 효율적인 하나의 이상을 만들어내는 것이었는데, 여기에 민족주의가 하나의 구원책으로 등장하였다. 자위와 성적 탐닉은 비남성적이고 본질적으로 반사회적인 것으로 간주되면서, 19세기 초에 정상/비정상은 돌이킬 수 없을 만큼 고착화되었다. 민족은 아름다움이라는 이상을 통하여 인간의 저급한 열정으로부터 벗어났고, 그것을 자기통제와 경건함의 상징으로 변화시키는 데 도움을 주었다. 이 과정에서 민족적 정형(定型)과 중간계급의 정형은 동일화되어 갔다.

　또 민족주의는 사나이다움과 남성적 인내와 같은 남성적 이상을 도입해 민족적 정형(streotype)을 구축하였다. 이를 통해 신체적인 것으로부터 남성과 여성의 미에 대한 정형이 만들어졌고, 여기에서 민족과 사회의 기초로서 남성성이 이상화되었다. 이에 비해 여성은 종종 그 천박함과 경박스러움으로 단죄되면서도, 동시에 도덕 그리고 공적·사적 질서의 수호자로서 이상화되었는데, 민족적 상징으로서의 여성은 전통적 질서의 수호자였다.

서구에서 핵가족의 승리는 민족주의와 체통의 발흥과 시기상으로 일치하였다. 핵가족은 남녀의 감정적 유대를 강화하였으나, 가족은 실제로 자기충족적이지 못하였고, 국가는 결혼과 이혼을 비롯한 다양한 분야를 통제하였다. 민족적 자긍심을 체화하는 코드였던 체통의 유지는 마찬가지로 가족을 관통하였다.[1]

또한 섹슈얼리티의 역사는 개인적 관계, 특히 우정의 역사와 분리될 수 없다. 또한 남성 간의 우정은 민족주의와 체통의 역사와 분리될 수 없었다. 19세기에 들어오면서, 독일에서는 남성 간의 우정이 예찬되면서 애국주의에의 투신과 연결되었다. 우정은 남성들의 성적 열정을 통제할 수 있고, 이성애적 사랑보다 우월한 것이었다. 섹슈얼리티 역시 민족에 흡수되고 통제되어야 하는 열정의 통합적인 부분이 되었다. 점점 제국주의적 각축전이 확대될수록 남성의 개인적 열망은 민족적 이상을 향했다. 이때의 남성성은 조국을 위해 어떻게 죽을지를 아는 것이었다. 동시에 남성들 간의 작은 집단들은 점점 더 호전적인 동맹으로 바뀌어갔다. 이런 현상은 영국에서도 예외는 아니어서, 지배계급 남성은 그들의 인격형성기를 고립된 남성사회, 사립학교 등에서 보냈고 여기에서는 성적 순결성, 자제, 훈련이 강조되었다. 이는 위험한 식민지통치를 위한 예비단계였으며, 이를 통해 젊은 남성은 국가의 일부가 되어갔다. 당연히 여기에서 여성은 배제되었다. 또한 남성은 거칠음, 스파르타식 생활, 공정한 스포츠경기 등을 통해서 집단에 대한 충성심을 익혔고, 이런 덕목은 성적 좌절에 대한 출구의 역할을 할 수 있었다. 제국의 젊은 지배자들은 남성 간의 우정을 누렸고, 결국 민족주의는 남성성과 동일시되면서 이상화되었다.[2]

---

1) G. L. Mosse, 『*Nationalism and Sexuality. Middle – Class Morality and Sexual Norms in Modern Europe*』 (London, 1985), pp.4~5, 9~10.
2) 같은 책, pp.23~47.

마찬가지로 국민국가가 군사주의와 여성을 결합하는 방식도 매우 흥미롭다. 국민국가가 남성성을 모델로 상정하면서, '전시총동원체제'와 '성별역할 지정'의 딜레마를 어떻게 풀어나갈 것인가의 문제에 직면하였을 때, 이에 대한 해결방식은 파시스트국가인 독일·일본·이탈리아와 영국·미국 사이에 차이가 있었다. 분리형을 택한 독일이나 일본은 전쟁 초기부터 여성의 정치활동을 금지했을 뿐 아니라, 여성 징병을 전혀 시도하지 않았다. 오키나와에 진주한 미군은 포로들 중 전투를 수행할 수 없는 고령자나 소년들이 많은 것에 경악하였다고 한다. 최후의 상황에서도 일본은 젠더분리체제를 무너뜨리지 않았던 것이다. 이에 비해 참가형으로 분리되는 영국이나 미국의 경우에는 국가가 여성징병을 실시하면서, 여성들을 적극적으로 채용하였다. 그러나 참가형과 분리형 사이에는 여성이 국민화되는 방식에 명백한 차이가 있기는 하지만, 참가형의 경우에 여성은 전쟁의 가해자로 변신하면서도 동시에 온전한 국민으로 포섭되지는 못하였다.[3]

군에 종사하는 여성의 압도적인 다수는 민간노동시장에서와 마찬가지의 성별분업에 따라 배치된다. 예를 들면 비서직·간호원·교사 등의 직종에 주로 종사하고, 소수의 여성만이 남성이 주로 담당하는 전투와 인명살상에 참여한다. 여성의 역할이 확장되면서, 많은 여성들이 군에 종사하기 시작하였지만, 아직 미군에서 여성은 최근까지도 지상전뿐 아니라 공군과 해군 전투에서 배제되고 있다. 이렇게 군대 내에서 성차는 오히려 강조되고 있다. 이와 더불어 군대 내에서 여성군인은 이중적인 이미지를 가지게 된다. 여성성을 강조함으로써 남성군인과 구별되지 않는다면, 남성들은 위협을 느끼게 된다. 여성에게도 징병제가 적용되는 이스라엘의 경우, 여성부대에는 히브리어로 '매력'이라는 뜻을 가진 'khen'이라는 접두어가 붙는다. 이 'khen' 구성원의 주된 임무는 부대의 도덕성을 정립하고, 부대병사들

---

3) 우에노 치즈코, 이선희 옮김, 『내셔널리즘과 젠더』, 박종철출판사, 1999, 25~27, 64~65쪽.

을 돌보는 역할을 하는 것이다. 미군에서 여성만의 분리된 부대편성이 폐지된 이후 강간과 성희롱의 비율이 높아진 것도, 바로 여성으로부터 거리를 두는 것 혹은 여성군인에 대한 남성군인들의 불안이 표출된 것으로 해석할 수 있다.[4] 여기서 우리가 주목할 점은, 징병제는 특정한 체제 혹은 정부가 다수의 광범위한 개인이나 집단으로부터 정통성을 인정받을 수 있는 주된 방법이지만, 군대에의 참여와 시민권 사이에는 반드시 직접적인 일치가 존재하지는 않는다는 사실이다. 서구, 특히 미국에서 여성의 군 입대 비율과 참여수준이 높아진 것은 모병제를 통해서 병역의무가 더 이상 시민권의 기표(Signifier)가 되지 않는 바로 그 시점에서 일어났다.[5]

민족주의가 시민사회를 관통하는 담론의 도움을 통해 젠더를 위계화시켰다면, 민족을 이끌고 가는 국민국가 역시 여성을 차별화하는 기제로 작동하였다. 여성이 민족과 결합하는 과정은 주로 다섯 가지 방식으로 분류될 수 있다. 첫째로, 여성은 민족집단이나 구성원의 생물학적 재생산자로서의 역할을 담당하게 된다. 즉 여성은 인구의 증감에 직접적으로 연루된다. 그래서 국민국가와 여성의 결합의 이면에 놓인 논리는 서유럽국가들에서의 이민자에 대한 엄격한 통제, 예를 들면 오스트레일리아원주민의 출산력이 통제되는 방식에서 잘 드러난다. 둘째로, 여성은 국가 내에서 민족적·인종적 경계선의 재생산자가 된다. 여기에서 여성의 몸은 자신이 속한 집단의 정체성의 상징이 된다. 예를 들면 남아연방에서 백인여성과 흑인의 성적 관계는 금지되며, 그 사이에서 출생한 혼혈아는 사회의 최하층이 되는 사실에서 집단적 정체성의 상징으로서의 여성의 역할은 잘 드러난다. 셋째로, 여성은 자신이 속한 민족집단의 이념적 재생산에 참여하면서 동시

---

4) N. Yuval-Davis, "Gender Relations and The Nation," A. J. Motyl, 『Encyclopedia of Nationalism』 vol.4, (London, 2001), p.308.

5) 군사적 역할은 성별화되어 있을 뿐 아니라 계급과 인종에 기초하고 있다. 인로는 『인종적인 군인들』(『Ethnic Soldiers』)에서, 2차대전 중의 전투에서 아메리카원주민이 가장 높은 비율로 미국군의 전투에 배치된 데 비해 아프리카계 미국인들은 전투에서 배제되었던 사실을 밝히고 있다. J. Turpin, 『Peace and Conflict』, (London, 1999), p.309.

에 전통문화의 담지자가 된다. 특히 여성은 자라나는 젊은 세대에게 그 집단의 전통과 문화유산을 전달하는 역할을 해야 한다. 넷째로, 여성은 인종적 · 민족적 차이의 기표가 된다. 민족해방투쟁에서 위험에 빠진 조국은 '사랑받는 여성'으로 은유되고, 여성은 '사랑하는 아들을 전쟁에서 잃은 어머니'라는 독특한 민족주의 담론의 주인공이 된다. 이때 여성은 목숨을 걸고 지켜야 할 민족의 상징물이 된다. 다섯째로, 여성은 민족해방투쟁에서 적극적인 역할을 담당하는 주체가 될 수 있다.[6]

이렇게 국민국가의 정치에서 여성에게 특정한 과제가 부여되고 있지만, 실제로 국민국가에서의 여성의 역할은 잘 드러나지 않았다. 특히 국가의 정치기획은 고정된 실체이기보다는 끊임없이 시민사회(civil society)와 긴장과 갈등을 연출할 뿐 아니라, 특정 사회계급이나 사회세력에 의해 주도되었다. 또한 여성은 국가를 통해 형성되기도 하지만, 동시에 여성은 국가에 저항하는 과정에 참여하기도 하였다. 마찬가지로 여성은 단지 여성으로서 단일한 방식으로 국가에 참여하지 않았다. 여성은 계급이나 연령 그리고 가족적 상황에 따라 자신의 모습을 달리 드러낸다. 국가의 여성정책이 전일적으로 여성에게 적용되지도 않았다. 또한 중요하게 강조되어야 할 것은 여성은 적극적인 저항 정도에 따라 자신의 역할을 주어진 대로 재생산하거나 혹은 바꿔갈 수도 있었다는 점이다. 따라서 국민국가와 여성의 관계는 다변적이고, 어떤 단일한 공식으로 규정하기는 어렵다. 아래의 글에서는 국민국가와 여성의 다양한 관계를 살펴볼 수 있을 것이다.

### 2) 여성의 저항

"진리는 자유롭고 합리적인 탐구를 통해서 찾을 수 있는 것이고, 진리의 발견을 가로막는 모든 장애물은 제거되어야 한다"는 계몽사상이나 "개개

---

6) F. Anthias, N. Yuval-Davis, "Women-Nation-State," J. Hutchinson, A. D. Smith (eds)., 『Nationalism: Critical Concept in Political Science』 vol. 4(New York, 2000), pp.1480~1483.

인들은 사회의 진보에 이바지하므로 국가의 간섭은 최소한으로 되어야 하고, 타고난 신분에 기초한 불이익이나 제약은 소멸되어야 한다"는 자유주의사상은 여성에게 '왜 이런 신조가 우리에게 적용되지 않는가'에 의문을 제기하도록 하였다. 따라서 초기의 페미니즘운동은 재산권, 중등교육의 기회, 직업을 가질 권리 그리고 참정권을 여성에게까지 확장하도록 시도하면서, 남성과 같은 법적 평등의 달성에 전념하였다. 이런 방식으로 여성은 동등한 시민권을 요구하기 시작하였다.

그러나 영국 · 프랑스와 같은 국민국가가 표방하는 자유주의는 페미니즘과 공존하기가 어려웠다. 육체의 중요성을 경시하면서 이성이나 정신적 가치를 강조하던 자유주의는 "여성은 자연과 육체, 남성은 문명과 정신에 더 밀접히 연결되어 있다"는 결론으로 유도되기 십상이었다. 또한 자유주의는 섹슈얼리티를 사적인 영역으로 간주하였고, 여기에서는 개인의 자율성이 보장되어 국가의 간섭도 배제되어야 했다. 그러나 실제로는 가족은 국가의 간섭으로부터 자유로울 수 없었고, 그 안에서 여성은 자율성을 누리지도 못하였다. 또한 여성의 제 권리에 대한 조금씩의 양보도 페미니스트의 기대에 훨씬 못 미치는 것이었다. 특히 여성참정권의 거부와 여성참정권론자들에 대한 정치적 탄압은 천부인권설과 대의제에 기초한 영국 · 프랑스형의 국민국가가 여성을 정치공동체의 동등한 시민으로 받아들이는 것을 거부하는 명백한 징표였다. 그런 점에서 여성학자들에게 근대 정치사상의 백미라 할 수 있는 사회계약론은 여성에 대한 남성의 권력이 행사되는 성차별적인 계약이었고, 시민혁명이 표방하는 박애는 남성시민 사이의 형제애에 불과하였다. 결국 시민혁명과 함께 시민계급 남성이 누리는 권리에는 사적 영역에서의 여성에 대한 지배권도 포함되는 것이었고, 공적 영역으로부터 여성의 배제는 우연히 이루어졌다기보다는 새로운 근대 국가 체제와 남성시민의 야합의 결과라 할 수 있다는 것이다. 국민국가에 참여하는 시민의 지위는 개인 그 자체로서가 아니라 능력을 갖춘 사회성원으로서의 남성 그리고 가족의 대표자로서의 남성에 해당하는 것이었다.[7] 그러나 자유주의는 이런 사실 모두를 은폐하고 있었다.

결국 서유럽이나 북미 국가들에서는 민족주의운동과 페미니즘의 결별이 거의 예외 없이 진행되었다. 우익민족주의와 밀착된 일부 여성운동의 극단적인 지지가 없었던 것은 아니지만 이들의 슬로건은 여성주의적 문제해결과는 거리가 있었기에, 이들은 페미니즘운동에서 제외되어야 할 것이다. 따라서 민족주의운동으로부터 페미니즘의 결별은 당연한 처사로 여겨진다. 그러나 다른 한편으로는 이런 페미니스트들의 결단은 민족주의이나 민족의 안위 문제에 설득당하고 있던 여성대중으로부터 그들을 격리시키는 결과를 가져오기도 하였다. 바로 이런 점이 여성운동이 부딪히는 딜레마이다.

그러나 국민국가의 독립이 지연되었던 유럽의 주변부국가들에서 민족주의운동과 페미니즘의 관계는 또 다른 면모를 보여주었다. 19세기 후반까지도 이민족의 지배하에 있었고, 그래서 민족자결을 획득하기 위한 투쟁이 중간계급의 지배적인 정치운동이 되었던 노르웨이나 핀란드 같은 곳에서는 민족주의운동이 일찍부터 여성을 후원자로 끌어들여 교육개혁과 문예부흥운동에서 여성의 역할은 매우 중요하였다. 대중의 문자해독율을 높이는 과정에서 여성교사의 역할은 두드러졌다. 그 결과 이 두 국가는 유럽 내에서 1차 세계대전 이전에 여성이 선거권을 부여받았던 유일한 국가가 되었다. 이런 사례는 유럽 내에서조차 민족주의운동과 페미니즘의 관계가 다른 면모를 보였다는 것을 의미한다. 그러나 페미니즘과 민족주의운동의 성공적인 결합이 지니는 부정적인 면모도 있었다. 즉 여성은 국민국가 내에서 이전보다 더 높은 지위를 누릴 수 있었지만, 민족주의 명분에 배치되는 급진적인 여성이슈들은 제기하기가 어려워진 대가를 지불해야 하였다.[8] 그렇더라도 유럽 주변부국가들의 사례는 여성과 민족주의운동의 관계가 단일한 형태로

---

7) Yuval-Davis, p.310.
8) 리차드 에번스, 『페미니스트: 비교사적 시각에서 본 여성운동 1840~1920』, 창작과비평사, 1997, 134~135쪽.

진행되지 않았고, 그간 우리의 이론적 경향이 미국·영국·프랑스 같은 선진자본주의국가의 페미니즘연구로 치우쳤음을 확인시켜주고 있다. 여기에서 역사적 맥락에 대한 고려가 중요 변수가 되고 있다.


## 3. 한국에서의 '국민 만들기'와 여성


한국을 비롯한 대다수의 제3세계에서는 대외적으로는 제국주의의 위협에 저항해야 하고, 대내적으로는 전통적인 봉건세력이나 가부장적 구조에 투쟁해야 하는 이중과제를 넘겨받았다. 따라서 제3세계에서 민족주의는 서구국가에서보다는 긍정적인 함의를 지녔고, 여성지위 향상을 위한 투쟁은 민족해방운동의 통합적인 일부가 되었다. 민족부르주아 남성지도자에게 근대화되고 해방된 국가이미지를 내세우기 위해서 여성은 서구화되거나 개화되어야 했다. 이는 다음 세대를 양육하는 데 바람직한 영향을 끼칠 뿐 아니라, 근대자본주의가 필요로 하는 여성노동력 창출을 위해 필수적인 과정이었다. 따라서 민족부르주아는 여성들에게 가해지는 전통적인 억압, 예를 들면 전족·과부화형·축첩 등을 철폐하는 데 중요한 역할을 하였다.[9] 또한 '모국'이라는 단어에서 잘 드러나듯이 민족주의는 자기정당화를 위해서 민족, 고향땅, 어머니 땅이라는 정서적 일체감을 필요로 하였다. '국가'라는 용어에 앞서서 '민족'이라는 용어는 어머니의 이미지와 함께 친밀함, 아늑함, 자연과의 친화 등과 같은 유년기 감정을 자극한다는 것이다. 나아가 식민주의자에게 여성이 정복된 사회의 전리품이거나 사용 가능한 그 사회의 자원이라면, 식민지치하의 민족주의자에게 여성은 보호되어야 하는 민족의 도덕이자 민족의 자산이었다. 동시에 식민주의자와 민족주의자의 담론 모두에서 여성과 도덕을 연결시켰고, 여성의 도덕성이란 바로

---

9) K. Jayawardena, 『Feminism and Nationalism in the Third World』 (London, 1986), pp.3~5.

여성의 규제된 성을 의미하였다.[10] 그 결과 전시하에서 자행되는 집단강간이나 군위안부의 존재는 바로 식민지 치하의 남성을 무력화시키는 기제였다.

결국 식민지하에서 전체 민족이 공유하는 '어머니'라는 신성한 이미지는 모든 사람의 민족감정을 고양시켰다. 동시에 어머니로서의 여성은 자신의 민족과 깊이 결합하면서 아들이나 남편이 당하는 오랜 투옥과 같은 고통을 감내해야 했다. 이 과정에서 여성운동 역시도 자신의 남성동지가 제국주의적 압제로 고통당하는 와중에 여성의 평등한 권리만을 위해 각축전을 벌일 수는 없는 일이었다. 결국 민족주의운동과 페미니즘의 결합은 두 가지의 상반되는 효과를 가져다 주었다. 한편으로 이는 민족주의운동 내에서 여성의 중요성을 환기시키는 역할을 하였지만, 다른 한편으로는 민족의 이익을 위해서는 여성의 이익을 희생할 수 있음을 은연중에 학습시켰다.[11] 결과적으로 제3세계 민족주의담론에서 여성은 찬미되면서 동시에 주변화되었던 것이다.[12]

그렇다면 식민지로부터 독립한 신생국가에서 여성의 지위는 향상되었는가? 식민지 후기의 제3세계에서 탈식민기획은 근대적 국가경영의 경험이 없는 엘리트들이 불가피하게 식민지종주국이 식민지통치를 위해 구축한 법·관료제·군대·교육 등의 근대적 제도를 그대로 물려받음으로써 실패한다. 동시에 '민족문화 찾기'라는 명분 아래 가부장제나 봉건적 유제를

---

10) 윤택림, 「민족주의담론의 해체: 탈식민지여성주의 정치학을 향하여」, 한국여성학회, 『한국여성학의 전망과 과제: 여성학과 여성운동』, 한국여성학회 10주년기념학술대회 논문집, 1994, 57쪽.

11) A. Basu, "The Many Faces of Asian Feminism," 『Asian Women』 vol. 5, Seoul: Research Institute of Asian Women (The Sookmyung Women's Univ. Press, 1997), p.7.

12) 식민지시대의 문학에서 드러나는 것을 유추함으로써 우리는 민족주의와 여성성의 결합을 눈치챌 수 있다. 식민지시대 소설에서 아버지의 부재는 민족주체성의 상실을 표하는 것이며, 생계를 꾸려가는 강인한 어머니가 아버지의 자리를 대신하지만 이는 어디까지나 임시방편적이었다. 독립국가·조국·민족을 남성으로 설정하고, 주권을 상실한 패배한 조국을 여성으로 그리는 것, 그리고 정치적 해방의 추구를 여성이 남성을 그리워하는 것으로 설정하는 것을 통해서도 우리는 여성의 역할이 수동적이거나 주변적임을 유추할 수 있다. 김은실, 「민족주의담론과 여성: 문화, 권력, 주체에 관한 비판적 읽기를 위하여」, 『한국여성학』 10집, 11~20쪽.

다시 강화하는 경향을 드러낸다. 그래서 식민지유제와 봉건적 전통의 결합은 근대화과정에서 기묘한 동력으로 작동하면서 여성에 대한 노동력과 성차별을 강화하였다.[13]

식민지해방 이후의 한국에서도 정도의 차이는 있을지언정, 이러한 유형에서 크게 벗어나지 않았다. 타국의 힘으로 민족독립을 달성하였던 한국은 미군정의 지원 아래 서구국가들이 획득한 의회민주주의제도를 이 땅에 도입하였고, 여성에게까지 보통·평등·직접·비밀 선거가 허용되었다. 최소한 여성은 형식적인 시민권은 확보한 셈이었다. 그러나 여성에게 실질적으로 시민권이 허용되었는가에 대해서는 논란의 여지가 많다. 호주제와 같은 가부장적 법제가 온존하였던 것은 바로 식민통치의 성차별을 전통이란 이름으로 재생산한 것이었다. 이런 전통의 발명(invention of tradition) 외에도, 여성에게 부여된 시민권의 불완전성은 바로 여성의 노동권을 통해 드러난다. 자원이 부족한 한국의 경제개발과정에서 우선적으로 필요하였던 저임의 노동력을 위하여 미혼의 젊은 여성을 동원하였는데, 여기에는 광범한 농촌인구의 빈곤과 여성의 가족에 대한 의무감이 한껏 이용되었다. 즉 저임금, 장시간노동, 가혹한 노동통제를 여성노동자들이 견디어내면서 경제성장을 이룩한 데는 전통이라는 이름으로 여성의 장점인 충순함과 희생정신을 강요하였기 때문이었다.[14] 그러나 한국이 중공업발전기로 진입하고 경공업자본이 저임의 노동력을 찾아 다시 동남아로 이동하자, 여성은 일자리에서 축출되거나 비정규직으로 전락하였다. 전체 여성노동자의 70%가 비정규직인 오늘의 현실은 여성이 한국사회에서 심각한 노동착취

---

13) 최정무, 「유색여성주의와 식민후기 문제」, 『역사 속의 페미니즘, 우리 곁의 페미니즘』, 서울대학교 여성학협동과정 창립기념심포지엄 자료집, 1999, 9쪽.

14) 1960~1970년대 산업현장에서 피땀 흘려서 일한 여성노동자들에 대한 설문지조사는 그들의 압도적인 다수가 가혹한 노동을 견뎌내는 동기는 가족의 생계를 위해서였고, 특히 남동생이나 오빠의 학비를 마련하는 것이 중요한 과제가 되었음을 보여주고 있다. HyunBack Chung, "Arbeiterinnen und Arbeiterinnenbewegung in Südkorea in den 70er Jahren," 『Beiträge zur Geschichte der Arbeiterbewegung』 40. Jg. H.2, 1998, pp. 47~48.

를 당하고 있으며, 여전히 2등시민으로 대우받고 있음을 적나라하게 보여주는 대표적인 사례이다. 마찬가지로 군부독재가 1960년대에 주도한 인구조절정책에서도 그 책임은 대부분 여성에게 돌아가 여성의 몸은 (때로는 야만적인) 인구정책의 규제대상이 되었다. 농촌의 노년여성이 오늘날에도 불완전한 피임시술의 후유증으로 고통당하는 현실은 여성의 몸이 근대기획의 대상으로 전락하였음을 의미한다. 또한 오늘날 국가가 감당하지 못하는 사회복지의 상당 부분이 수백만 전업주부의 중노동에 의해 채워지고 있음도 주목할 필요가 있다. 관변조직에 의해 '자원봉사'라는 명목으로 늘 동원되어 온 주부들의 노동은 한번도 사회적으로 제대로 된 평가를 받아보지 못하였다.[15]

오늘날 여성주의자들은 여성이 이등시민으로 포섭될 수밖에 없었던 것은 공/사영역을 분리하고, 여성과 관련된 범주를 무시하거나 누락시킨 데서 기인한다고 보았다. 즉 공/사 이분화논리 속에서 가족영역과 여성의 영역이 사적인 것으로 간주되면서 공적 영역과 정치논의에서 배제되었다는 것이다.[16] 이런 문제의식은, 여성의 시민권이 형식적으로는 인정되었을지라도 이는 여성을 의존자로 규정하는 이등시민권에 불과했다는 인식이 68운동 이후의 새 여성운동 내에서 떠오르면서, 서구의 여성학자들에 의해 새로이 제기되었다.[17] 여성주의자들은 여성이 온전한 시민권을 획득하기 위해서 남성 위주의 관점에서 성립된 시민권개념에 대한 근본적인 재구성을 요구하고 있다. 단일한 시민적 공공성 개념보다는 이질적 공공성을 주장한다. 즉 전자가 정의의 개념에 기초하고 있다면, 여성과 관련된 보살핌

---

15) 정현백, 김혜경 외, 「경기도 여성단체 활성화방안에 대한 연구」, 경기도 여성정책실 프로젝트보고서, 1998, 73쪽 참조.

16) 예를 들면 루소와 밀과 같은 사상가들은 여성을 미개나 자연과 동일시하였고, 헤겔은 여성은 시민사회의 일원이 될 수 있는 개인으로서의 속성이나 능력을 겸비하지 않았다고 보았다. 마르크스 역시 여성노동이 지니는 성별특성을 인식하지 못했고, 자본주의사회에서 가사노동이 지니는 의미를 제대로 파악하지 못하였다는 것이다.

17) 장미경, 「'시민권의 정치'와 여성노동운동: 1987~1999에 관한 사회학적 연구」, 연세대학교 대학원 사회학과박사학위논문, 2000, 22~26쪽.

의 윤리, 배려의 윤리 개념을 포함하고, 어머니 또는 사적인 영역에서 일어나는 여성 경험 속에서 시민권의 새로운 모델이 발견되어야 한다고 주장한다. 또한 여성주의자들은 기존의 시민권개념에 ‘여성의 낙태권을 비롯한 재생산권리와 신체에 대한 자율권’을 포함할 것을 요구한다. 지금까지 자유주의자에 의한 ‘몸의 자율권’ 개념은 단순히 외적 폭력으로부터 침해받지 않고 구금되지 않을 성 중립적 몸의 자유만을 상정할 뿐, 여성에 대한 성희롱, 강간, 매춘 등의 성폭력으로부터 피해받지 않은 권리는 고려하지 않았기 때문이다.[18] 이렇게 시민권의 재개념화를 통해서, 여성이 이등시민의 지위에서 벗어나지 않고서는 여성은 온전한 국민으로 자리매김할 수가 없을 것이다.


## 4. 여성운동, 어떻게 대응할 것인가

한국의 여성학계와 여성운동 내에서 민족주의와 페미니즘의 관계를 둘러싼 논쟁은 군위안부 문제를 다루는 과정에서 시작되었다. 이 논쟁은 한국과 일본의 여성학자가 ‘일본군위안부 문제’와 관련하여 한국의 진보적 여성운동이 민족주의 언설에 치우치고 있다는 비판을 제기한 것이 그 발단이 되었다. 이에 대해 한국의 여성운동은 일본군위안부에 대한 성폭력은 제국주의-식민지의 문제라는 중층적 억압구조를 포함하고 있다는 점을 지적하면서, 페미니즘과 민족주의의 관계도 서구와는 달리 보다 복합적인 맥락 속에서 바라볼 것을 주장하였다.[19]

또한 페미니스트와 진보적 사회운동 사이에서도 민족주의 문제를 둘러싼 논쟁이 제기되었다. 2003년에 영 페미니스트는 한국의 진보적 사회운동이

---

18) 같은 글, 27~30쪽.
19) 위의 책 175~180쪽을 참조할 것.

지닌 민족주의·국가주의를 비판하는 성명서를 통해 민족주의에 대한 페미니즘의 비판을 제기하였다. 이는 미군 장갑차에 의해 희생된 여중생을 위한 촛불시위를 주도한 범국민대책위원회의 홈페이지에 미군에 의해 처참하게 살해된 기지촌 여성 고 윤금이씨의 주검 사진이 게재된 것에 대한 문제제기와 관련하여 진보적 사회운동의 민족주의적 접근에 대한 비판이었다.

　성조기 훼손과 'Fucking USA'라는 구호는 그 집회가 국가주의와 민족주의에 대한 성찰이 부재했음을 보여주는 것입니다. 부시행정부와 미국 자체를 동일시하는 것에 대한 문제는 '반미'의 구호와 이어지는데, 이것의 문제점은 개인을 국가로 환원시켜 버림으로써 모든 개인을 가해자이거나 피해자로 만들어버린다는 데 있습니다. 이것은 미국 내의 여러 사회적 소수자의 존재를 지워버리며, 사회적 약자들 간의 국제연대의 필요성과 가능성을 애초에 차단해 버릴 수 있습니다. 성조기를 미국패권주의의 상징으로 만들면서 태극기를 진보적 운동의 상징으로 만드는 것은 같은 국기라는 점에서 더욱 문제입니다.

(중략)

　범대위 관계자들은 피해자시신 사진사용이 초래하는 거듭되는 폭력에 대한 문제제기에 대해 "시민들에게 문제의 심각성을 알리기 위해 충격적인 사진을 걸 수밖에 없었다. 시각적인 효과를 통해 투쟁의지를 이끌어 낼 수 있는 것이다"라고 주장하고 있지만 그 사진들은 운동의 효과를 위해 '이용'될 수 있는 성격의 것들이 아닙니다. 故 윤금이씨의 주검 사진은, 사진이 찍힌 각도 자체가 이미 주검이 된 여성의 신체에 대한 아무런 배려 없이 사진이 찍혔음을 드러내 보여주고 있습니다.

(중략)

　주검사진 전시는 여성에 대한 편견과 혐오를 강화합니다. 故 신효순, 심미선씨의 주검사진 옆에 故 윤금이씨 사진이 나란히 '선택'된 것은 우연이 아닙니다. 힘없는 한국이 여성이미지로 상징되는 것입니다. 여성의 신체가 참혹하게 피해를 당한 장면이 (남성)민족의 치욕으로 치환되어 (남성)국가적 분노를 자아내기 위한 수단으로 쓰인 것입니다. 그러나 이렇게 故 윤금이씨 살인사건을 불평등한 국가 간의 문제로만 환원하는 것은 故 윤금이씨의 죽음을 반미운동에 '이용'하는 것이며, 그 죽음을 가능하게 한 여성에 대한 국가 내 남성의 지배와 폭력을 감추는 것입니다. 그러한 사건은 미군과 한국 여성 간에만 일어나는 것이 아니라 군대가 존재하고 군사주의가 팽배한 모든 곳에서 벌어지고 있는 일들인 것입니다.[20]

이 성명서를 통해 진보적 사회운동과 여성주의자 사이에 사회적 차별과 억압의 문제에 접근하는 방식뿐 아니라, 민족이나 국가 문제에 대한 태도에서도 차이가 있음이 드러난다. 물론 여성학자나 여성운동 내에도 다양성이 존재하지만, 차제에 페미니즘이 제기하는 민족주의 비판에 대해 경청하면서, 시민사회운동도 그간의 시각 차이를 좁히려는 노력이 필요하다. 그러나 페미니즘이 민족주의 자체를 전면으로 부정할 것인가에 대해서는 논란의 여지가 많다.

유럽 근대사에서 사회주의자들이 지향하였던 계급적 정체성은 사회적 자기 정체성의 기초로서의 민족주의적 집단의식에 대적할 만한 대안이 되어본 적이 없었다. 1차 세계대전 기간 동안 사회민주당의 노동계급이 보여준 제국주의 전쟁에 대한 열광이 그 좋은 사례일 것이다. 사회주의자들은 번번이 계급의식이 민족주의를 넘어설 수 없음에 절망하였다. 지식인이 내세우는 이상주의적 구호에 대해 대중은 냉담하였고, 계급적 정체성 역시도 항상 민족적 배경에 놓여 있거나 민족문화에 포획되어 있었기 때문이다.[21] 이는 '인민주권'이나 '일반의지' 혹은 '대의제' 등이 '민족/국민을 내면화하는 담론적 기제'라면, 민족주의가 그 구성원에게 문화적 에토스 혹은 정서적 공감대를 제공하는 문화적 기제로 작동하였기 때문일 것이다.

---

20) 고려대 법대 여학생회 · 이화여대 여성위원회 · 연세대학교 총여학생회 · 관악여성모임연대 · 전쟁을반대하는여성연대 WAW, 「인권 없는 반여성적 반전운동 반대한다」, 2003. 4. 7 발표. 마찬가지로 한국성폭력상담소도 유사한 내용의 성명서를 발표하고, 윤금이씨의 비참한 최후를 찍은 사건을 홈페이지에서 삭제할 것을 요구하였다.

21) Rodney Bruce Hall, p.882.

즉 민족주의는 근대사회의 탈기독교화 과정에서 종교적 정체성을 대신하는 새로운 시민종교(civil religion)의 역할을 하였고, 시민종교로서의 민족주의는 근대사회에서 살아가야 하는 고독한 개인의 정서적 공백을 메워주면서 일상적 사고와 실천을 규정하는 일종의 생활양식으로까지 발전하였다는 것이다. 특히 분단시대를 살아가는 한국에서는 민족담론이 가지는 동원력과 호소력은 서구의 역사적 경험을 훨씬 능가하는 것이라 말할 수 있다.

마찬가지로 우리가 주목할 부분은 민족주의가 지닌 양면성이다. 타미르(Yael Tamir)는 민족국가의 성원은 집단에서 익명적인 존재, 망각되기 쉬운 존재일 수 있는 개인을 구성원의식을 통해 구원해주는 역할을 한다고 주장한다. 이들은 민족적 귀속성을 통해 고독과 익명성, 소외를 벗어날 수 있다. 뿐만 아니라 민족국가와의 동일시는 국가의 갱생을 통해 개인의 삶도 개선될 수 있다는 개인적인 전망을 열어주기도 한다. 마지막으로 민족주의는 모든 개개 국민에게 평등한 지위를 누릴 수 있다는 확신을 심어주고, 이는 민주주의 발전에 기여할 수 있다. 국민 성원에게 자신은 국가뿐 아니라 스스로의 삶의 '통치자'라는 인식을 심어줌으로써 개개인의 참여권을 확대하는 역할을 한다는 것이다.[22]

뿐만 아니라 지구화(globalization)의 공세 속에서 전 세계는 가난한 나라의 구석구석까지도 전지구적인 소비문화로의 평준화가 진행되고 있는데, 이는 소비문화뿐 아니라 남아 있는 사회적 관계의 네트워크까지도 파괴하는 역할을 한다. 여전히 민족주의적·종족적·종교적 저항운동은 이런 전지구적인 획일화에 대한 저항기제로 기능할 수 있다는 것이다. 최근에 '지나친 애국심이나 국수주의가 세계화시대의 우리 경제 성장을 저해한다'던가, '개방이 애국'이라는 구호에서부터 '세계화 시대에 우리 것을 팔기 위해서는 남의 것도 사야한다'는 설득 논리에 이르기까지 민족주의

---

22) 같은 책, p.880.

를 공격하는 목소리도 적지 않게 나타나는데, 이런 목소리들은 결과적으로 자본의 이해관계를 반영하는 경우가 적지 않다. 탈민족주의를 주장하는 권혁범도 바로 이런 개방화의 압력에 맞서서 과도기적으로 국민국가의 역할이 필요하다는 사실은 인정하고 있다.[23]

또한 민족주의 담론의 대행자를 자임하고 있는 국가의 역할이 양면성을 지녔음은 숙고할 필요가 있다. 지구화시대는 민족국가의 역할이 약화되고 있는 것이 사실이지만, 탈국가주의 시대가 아님은 분명하고, 오히려 세계체제의 변화가 국가의 변화를 유도하면서 국가 기능을 둘러싼 대립과 분기가 일어나는 시점이다.[24] 여전히 한 개인의 운명은 그 국가의 성패에 좌우되고, 근대국가는 내장된 배타성과 타자화의 논리에 못지않게, 개개인의 삶의 질을 향상시키는 주체로 기능하기도 하였다. 여성의 경우에도 국가의 가부장성은 많은 역사적 사례를 통하여 드러난 것이지만, 동시에 근대 국가의 부재가 여성의 삶을 얼마나 심각한 질곡으로 몰아넣었는가에 대해서는 최근에 탈레반 치하의 여성에 대한 연구에서도 여실히 드러나고 있다.[25] 그렇기 때문에 여성의 국가에 대한 태도도 이중적일 수밖에 없다. 또한 이런 맥락에서 지식인이 해바라기처럼 바라보는 서구의 몇몇 선진국을 제외한 소국에서는 페미니즘과 민족주의의 결합이 여성의 지위향상에 기여한 바가 적지 않다는 점도 환기할 필요가 있다.[26] 사회적 약자의 보호라는 중요한 문제, 즉 경제적 재분배의 과제를 담당하는 것이 국가일 수밖에 없다면, 국가의 이중성을 인정하고 그 안에서 사회민주주의 프로젝트를 발전시

---


23) 권혁범, 「'시장/경제' 숭배시대의 민족주의와 세계화」, 6~8쪽.

24) 유재건, 「통일시대의 개혁과 진보」, 『창작과 비평』 116, 2002년 여름호, 22~23쪽.

25) Valentine M. Moghadam, Patriarchy, The Taleban, and politics of Public Space in Afghanistan, Women's Studies International Forum, Vol. 25, No.1, pp.19~31. 이 글에서는 비교적 단순화하여 정리하였지만, 민족주의·국가·이슬람 종교와 여성의 관계는 매우 복잡한 문제이어서 이를 둘러싼 논쟁도 매우 착종되어 있다. 이에 관해서는 김영희, 「아프가니스탄 여성: 이미지와 현실」, 『창작과 비평』 117, 2002와 김영희, 「이슬람과 페미니즘: 최근 두 논쟁을 중심으로」, 『여성과 사회』 14, 창작과 비평사, 2002 참조.

26) 정현백, 『민족과 페미니즘』, 당대비평, 2003, 30~33쪽.

키는 것이 더 현명한 전략일 수 있을 것이다.[27]

따라서 여성주의자의 민족문제나 민족주의에 대한 입장은 그것이 지닌 현실적인 역동성을 끌어안되, 민족주의보다 상위의 개념인 보다 보편적인 가치들을 전면에 내세우는 전략을 가져야 한다. 성차별과 인종차별의 극복, 자연의 평화, 빈곤의 극복, 반핵, 평화체제의 실현 등이 여성운동의 보다 핵심적인 가치로 떠올라야 할 것이고, 민족담론은 그 하위범주로 설정되어야 한다는 것이다. 이는 "계급 · 민족 · 성 등 다양한 수준에서 전개되는 근대세계의 다층적인 모순들을 균형 있게 시야에 넣고 합리적 차원이 역사적 원근법을 담은 총체상"을 추구하는 과정이 되어야 한다는 유재건의 제언에 근접하는 것이다.[28]

최근에 많이 거론되는 탈민족주의 담론의 주자들이 제기하는 비판, 민족주의 담론이 지닌 배타성과 타자성, 소수자와 여성에 대한 차별 그리고 개인주의의 후퇴에 대한 비판에 대해 공감하는 사람이 적지 않다. 그러나 탈민족주의 담론이 지니는 문제점은 그들이 내세우는 대안, 생태주의와 개인주의의 결합, 새로운 중층적, 다의적 주체의 복원과 같은 주장이 그간의 과도한 민족주의 담론을 비판하는 데는 효과적이지만 그 자체가 대안이 되기는 어렵다는 것이다.[29] 탈민족주의 · 탈국가주의 · 개인주의의 실현에 대한 주장은 자칫 잘못하면 세계자본주의 체제와 결탁한 비민주적인 국가체제에 운동 자체가 무장해제 당하는 결과를 초래하기가 십상이다. 보다 소공동체를 단위로 하는 이런 지향성을 가진 운동들은 서구사회에서 소집단의 국지적인 저항에 성공하였을지는 모르나, 신사회운동이 하부문화(subculture)로 전락하도록 일조하였다. 오늘날 서구사회에서 '시민운동의 약화'와 더불은 '정교한 담론의 만개'는 이런 현실의 냉소적인 반영이라 할

---

27) 김호기 · 권혁범, 「기획대담: 질주하는 세계 – 세계화와 국민국가의 동학과 미래」, 『교수신문』, 2001. 3. 7 참조.
28) 유재건, 위의 글, 25쪽.
29) 같은 글, 24쪽 참조.

수 있다.

이제 여성운동에게 주어진 남은 과제는 민족주의에 의해 여성이 주변화된 과거를 비판하고 성찰하되, 엄청난 정치적 영향력을 지닌 민족문제를 끌어안으면서 국민국가의 재형성에 적극 개입해 들어가는 것이다. 더구나 한국의 여성운동이 민족문제를 거부할 수 없는 더 절실한 이유는 분단현실 때문이다. 분단체제의 극복은 여성의 질곡을 넘어가는 도약대가 될 수밖에 없는 현실 외에도, 독일의 사례는 통일과정에 여성의 개입이 얼마나 중요한지를 일깨워주었다. 통일과정에서의 여성배제는 여성이 통일독일의 내부 식민지를 형성하는 중요한 한 요인이 되었기 때문이다. 이제 한국의 여성운동은 이중의 과제를 안을 수밖에 없다. 한편으로는 민족문제에 적극 개입하면서, 다른 한편으로는 세계화의 추세 속에서 세계화된 운동을 전개해야 한다. 여성 간의 국제연대나 국제적인 운동이 한국의 여성운동에 중요한 자극제가 되고 있는 만큼 여성운동은 이 양자 사이에서 적절한 균형을 유지해야 한다. 이를 위해서는 민족주의담론이 지닌 현실적 역동성을 끌어안더라도 민족주의는 어떤 다른 이데올로기와도 쉽게 결합할 수 있는 부차적인 이데올로기임을 인정하고 민주주의·반자본주의·양성평등·평화와 같은 보다 보편적인 가치를 상위의 개념으로 설정하는 전략적 태도를 가져야 할 것이다.

(『시민과 세계』 2004년, 5집)

찾아보기

# 저자소개

## 서중석

- 성균관대학교 사학과 교수.
- 서울대학교 국사학과 박사(한국 현대사 전공).
- 1992년 두계학술상(진단학회), 2002년 단재(丹齋)학술상 수상.
- 논문 및 저술 : 『이승만의 정치이데올로기』(2005),
  『배반당한 한국민족주의』(2004) 외 다수.


## 정현백

- 성균관대학교 사학과 교수.
- 서독 보훔대학 박사.
- 한국여성단체연합 상임대표 및 공동대표, 남북교류협력추진협의회 위원, 한국독일사학회 회장.
- 논문 및 저술 : *Die Kunst dem Volke oder dem Proletariat?: Das Beispiel der Freien Volksbuhnenbewegung in Berlin 1890~1914*, 『노동운동과 노동자문화』, 『통일교육과 평화교육의 만남』, 『민족과 페미니즘』 외 다수.